万川
reflections

一步万里阔

蒸汽洗衣房

Steam Laundries

Arwen P. Mohun

美国和英国的性别、技术和工作（1880—1940）

Gender, Technology, and Work in the United States and Great Britain, 1880-1940

[美] 阿尔文 · P. 莫恩 著

孙超 译

中国工人出版社

图书在版编目（CIP）数据

蒸汽洗衣房：美国和英国的性别、技术和工作：1880—1940 / (美) 阿尔文 · P. 莫恩著；孙超译. 北京：中国工人出版社，2025. 5. -- ISBN 978-7-5008-7845-2

Ⅰ. F419

中国国家版本馆CIP数据核字第20250WW951号

著作权合同登记号：图字01-2021-5811

蒸汽洗衣房：美国和英国的性别、技术和工作（1880—1940）

出 版 人	董 宽
责任编辑	罗 娜
责任校对	张 彦
责任印制	黄 丽
出版发行	中国工人出版社
地　　址	北京市东城区鼓楼外大街45号　邮编：100120
网　　址	http://www.wp-china.com
电　　话	（010）62005043（总编室） （010）62005039（印制管理中心） （010）62001780（万川文化出版中心）
发行热线	（010）82029051　62383056
经　　销	各地书店
印　　刷	北京市密东印刷有限公司
开　　本	880毫米 × 1230毫米　1/32
印　　张	14.25
字　　数	271千字
版　　次	2025年7月第1版　2025年7月第1次印刷
定　　价	78.00元

目录

致　谢

每本书都有自己的历史。本书历史的重要部分，在于写作过程中积累的种种亏欠——无论是知识层面，还是个人情谊。我的博士论文导师卡罗尔·珀赛尔（Carroll Pursell）是第一个向我建议本书主题的人。他热情地支持了我，让我把一个主题狭窄的案例转变为一个视野更宽广的研究，并且他以自身广泛的兴趣和不竭的求知欲给我树立了重要的榜样。其他的导师还包括迈克尔·格罗斯伯格（Michael Grossberg）、简·雷夫（Jan Reiff）和安吉拉·沃拉科特（Angela Wollacott）。他们也引领我进入了他们各自的领域。我对于他们所教授的知识理解得很慢，但是在离开了他们的指导后，我希望在本书中仍能显示出对其所教授内容的理解。在我写作的早期，史密森美国历史国家博物馆所提供的长达十周的美国历史奖学金具有无法言说的价值。特别是史蒂夫·郎巴（Steve Lunbar）的指导、友谊和幽默使我确信，洗衣房是有研究价值的，也让我真正开启了这项研究计划。

要是我没来特拉华大学教书，我可能永远不会意识到，我正在写一本关于工业化的历史书。我在与这里的本科生、研究生和同事们交谈时，他们肯定了我书中的一些观点。哈格利博物馆和图书馆里的企业、技术和社会史中心举办的诸多会议和研讨班提供了无价的持续学习之旅，让我在本书所涉及的诸多领域中所获颇多。

在超过两年的时间里，尼娜·勒曼（Nina Lerman）、露斯·奥登齐尔（Ruth Oldenziel）和我一起在《技术与文化》（*Technology and Culture*）期刊上出版了一期特别卷。该卷与技术史中的性别分析有关。由于那些合作，这期特别卷是一本非常棒的书。尼娜曾经建议说，我们是一个大型的“思想集体”的一部分。我特别感谢她在这个集体中所起的作用，既是指她与我的友好情谊，也想说她具有在凌乱晦涩的草稿中发现意义的能力。

艾娃·巴伦（Ava Baron）、迈克·格罗斯伯格（Mike Grossberg）和罗杰·霍洛维茨（Roger Horowitz）都在关键节点上阅读了本书的各个章节。菲尔·斯克兰顿（Phil Scranton）在我需要帮助时给我提供了如何撰写项目申报书的建议。朱迪·麦高（Judy McGaw）对全书手稿进行了非常有价值的评论。安吉·霍塞思（Angie Hoseth）和里奇·加里森（Ritchie

Garrison）帮我找到了一些插图。

本书要是没有各个机构的资金资助的话也不会出版。除了史密森协会，纽贝里图书馆（Newberry Library）和美国大学妇女协会（American Association of University Women）提供了研究资金以及写作的时间。伊娃·L. 潘克科斯特纪念奖学金（Eva L. Pancoast Memorial Fellowship）资助了我在伦敦的暑期研究。特拉华大学的小型科研经费让我能够在威斯康星州历史协会（Wisconsin Historical Society）和康奈尔的劳工管理档案中心（Labor–Management Records Center）查找档案。

同样重要的还有一些不合传统的人情债。彼得·伯格曼（Pieter Bergman）是一位让人亲近的朋友，也是一位热情始终如一的人。但他在本书完成之前不幸逝世，却又给我留下了一份能够让本书得以完成的遗产。伦·马尔萨克（Len Marsak）通过榜样的力量让我确信，作为一位历史学家是有意义的。他还在我下定决心不从事思想史研究时给我提供了适宜的帮助。

追溯家族记忆所及，我家的女性便始终在外劳作——当然，家中的辛劳亦未曾停歇。这本书献给她们。我成为一名历史学家的部分原因在于我的家庭鼓励我不仅要找到一份工作，还要找到一份事业。对于这份和诸多其他的礼物，我要特别感谢乔伊斯·帕尔默·莫罕（Joyce Palmer Mohun）、玛莎·帕尔默（Martha Palmer）、里克·莫罕（Rick Mohun）和苏珊·莫罕

（Susan Mohun）以及我的妹妹罗威娜（Rowena）。最终，在洗衣女工、洗衣男工、改革家和受挫的顾客们已经深深烙印进我的生活后，埃里克·劳（Erik Rau）也走了进来。作为一名历史学家和编辑，他始终坚信这项研究计划的价值，并贡献了他的智慧与才华。当我精疲力尽时，这提醒我，我实际上是一个幸运之人。

《科学美国人》(1893 年 1 月 14 日)的封面，描绘了纽约蒸汽洗衣房中的洗衣机、离心脱水机、熨平机和肥皂制造技术。

导论

直奔主题

洗衣房是一个没有离我们太远的问题。在许多传统的家庭技艺消失之际，身边的洗衣机和烘干机一直是中产阶级经济富裕的象征。对于那些不怎么富裕之人，花点时间在公共洗衣房仍是一种常态。不过，事情也不总是这样。19 世纪时，企业家和机器制造商尝试将洗衣工作从家庭领域移出并让其演变为一种工业化进程。从 19 世纪 80 年代开始，越来越多的顾客选择了“蒸汽洗衣房”——这是当时最常见的叫法——而抛弃了洗衣妇（washerwoman）、华人洗衣房、洗衣桶和尖头熨斗（sadiron）。本书所写的就是这一变化在美国和英国的产生，其所呈现的形态，以及第二次世界大战之后洗衣工作重新回归家庭后的最终衰落过程。

洗衣业的历史，特别是在这一过程中家庭和工作的关系所经历的重塑为工业化进程提供了别样的视角。洗衣房高度机械化，与家庭生活和妇女持续联系在一起。它们的顾客也成了它们的竞争者。洗衣行业的劳动力主要是女性。洗衣房广泛分布在城市各地，一直规模很小而没有实现集中化发展。这个行业具有特殊之处。人们在分析技术和文化、消费和生产、家庭生
1 活和工业进程时经常拿它说事儿。在诸多方面，洗衣房都是值得谈论的主题。

本书的总体叙述是想详尽地回答这样一个问题：洗衣工作是如何以及为什么实现工业化又回归家庭的。本书认为，这个行业的兴衰以及这个行业在此期间所呈现的形态是一对辩证关系：技术上所可能实现的（既指洗衣房，也包括其竞争者）和文化上所需要的。顾客、业主、工人和改革家在不断的选择中塑造了其发展轨迹。对这个故事进行详细考证后发现，文化观念，特别是清洁、家庭生活、性别角色等观念都起到了极其重要的作用。同时能清楚地看到，商业洗衣房也面临着巨大的技术上的限制。只有在没有其他替代品的情况下，那些眼光挑剔的顾客才会接受它。

关注洗衣服务业的生产者和消费者只代表故事的一部分。尽管工人阶级中妇女只是偶尔会将需要洗涤的衣物送到洗衣房，但该行业对她们而言更常扮演着就业来源的角色。她们接触商业洗衣技术并非出于消费选择，而是将其视为谋生手段——一

个充斥着高温与危险的环境，她们生命中大部分的时间都耗费于此。从另一个角度来说，洗衣房的业主也离不开大量的掌握特定技术知识的妇女，雇用这些妇女所需工资很低。这个阶级以及性别系统所具有的活力跟决定这个行业生存能力有关的技术创新具有完全等价的重要性。

这些工人和他们的辩护者在塑造这个行业时起到了根本性的作用。通过工会化和国家管控，他们重塑了洗衣房业主与消费者最终付出的服务成本之间的竞争关系。机械化成了一种规避熟练工人诉求的策略，在保护性立法取消了加班和夜班之后，也是一种创造超额产能的方法。国家的介入并非为洗衣房业主所完全排斥。工厂检查和最低工资制度让那些最小型的、最边缘的从业者离开了这个行业，从而带来了某种稳定，也抑制了竞争强度。 2

雇主、顾客、工人和他们的辩护者（本书中指的是“改革家”）都是这个故事中的主角。所有的这些人都在让衣物变得清洁的技术过程中占有一席之地。在某种程度上，这些群体构建了一种叠合的社群网络，兼具地方性与跨国性双重特征。作为这些人日常互动的场所，个体洗衣房成为这个行业最具体、最亲近的表征。洗衣房融入了社区和城市，它们提供了就业机会，是人们送去脏衣服、取回干净衣物的场所，是矗立在街头的工业化象征物，也是扰民的雾气和脏水的源头。到 19 世纪末期，人们开始谈论“洗衣行业”（laundry industry）。这种称呼缺乏准确的空间界定，强调的是行业协会和工会会议，改革家的话语，以及监管洗衣房业主商业行为的法律。

许多手段和方法在分析这个行业的诸多面向时是管用的。如果不能理解其中的性别角色、关系及其意义的动态变化，那么这个故事中的经济和文化的动态变化也就很难理解了。性别差异的重要性体现在多个层面上，包括劳动的性别分工、男性洗衣房业主与女性顾客之间的关系，以及与洗衣过程本身相关的性别化意义。性别化的身份和关系又因种族、族群和阶级因素的加入而变得复杂。比如，洗衣工作和消费，以及（在英国的）管理制度，这些都带有特定的阶级和性别暗示。

在洗衣行业，文化的、技术的、家庭的、工业的因素以一种复杂并且有时候矛盾的方式交织在一起。因为大部分的洗衣房并不生产物质产品，所以洗衣房长久以来被称为服务行业。这种归类有利于说明洗衣房与其顾客之间的关系，但是误读了蒸汽洗衣房根本上的技术和组织逻辑。就洗衣房业主和他们的工人而言，蒸汽洗衣房就是工厂。大西洋两岸的洗衣房业主们努力模仿亨利·福特（Henry Ford），而没有学习那些通常裹挟在“服务业”这类模糊字眼下的银行、保险公司或百货公司。
3 当时的观察家做了一番类比：棉纺织厂代替了棉花纺车，蒸汽洗衣房代替了洗衣妇，二者之间的相似性让他们理解了这个行业正在发生的变化。集中化、规模经济、去人工技能、劳动分工、组织化和信息控制都是正处于机械化过程中的洗衣工作的关键性策略。

本书最好被理解为带有强烈比较视野的盎格鲁-美利坚史。[1]一方面，洗衣房在根本上仍旧是地方商业。洗衣房业主们主要在单个的城镇或都市中竞争。地方偏见和地方经济主导着消费类型。地方劳动力市场也决定着谁能在洗衣房工作以及洗衣房是否能够与洗衣妇和亚洲移民们展开竞争。不过，在另一方面，这个行业也产生一种跨大西洋现象。机械和技术上的持续交流构成了它的历史，其中包括两种跨大西洋对话：一个在英美的洗衣房业主之间，另一个在英美的改革家之间。尽管交流是双向的，但机械和技术知识倾向于从美国流向英国，而改革的观念和实践则是相反的。

所有的这些交流最终导致了技术、劳动分工、企业组织上的某些明显的相似性。不过，这一背景的差异性——基础设施、族群和种族构成以及法律体系上的——又导致了明显的趋异性。最明显的是，英国改革者依托宪政体系，相较美国更早实现了对工业的有效监管。英国的工业在族裔构成上具有相对的同质性；美国的洗衣房则经常在族群上和种族上呈现多元性。在英国，阶级差异具有更重要的作用。在美国，地区差异对这个行业及其监管也具有极大的形塑力。

在它们所处的时代，英国和美国的洗衣房业主们以及为行业期刊写文章的作家们也喜欢强调二者之间的差异。他们写道，美国人在实现机械化上速度更快，在机械制造上粗制滥造的现
4 象也更多。他们喜欢建造大东西，但又很快加以抛弃。不过，其他的证据表明，在大西洋两岸存在着一种可以被叫作“最佳实践”（best practice）的明显的连续性。与那些小型的、地方的竞争者相比，伦敦和芝加哥城市中高度资本化的洗衣房具有更高水平的相似性。这不仅是平行发展的结果，也是跨越大西洋持续的购买、借入和造访后的结果。作为经济实体，洗衣房不像铁路那样。那些自己制造电力或操弄着一辆手摇车的房主要想与宾夕法尼亚铁路公司竞争是有点可笑，但是同样的情况完全不适用在洗衣房业主的身上。

洗衣房业主的民族主义言论具有一系列复杂的文化功能。这种言论有时候只是为了消遣，但更多时候是为了强化民族认同感。现代化和工业化所产生的一个具有矛盾性的结果是消除了物质生活中的差异，同时又构建了强化民族独特性观念的意识形态。

我在看起来最具现实意义的地方是采取了比较的方法：强调可能在单一民族的背景下会无意识忽略掉的因素；说明大西洋交流的持续性存在；以及了解文化差异中某些具有模糊性的面向。必要时，我也不再将民族—国家作为比较的基础。特别

是在后面的章节中，我意识到了地区性的重要性，尤其是美国南北的差异。

需要指出的是，“洗衣房”这个简便的术语在人口普查档案和行业期刊上随处可见，但又涉及各类不太相同的行业。洗衣房能够（甚至到今日也能够）与一系列机构联系起来：医院、酒店、精神病院、孤儿院，以及衬衫、毛巾等棉制品制造商。这类特定洗衣房的动态超出了我查阅的资料的范畴，因此不在 5
这段历史之中。另一方面，那些以“家庭浣洗”（family wash）或“单身汉衣物送洗包裹”（bachelor bundle）为特色的洗衣房一般很难与亚麻品服务业和制服服务业区分开来：许多洗衣房对这两个行业都有涉足。本书中之所以对这些行业“打包在一起”讨论，部分原因在于我所使用的史料的特点，也是因为它们都很有趣。酒店和餐馆希望以成规模的方式重建家庭的舒适感。它们也是这个工业化时代及其相伴而生的逻辑的发明物。本书只会稍稍涉及所谓的华人洗衣房的历史。对于这段历史的大部分参与者来说，亚裔洗衣房业主及其雇员是“他者”——不适合雇用、不受监管，并且也无法为行业协会或工会成员所接受。消费者们却频繁“越界”，为了享受比蒸汽洗衣房更便宜、有时对衣物损伤更小的服务，无视对华人洗衣服务业所制定的种族上的“清规戒律”。

*

在过去的20年或更长的时间里，女性主义及其学术作品、妇女史和性别分析，改变了一些学者研究技术史和技术社会学的方法。本书的部分内容也是他们所讨论的问题的产物，即性别在塑造技术和技术在塑造性别上具有重要意义；对奶瓶和针线活的研究与工程学和钢制大型机械的研究同样重要；女性，不论是家庭主妇还是洗衣女工（laundress），都是技术的参与者，而不仅仅是技术的被动受害者。[2]

从外部视角来看，本书研究的是商人和顾客；从内部视角来看，本书写的则是妇女和工作。有一批内容丰富的文献对我的整个分析产生了影响。这批文献可以看作关于劳动和妇女的社会史，并且其有意让家庭与工作之间的性别关系凸显出来。过去有很多的学术作品已经展示了妇女的工作经历与她们作为母亲、家庭主妇和看护人的角色是不可分离的。其他的一些史学家也证明了，性别意识形态塑造了工作技能的概念和劳动的性别分工，并且将妇女的工作在劳动力市场的不断贬值及其对家庭工作的认同联系了起来。[3]改革言论，消费者、工人和管理者之间的关系，甚至工作场所的空间建构，都在一定程度上受到性别因素的影响。[4]

尽管尚未有关于洗衣房的通史问世，但我也不是第一个对其与家庭的特殊联系进行思考的学者。[5]在《为母亲争取更多的工作》(*More Work for Mother*)一书中，露丝·施瓦茨·考恩(Ruth Schwartz Cowan)将蒸汽洗衣房描述为技术领域的“未择之路”，并用它们来说明为什么某些替代家庭劳动的技术成功了，而另一些则失败了。考恩对洗衣房现象的解释主要聚焦于其与家庭和家庭劳动的联系。她认为，消费者的选择拒绝了公共的、商业的替代技术可能最好从“大部分人更喜欢私密性和自主性，而不是效率和集体利益”的角度来解释。[6]在某种程度上，本书与考恩的研究相互映照：关注的是工业革命浪潮下家庭的某个面向，而不是家庭中的工业革命。 6

正如前文所述，本书所构思的对象部分地涉及社会共同体的研究，只是这种社会共同体组织过程围绕着一种特别的技术进程展开。这种方法的优点是将社会关系和工业进程结合起来，而二者在其他的分析方法上则是割裂开的。共同体研究对技术史来说一直都很重要，因为他们把技术放到了背景中来看待。[7]不过，我进一步延伸了共同体概念，让其超越了只关注 19 世纪工业乡村的空间限制。甚至在洗衣房这样平淡无奇的世界中，新技术和新社会形态都在延伸着传统的时空边界。[8]

最后，尽管许多不同方向的史学家都在著述关于工业化的各个面向，集大成的任务还是留给了经济史学家。他们中的一些人已经将社会史、文化史和技术史融入其方法中，质疑并反思那种只关注大规模、资本密集型企业的叙述方式。[9]我不打算做一番宏大的总结，但是仍想说，书写工业史的某些方法最终还是走向了对宏大故事的重述。

*

第一章提出的论点是，要使蒸汽洗衣房具有经济可行性，必须同时具备实用的技术和合适的社会文化背景。这个行业诞生于 19 世纪，由于当时新技术的出现和技能的发展让建造一种
7 类似于工厂的洗衣房变得可行。同时，灰暗的天空和受到污染的水使得在城市环境中使用传统的洗衣方式愈加困难，并且城市中产阶级不断提高的清洁标准也为洗衣服务开辟了市场。

尽管商业洗衣房早在 19 世纪 50 年代已经出现，但它们在数量上很少，在历史档案中也没留下什么证据。第二章至第五章涉及从 1880 年到 1914 年这一时期，在此期间，这个行业开始快速增长并且经历了一段大规模机械化的时期。这个时期很重要的一点是它标志着一种公共实体的崛起——“洗衣行业”。在这几十年中，占劳动力大多数的妇女开始引起改革者和社会调查者的极大关注。

第二章描述了这一工业在 1880 年到 1910 年左右的情况，

还介绍了在这个故事中作为重要主角的洗衣房业主。我先是对 1884 年泰恩河畔纽卡斯尔（Newcastle-upon-Tyne）的美国式蒸汽洗衣房的起步历程进行了一番论述。这段历史介绍了时代化、洗衣房男业主的性别化、国际技术贸易和经营洗衣房的问题等主题，它还强调了性别和种族在英国和美国洗衣房业主共同体之间的差异性中所起到的作用。

在第三章中，我描述了当时一家典型洗衣房所涉及的技术流程和机器，呈现了洗衣房的运作过程。本章说明了同时代的人经常从技术和工作组织两方面将洗衣房描述为工厂的原因。进入洗衣房的商品不仅要被清洗和烘干，还要经过浆化和熨烫。为了做好这些工作，洗衣房业主逐渐抛弃手工熨斗和洗衣桶，转而使用更为精确的劳动分工方法以及各种各样的专业化的机器。随着洗衣房在规模上不断发展，新式分类、标记和记录体系发展起来了。我的叙述也表明，尽管洗衣房业主是从生产角度看待这一过程的，工人（以及他们的辩护者）则主要把它看作一种他们在其中花费大量时间的境况。本章还打算让读者熟悉蒸汽洗衣房的物理环境，并说明从事洗衣工作所需要的技术 8
资源和知识。

在洗衣房中工作的妇女的情况将在第四章中介绍。我认为，让大量妇女以相对低廉的工资参加工作的性别和阶级体系是这一行业得以存在的关键，这跟技术革新的作用一样。随着时间的推移，以及组织化和机械化程度的提高，妇女和洗衣工的含义也不断发生着变化。我比较了英国人和美国人赋予传统洗衣女工的不同的文化意义，并且指出英国机械化进程更为缓慢的某些原因。我也展示了从家庭洗衣工作转变为工业化工厂作业的复杂进程。

第五章追踪了洗衣工工会化及其运用法律改善工作条件交织在一起的进程。在这一时期，洗衣工经常被当作雇佣劳动在社会意义上对妇女造成伤害的典型案例。洗衣工之所以被挑选出来做这份工作是因为许多中产阶级消费者对洗衣房非常熟悉，而且洗衣工作具有女性的、家庭的和清洁的象征意义。一部分洗衣房业主反对工人和改革者为改善工作条件所做的努力，而另一些洗衣房业主则认识到，可以利用组织和监管来控制工人和竞争对手的行为。最后，我们使用比较方法探索了文化差异化的影响，国家的角色、劳动组织传统在大西洋两岸塑造这一进程中的作用。

第二部分的各章涉及两次世界大战之间这一工业进入成熟期且后来开始衰落的过程。在第六章中，我提出，到 20 世纪 20 年代，洗衣业已经达到了技术上的成熟阶段。不过，洗衣房业主也发现他们越来越难以找到方法让他们的技术更为廉价、更有效率、更为可靠了。他们的问题因为不断增加的监管手段、工会化趋势和用于家庭的新电力洗衣机的出现而逐渐恶化。他

们徒劳地期待着洗衣业的亨利·福特出现。但事实是，他们只能勉强地接受机械密集型服务业的新分类。他们也使用营销和
广告手段去弥补消费者和洗衣房业主之间在理解上的差距。同 9
时，英国的洗衣房业主则期望从美国那里寻找解决方案，并强行将美国商业的意识形态和方法引入英国的语境中。

在美国，两次世界大战期间也是大量非裔美国人流入的关键时期。在工厂中，隔离造成了一种两个层级的劳动力的情况出现，主要是从种族上进行区分。工资、劳动分工和工厂文化都受此影响。种族成为通过立法构建高效率的工会和改革这个行业的关键因素。第七章则是一个短插曲，介绍了非裔美国工人并描述了他们进入洗衣房工作的过程。

在这一时期，国家监管成为这个行业越来越重要的因素。在第八章中，我比较了两次世界大战期间监管洗衣业的不同方式：美国的《全国工业复兴法》（NIRA）和英国的《行业委员会法》（Trade Board Acts）。我展示了工业改革的思想是如何在大西洋两岸来回穿梭并塑造了这两大计划的；为纺织和钢铁这样的大型工业设计的方法又是如何在洗衣业中遇到了问题的；在美国制定洗衣房规则时种族又是起到了哪种关键性作用。这一章承接了第五章的内容，展示了洗衣工在关于女性从事工业劳动的争论中继续发挥的象征性作用。与前一部分的章节一致，它也说明了洗衣房业主是如何对监管表示欢迎态度的，因为监

管被看作一种可以给这个行业带来稳定的手段，还消除了某些形式的竞争。

大部分的洗衣房业主经历的监管不是来自政策的制定过程，而是后期的实施和执行过程。第九章比较了《全国工业复兴法》和《行业委员会法》的执行过程，说明了这些过程是如何适用于英国和美国的不同文化的。洗衣房业主在做出是否采取合作态度时的出发点是他们对国家权力的理解，以及他们与国家权力之间的关系。

在第十章中，我比较了 20 世纪 20 年代和 30 年代时美国的
10 两种洗衣业工会。一个是纽约工会地方 300 分部（Local 300），成员主要由非裔美国妇女组成。另一个密尔沃基地方 360 分部（Milwaukee Local 360）则是由白人男性司机组成的工会——他们拿着洗衣业中最高的工资，也是这个行业最具独立性的受雇者。我检视了性别和种族是如何影响到这些工会的组织结构的，以及工人们的自我认知和他们与各自工会之间的关系。在对后《瓦格纳法》（Wagner Act）时代洗衣房业主和管理层之间达成的和解进行了一番描述后，第十章完成了从第八章开始的比较叙事，展示了美国产业工会联合会（CIO）联盟通过各种组织和机制，包括议价程序和联合委员会，创造了行业委员会的个体版本。

最终导致这个行业衰落的因素是来自家用洗衣机的威胁。

因此，在第十一章，我回到了在前两章中介绍过的技术选择（technological choice）的主题。越来越多的消费者开始购买洗衣机，而不再将他们的衣服送到洗衣房。我描述了洗衣机制造商和洗衣房业主为争夺消费者而展开的斗争，并说明了洗衣房最终会在这场战争中失败的某些原因，而这一切发生在洗衣工作重返家庭的过程中。 11

第一部分

一个行业的起源与成长，1880—1920 年

第一章　技术与文化起源

工业史起源于何处，起源于何时？家庭工作是如何变成工业进程的呢？为什么会发生这些变化呢？跟人类的其他伟业一样，洗衣业有它自己的起源神话。美国人推崇的一个版本讲述了加州淘金热时期有一位具有创业精神的矿工，他将一台临时拼凑的洗衣机器连接到了辅助发动机上，在美国最具代表性的边疆地区中完成了这项发明壮举。[1]

为什么它会出现？在这个故事里是因为矿工们缺少妇女为他们洗衣服。因此，一位洗衣男工构思出了技术方案来解决这一问题。在美国和西欧的文化中，洗衣工作历来是最具性别色彩的家庭任务之一。无论是工业史学家弗雷德·德·阿蒙德（Fred De Armond）所见到的20世纪的工业洗衣房，还是边疆矿工世界里的水桶与河滨，承担洗衣工作的始终是女性。若没有女性参与，衣物堆积成山的景象便不可避免。[2]

边疆男矿工的这个故事极有可能是虚构的：这些在20世纪

早期普遍使用的机器的原型在加利福尼亚淘金热之前很早就出现了。在18世纪末期，至少有一位英国纺织制造商就创造了一种蒸汽动力的机器系统用来洗涤和烘干衣物。不过，热情的企业家们并没有立即拥抱这些技术。商业上的可行性要求合适的文化和技术背景。这一行业最初的繁荣并没有出现在遥远的、
15 以男性为主的边疆地区，而是出现在城市中心。不断提升的清洁标准、潜在顾客的聚集，以及城市用水系统的创建才促进了它的发展。同时，逐渐恶劣的城市环境使得传统的洗衣方法变得越来越不可行了。作为顾客、工人和竞争者的妇女们发挥了根本性的作用。从文化渊源到地理分布，这一产业都扎根于家庭社区周边，而非遥远荒凉的美国西部。

如果说这些事实并不准确，那么这位聪明矿工的故事包含着一种诱惑性的文化逻辑。它始于发明之时。这是让人感到熟悉的扬基天赋的传奇故事。在这类故事里，业余的发明家使用一个常见的家庭机器并巧妙地将其改造，最终产生了巨大的影响。

关于洗衣业起源故事的英国版本就没有这种边疆陷阱了，取而代之的是纹章象征主义和专利局的权威。不过，跟它的美国伙伴类似的是，这个故事中也包含了家庭和性别因素。在一部官方的工业史中，安克利夫·普伦斯（Ancliffe Prence）展示了一个伦敦城区的洗衣公司（创办于1960年，尽管公

司名听起来很古老）制作的盾徽。这是在用物化的纹章来说明公司的起源。这个盾徽的左侧支撑物是一个女性形象。她手持一根洗衣棒：一根长木杆末端有交叉的横杆。传统意义上英国洗衣女工用它搅动洗衣桶或沸水铜锅中的衣物。这个盾徽上还有一个 1782 年的洗衣机图案（西德吉尔机 [Sidgier machine]）。这个洗衣机图案取材自一批专利画。在画中，这个洗衣机“夹在三个老旧的、滋滋冒烟的平熨斗中”。[3] 普伦斯明显没有意识到其中的讽刺性，这个主要由男性组成的兄弟会使用的象征物却是现在已经被机械化替代了的女性工人所使用的传统工具。

德·阿蒙德所说的改造家用洗衣机器用于商业化和普伦斯所展示的洗衣女工的传统工具都在塑造着技术变迁的叙事，让其成为一种关于继承和进步的故事。发明用工业化的替代家用的，用男性替代女性。这类叙事策略让洗衣男工的权威性具象化了。这些男性掌控了曾经由女性主导的进程，并且这些传奇故事很好地契合了技术叙事的传统。[4]

更细致地检视会发现，工业化激发了家庭和商业洗衣技术的发展。这是两种相互平行，但并不总是交织在一起的路径。 16
比如，发明家和制造商在 19 世纪时引入了数百台的家用洗衣机，但是这些新设备的设计与他们的商业对手有着明显的差异。《工业艺术的发展》（*The Growth of Industrial Art*）一书是为了 1889 年专利局创办百年而出版的一卷作品。该书列举的 12 个传统技术和专利机器能够说明这些差异。大部分的家庭设备都在致力于模仿人手揉搓衣物的动作。[5] 这些插图中唯一的例外是 5 号图。这是一个煮衣锅。所有这些展示的机器都由妇女来操作，这加强了她们与家庭的联系。7 号图是唯一的商业洗衣机，但没有操作员，因为它是由一个连接到蒸汽发动机的传送带驱动的——大部分家庭都做不到这点。跟当时其他的商业机器一样，也与今天使用的那些机器相仿，它由一个滚筒构成。这个滚筒驱动着水穿过衣物实现清洗。这些设备的制造者借鉴了商业纺织品加工的设计对其进行了改造，而不是让家用洗衣机按比例变大。[6]

当聚焦到单个设施时，这种洗衣机会误导人们认为从事洗衣业就是简单地洗洗衣服。无论是在厨房里，还是在创办商业企业过程中，洗衣都是一个多步骤的工作，它包括了各种各样的工具和机器。大部分的衣物都要经历绞干、烘干、拉伸和熨烫。跟家用和商业洗衣机一样，其他技术也经常呈现不一样的形态。到 19 世纪末，家庭主妇和洗衣妇能够从商品目录和街角商店购买量产的铜锅或煮锅，以及洗衣板、绞干机、熨平机、晾衣绳。工业化使得这些商品更为廉价，并且发明的热潮也引起了大量微小的迭代更新和专利小工具。[7]

与之相反，商业洗衣机的发展模仿着工厂生产的逻辑，将任务分解成增量式的组件并将工艺知识融入机器设计中。其他的装置也力图利用好规模经济的优势。比如，人工织物原来用手工熨烫，也逐渐地被巨大的圆筒熨斗替代（熨平机）。这种机器能在一小时中熨烫几百件被单。[8] 因为在 20 世纪前，对于普
通家庭而言，将机械动力应用于家庭日常生活中仍是很不实际 17
的，工业机器无法简单地缩小到家庭使用的规模。进一步讲，劳动分工是大型洗衣房的特色，而且伴随着专业化的机器用于组件式的细分任务，但这在家庭或单人经营的商业运作中根本行不通。

家庭洗衣可用的工具几乎未能缓解这种繁重劳动的艰辛。许多家庭主妇最为反感这项工作并且急切地寻找家庭浣洗的替代物。[9] 这一时期的家政指南书籍显示了对这一工作繁重性的认识。这与 20 世纪后期人们使用自动洗衣机、烘干机、电熨斗、不褪色免烫面料，以及专门配方的洗涤剂和漂白剂时的家务体验相比，差异尤为明显。比如，伊莉莎·莱斯利在 1840 年出版的《家庭经济手册》（*Manual of Domestic Economy*）用 20 页的篇幅描述了清除各种织物上污点和油脂痕迹的方法。[10] 在 19 世纪的许多家庭里，即便是完成一次家庭衣物的清洗工作（从洗涤、晾晒到熨烫），也需要耗费整整两天时间，让人精疲力竭。

洗衣日是从打水和烧水开始的。在没有水泵的家庭里，水

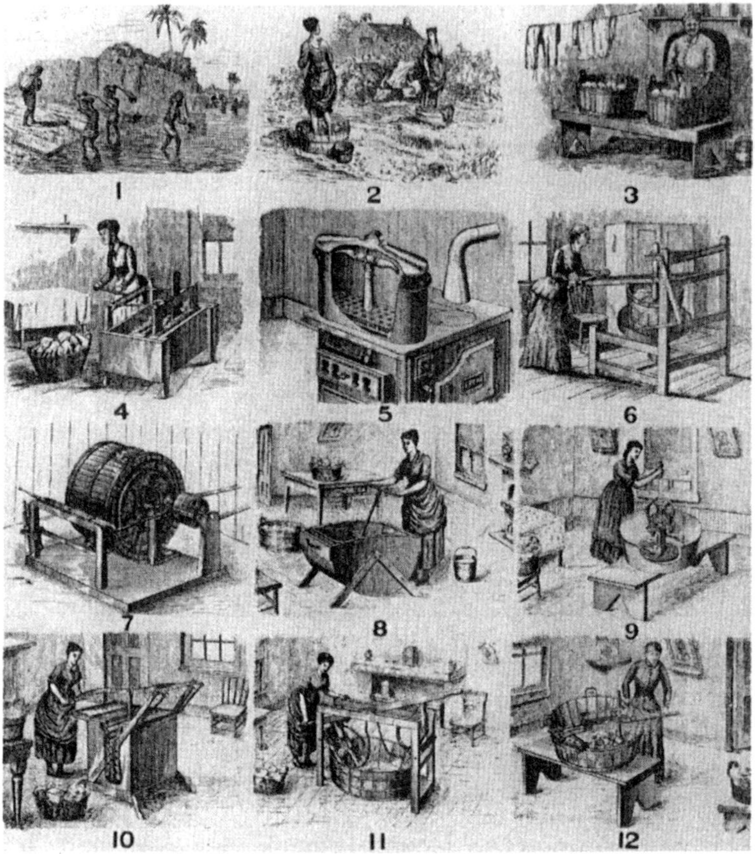

1————大部分供家用的洗衣机让水通过摩擦而非翻滚的方式浸湿衣物。家庭洗衣工作的性别化特征也在本杰明·巴特沃斯（Benjamin Butterworth）的《工业技艺的成长》（*The Growth of Industrial Art*, Washington, D.C., 1892）第 84 页的插图中有所体现。感谢哈格利博物馆和图书馆。

18

要从泉水、溪流中取，或者从水池或房屋中的供水管中取。莱斯利警告说："除非你有很多水，否则把衣物洗干净是不太可能的。"[11] 其他方面的材料也显示了工作量之大，包括抽水、运水和倒水等。1843 年，在城市卫生委员会作证时，一个证人对议会成员说，许多城市的洗衣女工要拉 30 桶水（40—60 加仑），然后煮开其中的一半以应付每周的洗衣工作。[12]

莱斯利建议将实际洗涤工作调整至星期二开始，而非传统规定的星期一。在星期一晚上，要对待洗的衣物进行分拣，对污渍进行预处理，尤其还要对脏衣服进行浸泡。一些衣服在洗之前有些接缝处已经裂开了，需要后面重新修补。第二天早晨，每一担衣物要放入对应的一个肥皂水桶中。莱斯利建议在洗衣板上将每一件衣服都搓洗一遍。[13] 洗衣棒，又称捣衣棒（普伦斯曾详述其构造），是另一种省力工具。它可以用来捶打或捣碾盛满衣服的盆或桶。在 19 世纪时，美国人和英国人都认为，白色的衣物只有在被煮沸之后才算得上清洗干净。因此， 19
棉质或亚麻制品要在清洗过后放入铜锅或大的煮锅中，然后用火烧煮。

如果洗衣女工的后背在清洗阶段后还没有酸痛的话，接下来将浸泡了的衣物从洗衣桶中提出来、放进去，连番洗涮几次后，那她一定就受不了了。像被单、桌布、毯子这类大物件特别麻烦，这也是这些物品经常被扔掉的原因之一。妇女们对专利绞干机的出现献出了赞美之词。这种绞干机由曲柄带动的两个平行的胶辊组成。没有这种器械，每一个物件都要用手来拧，以除去多余的水。洗衣服第一天的最后一步是将湿的衣物挂出去准备晾干。[14]

在免熨衣物出现之前，几乎所有的亚麻制品（与羊毛制品不同）都需要熨烫。洗衣女工处理衬衫、桌布和其他衣物时需要用煮过的浆水擦洗它们。熨斗通常重达 8—10 磅，要在炉子上烧热。莱斯利和其他指南书籍作家都说，每位妇女要同时用三到四个熨斗，这样才能避免因等待熨斗加热或等待过烫的熨斗冷却而耽误时间。[15] 熨烫过程中需要谨慎判断，防止织物烧焦，还需要体力去推动和按压沉重的熨斗。

大部分家庭手册并没有太关注天气、匮乏的工具和局促的家庭空间这些让这个领域变得更为复杂的因素。许多妇女已经了解，在炎热的夏季站在厨房滚滚沸水的铜桶旁或推拉一个 12 磅重的熨斗时，噼里啪啦燃烧的柴炉让人仿佛能提前一尝地狱的滋味。雨水和雪会让过热的厨房冷下来，但是也意味着湿漉漉的衣服要挂在屋子里。这些衣物吸收了屋里的气味，然后又把本身的臭味释放到屋内。在热水和强腐蚀性的化学物品中不断地浸泡也会让皮肤受到不可逆的损伤。在 19 世纪中期，许多妇女还会从动物脂肪和碱液中提取肥皂——配方相当随意。[16] 红彤彤的、粗糙的双手意味着这位妇女要自己动手洗衣服。此

外，当一位尽职的家庭主妇花了两天时间完成洗衣工作后，仅仅五天后，这个过程又将重新开始。 20

雇用一名洗衣妇是解决这些问题的传统方式。不过，雇用一名洗衣妇（无论她是在雇主家工作，还是把衣物拿走再还回来）也给家庭主妇带来了问题。在家中洗衣会持续打断家庭生活的正常进行，而中产阶级妇女又越来越对工人在自己家里洗衣表示担忧，因为存在着衣服暴露于疾病的风险。任何一种选择又随着寻找、监督和雇用工人的内在紧张关系而变得更加复杂。[17] 同时，对于洗衣妇来说，洗衣服成为收入的来源，但也意味着整个一周都要在提拉重物和强腐蚀性的化学制品中度过。

由于这些家庭替代物的各种不足，家庭主妇们认识到了工业化的洗衣工作的优势。尽管“单身汉衣物送洗包裹”为面向家庭事务服务的洗衣业创造了收入，但是缺乏女性家庭成员协助洗衣的单身男性并非商业洗衣房的核心客户群——妇女们才是主顾。类似地，是女性，而非男性及机器，承担了大部分的洗衣工作，甚至在机械化的洗衣房中也是如此。

技术起源

如果工业起源等同于技术起源的话，将远离技术时代也无法复制技术的美国边疆作为这个行业的起源就没什么意义了。英国通过查找专利档案来研究的策略也用处不大，因为在许多专利设备的公共生命（public lives）期间，其始终未能走出专利办公室。不过，其他资料来源则提供了可行的技术先例。1819年，工程师查尔斯·西尔维斯特（Charles Sylvester）出版了19世纪最畅销的家庭经济手册。它的书名是《家庭经济哲学：关于加热、通风、洗涤、烘干和做饭的实例》（*The Philosophy of Domestic Economy: as Exemplified in the Mode of Warming, Ventilation, Washing, Drying, and Cooking*）。在这本书里，他描述了1796年一位叫威廉·斯特拉特阁下（William Strutt Esq.）的人所发明的洗衣机。1810年，这台洗衣机安置在德比郡总医院里。尽管某个重要人物的大力吹捧对这部分的写作可能起到了重要作用（斯特拉特是著名的制造业家族的成员），但是西尔维斯特说他分享斯特拉特成就的相关信息是出于人道主义的动机。
21 特别是这个机器能够让妇女们免于这类劳动："洗涤的工作应当由一台机器来做，它比洗衣妇的双手更适合去除污渍。"他告诉他的读者。[18]

医院洗衣房采用的各种技术与19世纪晚期大多数蒸汽洗

衣房普遍使用的机器极为相似。西尔维斯特的描述也把它们的起源归于18世纪的纺织生产过程。取消了洗衣妇的传统工具——洗衣棒和桶后，斯特拉特提供了一台由装在防水箱中包括四个部件的穿孔圆筒构成的洗衣机。西尔维斯特向读者介绍，这台洗衣机是“从漂布工常用的洗涤轮改良而来”。在用于亚麻制品洗涤之前，它“在袜子的整理和精加工环节取得了巨大成功”（袜子正是Strutt-Arkwright工厂生产的产品之一）。操作员往水箱中注入4—5英寸深的水，随后通入蒸汽对水进行加热。一旦加满了，“就转动（圆筒）到一定的速度让这些衣服互相分开”，西尔维斯特指导说。尽管随附的图示显示机器侧面有一个手摇曲柄，但西尔维斯特向读者说明，实际驱动该机器运转的是一台6马力的蒸汽机，该蒸汽机安装在地下室，通过水平传动轴带动设备运行。[19] 图2与图3以对比方式呈现了斯特拉特设计的机器与1911年特洛伊洗衣机公司洗衣机装配车间的不同形态。

烘干和后期精加工设备的相似性也能建立起18世纪的纺织生产与后来的商业洗衣房之间的联系。西尔维斯特用了很多篇幅对烘干箱进行描述：这种箱子里面是一个个狭小的隔间。隔间之间是可以滑动的“马”，即搁物架，可用于挂潮湿的亚麻布。中间火炉散出的热气可以让空气穿过箱子。西尔维斯特指出，“这些炉子已经广泛应用很久了，可以烘干棉花纱线和印花棉布。这是斯特拉特先生的作品，它们的价值不比造纸者、制陶匠、甜面包师等人的工作小”。洗衣房的其他配置表明，人们已经意识到家庭洗衣方法的缺点以及这些方法给洗衣女工带来的负担。西尔维斯特强调，“每间洗衣房都应通过管道供应硬水和软水，并配备其他管道输送蒸汽，从而无须再使用火炉”。[20]

22 斯特拉特可不是那种自顾自地在家庭工作坊中敲打简单工具的孤独的扬基发明家。他既有物质资源，也有技术知识去执行他的项目。作为纺织业领袖人物、理查德·阿克莱特（Richard Arkwright）的合作伙伴杰迪戴亚·斯特拉特（Jedidiah Strutt）的三子之一，威廉出生在工业革命的中心地带。当威廉和他的两个兄弟在1797年继承了斯特拉特的资产时，这个家族的财产包括四家在贝珀（Belper）的棉纺织厂，该城三分之一的人口受雇于此。同样，他们在米尔福德（Milford）附近还有一家漂白剂工厂和一家钢铁锻造厂。[21] 与两个兄弟喜欢金融业不同，威廉对快速发展的工业的技术问题很感兴趣。因此，他经常与自家的米尔福德锻造厂的技工们打交道，因为这些人能够造出必要的机械，或者根据自身处理相似设备的经验提出实用的建议。

斯特拉特在技术上的兴趣深深地挣脱了为获利而从事工业革新的藩篱。他是一个对改善劳动人民日常生活条件有着执念的人。[22] 跟斯特拉特同时代的许多改革家一样，这种愿景并不体现在更高的工资或工人家庭条件的改善上，而是体现在制度性的服务上：学校和医院，因为在这里，父权制的控制力可以得到维系。这一代企业改革家（斯特拉特的朋友杰里米·边沁最为著名）将技术创新和科学分析视为改善社会弊病的工具。他们是工业革命和启蒙运动之子，是其意识形态和技术的接受者。[23]

斯特拉特把医院看作他的杰作，并自豪地宣称其中陈列着"一整套机械天才的创造"。他跟英国启蒙运动中的伟人们一样，不仅对整个社会充满热情，而且对洗衣机这类物品也有着特别的兴趣。1811 年，他给托马斯·埃奇沃思（Thomas Edgeworth）写信说明了洗衣机的改进情况。19 世纪 20 年代，他与边沁之间的通信则包括对医院锅炉和加热系统如何设计的讨论。一个 1803 年的专利表示"第二代的洗衣机是对边沁机器的改良"，说明边沁发明的机器也被纳入这种"改良"的行列之中了。[24] 23

斯特拉特从未为他的洗衣机申请专利。最有可能的是，他无法宣称自己有何原创性，因为此前已经有一批 18 世纪的冲击轮机器（dash wheel machines）专利问世了，而这些机器就是主要用在纺织机上的。[25] 此外，如果说他的目标是慈善而不是获利，申请专利就不利于在医院和孤儿院中安装洗衣机了。在

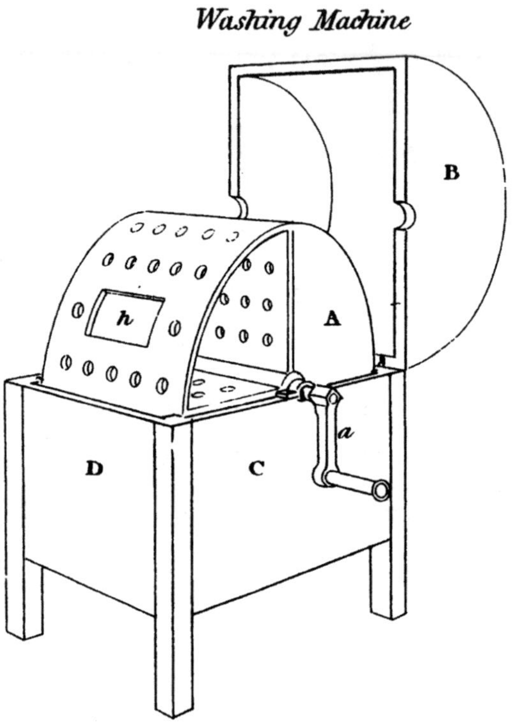

2————威廉·斯特拉特 1810 年的洗衣机与一个世纪之后常见的商业洗衣机的设计原理一致。节选自 Charles Sylvester, *Philosophy of Domestic Economy*（Nottingham，1819）中的铜板图。

24

斯特拉特的机器和这个世纪中期开始出现的洗衣机器之间直接画等号是很难的，而且无论是从专利的角度，还是从机器制造商的角度来看都不好下这样的结论。但是，二者之间还是有极强的相似性的。不过，西尔维斯特却暗示说，这种技术得到了更广泛的应用。他以另一处特别的安装地点——韦克菲尔德的贫民疯人院作为例子。在这里，“洗衣机与德比郡医院的机器类似，因为这里的机器可以改造成熨平机，大量的劳力得以节省”。[26]

尽管斯特拉特名气很大，但没有证据表明嗅觉灵敏的企业家们立刻攫取了这些新思想并且为他们的微薄财富添砖加瓦。尽管美国人会通过公平，又或是欺骗的方式从英国的发明天才的手中弄到一些成果，但他们似乎也忽视了斯特拉特对人性的制度性贡献，美国人也只是对家庭使用的洗衣技术有所关注。[27]

基于英国早期工业化和城市化的过程，人们会认为，不仅首批实现洗衣工作机械化的机器会诞生于大西洋彼岸（英国），其首次商业化应用也应在此地出现。实际上，至少有位斯特拉特的同代人物约翰·达尔林普尔（John Dalrymple）先生在1802年出版的一本手册里就详细介绍了他在商业化的洗衣工作中使用机器节约劳动力成本的想法。达尔林普尔的技术敏锐度不及斯特拉特——他采用的方法笨拙且时间冗长，需耗费数小时将

3——————特洛伊洗衣机公司在 1911 年版《特洛伊洗衣指南》（*Troy Laundry Guide*）中插入了一张部门的照片。在图中，一堆跟斯特拉特设计类似的洗衣机出现在了这家洗衣房位于伊利诺伊的工厂里。Troy Laundry Machinery Company, *Troy*
25 *Laundry Guide* (Chicago, 1911), 58. 感谢哈格利博物馆和图书馆。

蒸汽通入装满脏衣物或亚麻布的漂白液大缸中——但他洞见了机械化在节省成本与时间上的潜力，而这一点斯特拉特或西尔维斯特未能意识到。达尔林普尔也承认，城市化为机械化的洗衣工作提供了经济上的可行性。他宣称，他的设备特别适合于伦敦和其他“大城市”。在这些城市中，“洗涤成本是王国中其他城市成本的三倍”。正如后来的洗衣房业主所说，他还指出了机器相较于城市传统洗衣方式的卫生优势——后者“常在阁楼中由粗心陌生的工人完成洗涤，既无干燥场所，亦无晾衣绿地可供铺展衣物”。[28]

除了成本和卫生优势外，利用机器还能节省劳力。“通过蒸汽动力来洗衣，工艺之力能够做到昔日洗衣妇的双手所完成的工作量，8000 件衬衫一天内就可以洗完。如果用手来洗的话，这个量需要 222 位妇女，每个人分配 36 件，”达尔林普尔估算说，“因此，工作效率的提升必然带来巨大收益，所需运输船只的数量得以减少，厂房所需空间随之缩减，对洗衣客户的订单响应更为迅捷，以及诸如资金快速回笼等由效率提升所衍生的一系列连锁优势。”[29]

尽管有着达尔林普尔的努力，但在 19 世纪的前几十年里，
洗衣妇仍然垄断了伦敦的洗衣服务业。不过，至少有一份材料 26
显示，更大的事业出现了。1834 年，早期的劳工杂志《先锋》（*Pioneer*）曾向读者披露，伦敦霍斯费里路（Horseferry Road）

附近的洗衣妇宣布了总罢工。她们的雇主被描述为“某些伟大的洗衣女工”。这表明伦敦一些富有企业家精神的洗衣女工已经将她们的业务扩大到工厂级别，只是还没用上机器。[30] 那么，这些经营者究竟是谁，她们的经营地点又是什么样，至今仍是未解之谜。

亨利·梅休（Henry Mayhew）计算得出，到 1850 年，在伦敦靠洗衣服谋生的有 51289 人。他区分了三种类型的劳动者：“洗衣店主”（laundry-keepers）、“洗衣工”（washers）和“轧布工”（manglers）。“洗衣店主”有 16220 人，他们的名称和数量说明他们属于一个规模庞大的企业家群体。[31] 广告与城市名录中的商户信息、机械制造等附属产业的兴起、顾客投诉以及改革家的关切都说明，到这个世纪的中期，洗衣业已经被人们普遍认为是大西洋两岸一个具有独特性的商业类型了。

机器是否已经用上了，以及它们是怎么被使用的，用的什么类型的机器，工作是怎么组织起来的，以及有多少人在这些地方劳动，这些确定起来更为困难。在 19 世纪 30 年代，组装蒸汽洗衣房所需的知识与技术早已普及——一项调查显示，仅费城一地就有 19 家使用蒸汽动力的染色、漂白与轧光厂——但这些技术是否成功跨入洗衣领域仍是不确定的。[32] 有可能的是，像 19 世纪中期英美的大多数小制造商那样，这些行业都是只有几个雇员的工坊，没有什么资本——或者也没有什么需求——

实现机械化。[33]

到19世纪50年代后期，“蒸汽洗衣房”这个概念已经很常用了。例如，1859年的《费城女士购物指南和家庭主妇手册》（*Ladies Philadelphia Shopping Guide and Housekeeper's Companion*）特别关注到“费城蒸汽洗衣房”。[34] 在同一年，社会改革家威廉·伯恩斯（William Burns）驳斥了这个行业的发展。他认为，洗衣女工应当组织起来，“用正义抵制……最近进入这个行业并与她们展开竞争的资本”。他义正词严地批判了“最近建立的各种洗衣房”，说它们是“上百个饥饿的军队正贪婪地 27
吃掉这个城市的每一件脏衬衫”。[35] 波士顿改革家卡罗琳·达尔（Caroline Dall）表达了同样的感情。她提议这个城市应当为洗衣妇们建立一家洗衣房帮助她们工作，要以批发价给她们提供物资，这样她们才有机会与（机器）洗衣房“以公平的方式一较高低”。[36]

机器的发明家和制造商们也注意到了新市场的出现。1851年10月，一位J. T. 金（J. T. King）先生获得了8446号专利。这个专利涉及的是“一种洗衣工具”，其与斯特拉特早先的机器所使用的同轴圆筒原理是一致的。金很快就印制宣传册并征集客户推荐。[37] 到1855年，他提供了13种不同型号的洗衣机，从手摇机到机器C（“从一个单独的蒸汽煮锅中供应蒸汽，并且适用于有蒸汽但没有动力能源的小型洗衣房”），还有模式D #12

（广告里说它适用于大酒店、洗衣房和公共机构）。大型机器拥有“全部的阀门、驱动装置、传动带等，可以很容易地将发动机连接起来”。[38] 发动机需要额外付费——可以预见，有些地方已经有自己的发动机了。金不仅提供了更好的洗衣机，而且“为整个洗衣房提供了所需的一切”。顾客既可选购单台机器，也可购买包含脱水机（hydro-extractor）、熨平机、肥皂及驱动机器引擎在内的完整系统。[39] 除首款洗衣机外，他还提供各类配套产品，包括一种“磁性洗涤液”（他解释道，这种洗涤液足够温和，可以小剂量饮用）。[40]

英国的公司在同一时期也提供了商业化的洗衣机器。[41] 它们多由工程企业或锻造厂生产出来，这些厂商意图提供种类繁多的产品、技术咨询和定制化机器服务。其中最早的也是最成功的一家英国公司是曼洛夫和埃利奥特公司（Manlove and Alliot）。两位诺丁汉的工程师最初创办这家公司是为了利用好一种叫作“离心脱水机”的设备。这种设备是在 19 世纪 30 年代由一位名叫塞里格（Seyrig）的瑞士发明家发明的。这台机器本来是用来炼制精糖的，但是两位工程搭档意识到了它更广阔的应用前景：脱水机利用的离心力也能用于从湿的织物中提取多余的水。埃利奥特以个人名义申请了英国专利并生产出了这
28 种设备。它不仅有助于解决洗衣业中的一个关键性问题，曼洛夫和埃利奥特公司还宣称它可以用于漂白、单件染色、纺织制

造和精糖炼制。[42]

该行业的兴起首次引发了家庭洗衣法与商业洗衣法孰优孰劣的争论，也首次出现了对商业洗衣法造成损害的批评。在 1861 年出版的经典著作《家庭管理》（*Household Management*）一书中，伊莎贝拉·比顿夫人（Mrs. Isabella Beeton）简要地评述了，许多城市家庭正开始将他们待洗的衣物送到“职业洗衣女工和公司那里，因为其应用了机械的、化学的方法”。不过，她指出，“这些处理方法……会伤害亚麻制品的结构”——建议家庭保留专属洗衣女工，并在家中处理精细织物。[43]

机器制造商、广告宣传和顾客的不满为一个行业的崛起提供了证据，但无法解释这个行业会在那时出现的原因。这个问题的答案在于工业化和城市化给 19 世纪日常生活带来的在文化和物质上的变化。

缔造一个更为清洁的社会

清洁标准的不断提高为新生的洗衣业提供了关键性的文化背景。新的习惯和惯例在这个世纪中逐渐形成。回望过去，这些变化令人感到震惊。堆成山的脏衣物在街道上消失了；令人作呕的体味气息曾经弥漫在公共场合，现在也成为历史了；曾经让富人和穷人都备受折磨的害虫也不见了；各种通过皮肤传播或饮水传播的疾病也不再那么可怕或让人成批成批地倒下了。

尽管这种新型清洁文化的展现方式并不相同，但是穿着干净衣服的习惯成为最明显、最私人的体现之一。在步入老年之际，英国人弗朗西斯·普莱斯（Francis Place）回忆起 18 世纪的青年时代：

> 手工匠、店主阶层的妻子和女儿不管是穿皮质紧身胸
> 衣，还是全骨架支撑的紧身胸衣……都不曾清洗过，尽管她
> 们日复一日地穿了好多年。至于商贾和士绅们的妻子和成年
> 29 的女儿穿的衬裙是仿驼毛纯亚麻染色布，里面还絮棉花或马
> 鬃。她们也是天天穿着这些衣服直到破了，从不清洗。棉纺
> 织品制造工艺的改进带来了一场巨大变革。

19 世纪 20 年代以后，情况越发改善。他指出，在他漫长的一生所目睹的变化中，“人们不断增强的清洁观念令人感到极其震惊”。[44]

那个正在消亡的时代里，富人们或许更加谨慎。他们意识到，洁净的白亚麻衣物与体面的仪表日益成为文雅阶层的标志。

切斯特菲尔德勋爵在1747年的家书中告诫他的儿子："正如你必须注意你的言行举止，同样你不能忽视你的仪表；要尤其注意卫生，衣着整洁，举止得体。"[45]然而，贵族楷模们并没有明确"非常干净"的具体标准（可能正是这种不明确性给予了这本书长久的生命力，让其可以持续指导人们的行为举止——每一个时代都赋予它符合自己时代的解释）。新生的美国绅士们很快就接受了切斯特菲尔德和其他标准设定者的建议。[46]

不过，对于18世纪的道德家们来说，倡导清洁的理念与维多利亚时代及其后继者有着本质差异。当约翰·卫斯理在卫生条件更差的18世纪提出"清洁近乎神圣"的箴言时，他的初衷远比后世赋予这句话的意义要朴素得多。[47]卫斯理只是希望他的教区信徒们能够在周日到教堂前洗洗脸和手，而且有可能的话，在进入圣殿前能够换件衬衣。即便被后世冠以"过分讲究"之名，卫斯理本人可能也仅践行到这个程度。[48]对于18世纪的读者而言，"洁净"（cleanliness）一词的内涵往往更接近于现代人所理解的"整洁得体"（neatness）。

经常洗澡通常被看作对健康有害，而且接触浴桶或淋浴时要很谨慎。自中世纪晚期以来就持续存在的观念是，让透气的皮肤变湿很容易招致疾病。[49]伊丽莎白·德林克是一位18世纪后期的费城居民。秉持着审慎的道德和社会立场，她在长达28年的时间里"不曾全身湿透过"。1799年，她怀着惴惴不安的心

30 情走向了推迟已久的沐浴时光。[50] 她内心观念的转变恰逢美国新卫生习惯的初次兴起。[51]

尤其在棉质内衣普及之后，人们更换衣物的频率显著提高——这一行为通常被视为清洁皮肤的替代方式。对于负担得起的人来说，这种习惯逐渐形成了每周一次的规律：周日换上崭新的亚麻内衣，以此确保自己能以洁净之躯面对上帝。[52] 这种安息日习惯持续到 19 世纪，这跟商业洗衣房习惯在周六将精心处理过的衣物还给顾客一样。这种“亚麻布循环”变得如此重要，以致人们在不打算去教堂时也会坚持在周六拿回衣物。这给洗衣房带来了压力，迫使它们的雇员需要加班加点来迎合最后期限。[53]

受过教育的人将不洁净和疾病联系起来也促进了这些变化的发生。关于洁净的医学论述甚至让那些不怎么在乎社会礼仪的城市居民也担心起他们的生命安全了。新出现的疾病瘴气理论认为，疫病源自有害的气体——瘴气——而这种气体来自“地球深处”，在闻到臭味时就能发现它们。这种观念在 18 世纪中期的英格兰和美利坚广泛流行并修正了原来的体液理论（这种理论把疾病归咎于体内失调，而不是外部的环境）。到 18 世纪后半期，瘴气理论已经深入人心，直到 19 世纪末期细菌的发现才改变了它长期以来的影响。[54]

随着城市的发展，水源性疾病的传播让人们更加明确了不洁净与疾病之间的关系。在19世纪初，英国成为世界上第一个城市化社会。到这个世纪的中期，生活在城市地区的英国人比乡村中的多。尽管美国在19世纪快速发展，但是在1850年，城市居民只占13%。[55] 当然，美国的城市增长很快，而且在快速发展中的新世界大都市里的居民逐渐地经历了跟英国城市民众同样的问题。[56] 由于1832年和1848年暴发了恐怖的霍乱疫 31
情，再加上埃德温·查德威克（Edwin Chadwick）广为人知的城市健康议会报告，越来越多的人相信，肮脏、恶臭、脏水和疾病之间存在着联系，而有识之士、位高权重的人则为这种看法提供了话语权和权威性。[57] 美国人也根据查德威克的报告，认识到查德威克所发现的问题跟美国城市发展中出现的问题是相关联的。疾病的瘴气理论及其后继理论——细菌理论——从东方穿越大西洋传播而来，伴随而来的还有对它们影响甚深的诸多微生物。[58]

在某种程度上，19世纪60年代到80年代的一系列发现将微生物与疾病联系起来，但这也只是证实并给已经形成许久的习惯和观念以支撑性证据罢了。尽管真正的抗菌法还没走入日常生活（虽然有些清洁产品宣称如此），但抗菌理念在医学治疗中引发了一场革命。抗菌理念变得越来越迫切了，因为社会遇到了新的不可见的敌人：脏东西能够潜伏在无法看到也无法嗅到的地方，并且带来了疾病的威胁。科学研究证实了大众长期以来持有的伦理观：人从未足够清洁过。[59]

尽管细菌理论是这个世纪革命性的发现，但其他的发现也在清洁问题上极具影响力。对呼吸过程理解的加深以及对人体认知的更新深刻地影响了许多作家对卫生的认知。18 世纪时，这种变化的部分内容就是对污垢与皮肤病之间关系的认知。受污的亚麻布和洗浴的缺失都在使皮肤的状况发生恶化，比如会出现脓包病和癣菌病。

此前，美国人和英国人曾认为频繁洗澡和更换衣物既不健康，也不方便，在社交意义上更没有必要，因而对此避之不及；但在 19 世纪，他们逐渐转变为对清洁卫生如饥似渴的追求者。这场革命的动力尤其来自中产阶级。面对不卫生城市中的种种危险，以商业为生活目标，并且背负着界定和捍卫阶级边界急
32 迫需求的重担，他们有多重动力去采纳新标准——也有物质的和政治的手段让其他人接受这些标准。保持洁净成为一个健康问题，也成为使自己与劳动阶级区分开来的一种方式。

尽管科学观念有着不可否认的影响，普通消费者则更注重洁净的象征定义。[60] 即使用热水与肥皂来清洗衣物，许多洗衣顾客仍将带有污渍与褶皱的衬衫视为不洁，这种根深蒂固的清洁焦虑催生出针对洗衣女工等群体的偏见——因其种族、阶级或族裔被判定为本质“不洁”。特别是美国白人中产阶层，坚称非裔美国人及部分移民群体具有某种不可祛除的“肮脏”特质，

即便反复擦洗也无济于事。因此，人们关心的是怎样以及由谁来清洗他们的衣物。清洁本身逐渐被性别化了，并且在 19 世纪被看作女性的一种特质。女性被视为更为洁净的性别，能更好地对干净与不干净作出判断，更有能力监督清洁消费。[61]

虽然英国改革家先于美国人关注到清洁中的公共卫生问题，但是英国人是否作为一个比美国人更为清洁的民族是有待商榷的。大西洋并没成为文化障碍。[62] 各种观念和偏见很容易在两国的特权和商业阶级中流动。访问美国的英国人说美国农场主和乡村穷人生活在污垢之中，但是两国的旅行者很少评论他们自己阶级成员的习惯问题。[63] 从 19 世纪早期开始，英国中上层阶级也在呼吁纠正英国城市工人的生活习惯和改善其生活条件，这表明在制定标准时，城市与乡村的环境和阶级差异可能比跨国差异更为重要。

在整个欧洲背景下，英国精英和美国上层阶级都自认为是西方世界最为洁净之人。[64] 在给《哈珀杂志》（*Harper's*）的美国读者写的文章中，英国作家哈丽雅特·马蒂诺（Harriet Martineau）就迎合了盎格鲁 – 美利坚人的偏见，使用德国贵族的例子嘲弄关于清洁的古老观念："当一个德国王子被悄悄告知他手脏了时，他会回答，而且是带着明显胜利的神情说，'啊， 33
你叫那是脏？那你该看看我的脚趾！'"[65]

在新形成的这些价值观中，最重要的公共象征物就是干净、洁白、笔挺且平整的衬衫了。经过精心地准备，然后再在公共场合予以展示，对于中产阶级来说具有两种重要的标志性意义：它隐藏了一个事实，人们出汗这种身体运动的特征以一种活生生的但又很含蓄的情形表现出来。[66]这种象征物在都市的匿名环境中显得特别重要，因为在都市里，判断、界定一个人主要依据他的外在形象。干净的、经过熨烫的服装向陌生人彰显了社会地位的细微差别与都市的处世之道。[67]

干净的亚麻制品不仅成为卫生生活的前提和阶级地位的标志物，也成为道德水平的测量标尺。纽约人威廉·伯恩斯曾建议："当你遇到一位热衷于谈论丑闻、向世人揭露她所知晓的世间邪恶的女士时，要悄悄地在你的备忘录上记下，她沉浸在穿脏亚麻衣服中不能自拔。"[68]这种清洁观念的道德构建也与作为社会等级理由的清洁功能紧密相连。几十位改革家都认可了一本手册中匿名作者对穷人洗澡和拥有浴室的必要性的论述。这位匿名作者反对"穷人居住环境的拥挤状态，让其在许多情况下不可能养成清洁干净的习惯，而这种习惯又对身体的舒适和民众们良好的道德状态具有同等重要的意义"。[69]甚至19世纪的"卫生学家"，正如他们有时候自称的那样，也将科学发现与清洁和道德之间的古老文化联系结合起来，并用此评估和改变"下层人民"（the great unwashed，这是维多利亚时代用于称呼底层人民的最具指示性的词语）的生活习惯。[70]科学为文化信仰提供了合理的解释，又建构起一套指涉污垢与失序之间的象征性联系的语义系统。[71]

尽管改革家们认为如果一个人不注重身体上的卫生，那他很难有道德，但是也有一些人得出了不同的结论。这些人认为，如果一个人贫穷，他也很可能不注重卫生，而一个人要是不注重卫生，那他很可能没道德。中产阶级始终把没有能力变得干净与不愿意变干净混为一谈。虽然无知可能在一定程度上导致 34
穷人养成了有害健康的习惯（人们普遍认为，一层脏污有利于身体保暖），但是对于整天要从事体力劳动且生活在没有水管的环境中，要想变得干净且保持下去的人所面临的困难是不应被低估的。

在英国的宗教小册子中，可以找到一些最生动的例子，来说明清洁、道德和阶级之间的关系。[72]1823 年出版的一部名为《清洁近乎神圣》（*Cleanliness is Next to Godliness*）的作品，是该流派早期对清洁与道德之间矛盾关系的一个范例。作者露西·卡梅隆（Lucy Cameron）讲述了一位妇女专注于让她的房子和孩子一尘不染的故事，但这位妇女没有时间教导他们学习宗教知识。其中一个孩子在临终前接受了虔诚的邻居雷德夫人的教导。这位母亲后来受到斥责，批评她把“神圣置于清洁之后”。雷德夫人解释道：“你内心更关注你家庭的清洁、秩序和整洁，而不是对他们灵魂的救赎。”[73] 半个世纪之后，人们再想找一位小册子作家对清洁和神圣的问题进行如此明确的区分就很难了。

在 1852 年一篇题为《论清洁》（*On Cleanliness*）的布道中，G. B. 迪克森（G. B. Dickson）阐释了注重个人清洁的原因。他使用了维多利亚时代一种倍受欢迎的道德说辞，诉诸责任感：“诸多考量都应促使人们履行清洁之责。这是一种个人的责任，即一种我们作为独立个体对自身应尽的义务；这也是一种社会责任，即我们对社会的应尽的义务；这还是一种宗教责任，即我们对上帝应尽的义务。”[74]

接着，迪克森更加详细地解释了他的观点。清洁在一定程度上是个人的责任，因为人只有在清洁带来的个人荣耀感中才能维持人的自尊，才能维持自己是按照上帝的形象创造的这一特殊身份的意识。此外，“如果我们看到一个人衣着不整洁，不修边幅，身上脏兮兮的，那我们就难以避免地得出结论，他是一个没有规律习惯的人，一个思维混乱的人；而这些习惯的放纵不仅会暴露内心的混乱，还会加剧并延续这种混乱”。

35 迪克森对清洁的社会责任的解释说明了这种标准的支配权功能：“一个习惯于清洁的人无法，也不应当与那些不愿意让自己保持清洁之人太过熟络。社会各阶级的分离……盛行到这样的程度，很少或没有交往是现存的一大弊端……但值得思考的是，许多人不清洁的习惯在很大程度上加剧和延续了这一弊端。”

他继续很委婉地指出，当然不是每一个富人都讲卫生，也不是每一个穷人都不讲卫生。

他继续告诉读者，“清洁作为社会责任的重要基础对健康的保持具有重要意义……所有的从医者都认为，经常用水进行清洗对保持皮肤的健康是必要的。许多的皮肤病都源于对这一责任的不注意”。最后，清洁还是一种宗教责任，因为“在敬拜上帝时不注意保持清洁的人是无法正确地敬拜上帝的：因为他的形象来自上帝，而这是对上帝的不尊敬……我们必须用我们的身体和灵魂来敬拜上帝”。

迪克森关注清洁的原因与 19 世纪英国和美国关于这一主题的讨论如出一辙。总体来看，健康、社会地位和道德性这些问题是新意识形态背后的强大推动力。一旦获得了商业文化的认可，它们作为社会标准加速发展就会变得不可遏制。

跟迪克森一样，1847 年英国一份叫作《清洗（论清洁）》（*Wash* [*An Address on Cleanliness*]）的小册子中匿名作者将清洁的道德和实用理由融为了一体。这篇文章在一开始用准确的语言描述了某些人（特别是穷人）不愿意清洗自己和自己的衣服的情况。这篇文章很快就将现实中和精神上的清洗行为混为一谈，直到难以辨别讨论的究竟是哪个：“上帝给了你一个常见且非常容易做到的要求。他说‘去清洗’。你承认他为上帝，是全能的、无所不知的。他肯定知道你是否需要洗一洗，你说你不知道。而他却宣告你要清洗一番。”[75]

36 这份小册子的结论部分也有点模糊，但还是建议无论是在身体上还是精神上，都要予以关注：“不要推迟清洗。人们有时候有意在周六晚上才进行清洗是为了给这周内的其他时间的肮脏找理由。同样，许多被邀请‘用基督的宝血洗净自己罪孽’的人，也总推脱说等临终时再悔改——但上帝的诫命不容拖延，不要等到周六晚上。他的命令永远是‘今日’。既是‘今日’，就当洗净。”[76]

将清洁与道德联系起来的另外一个功能是为了教导人们在这两个方面养成自我审视和自我监管的习惯。通过这样的标准，如果伯恩斯笔下喜欢嚼舌根的妇女的道德本能完好的话，她就会知道她的内衣已经脏了。这种标准的内化所带来的焦虑感迫使人们在内心深处关注这种事情。[77]

对个人清洁的关注对于那些生活在社会阶级边缘的人来说特别重要。社会地位的晋升需要拥有适合关于外表修饰的准确知识。那些财富在缩水的人的形象可能会揭示出其处于无力满足标准的境地。对于那些对他们阶级地位安全感到焦虑的人来说，礼仪手册为读者提供了有关不断变化中的清洁标准的建议。这类建议中某些激烈的措辞，恰恰印证了清洁观念曾在一定程度上成为区隔贫富的标尺。尽管美国的手册回避了阶级问题，但英国的同类作品则毫不避讳。比如，《劳特利奇礼仪手册》（*Routledge's Manual of Etiquette*）宣称，“在公共浴室和普遍进步的时代里，我们相信，无须再来提醒人们，以最严谨的态度对待个人清洁问题的必要性……一件脏了的衬衫，一块脏兮兮的手帕，或者一件已经破烂不堪的西服背心是任何想保持自身贵族形象的人都要极力避免的事情”。[78]

妇女们也无法免除这种审判。劳特利奇手册在对妇女的建议部分里，几近原文复述了这些建议，只是将失礼服饰的例证替换为脏手套与细棉布裙。[79]美国手册《完美礼仪女士指南》（*The Lady's Guide to Perfect Gentility*）用一种不同的方式讨论了阶级和变换中的社会标准这类问题：“我们该怎样看待那些从来 37
没有，或一年只洗一两次澡的贵族呢？即使他们每天都换身衣服。直白点讲，他们与那些非常肮脏的乡绅们没什么区别；如果你的嗅觉很灵敏的话，你将会发现，无论何时你靠近他们，或是如果他们的汗液因为活动而不断流出时，那他们使用的薰衣草水和佛手柑油是完全无法遮掩他们的气味的。”[80]换句话说，如果一个人宣称自己属于“上等人士”，那这个人就要相应地去洗洗澡了。

在美国更具雄心壮志的社会等级语境中，用清洁来包装自己有利于社会阶层的流动。在几乎所有的霍拉旭·阿尔杰（Horatio Alger）的故事中，一个标准情节就是一套新服装会带来改变。在阿尔杰的第一部小说《衣衫褴褛的迪克》（*Ragged Dick*，1866年）中这个特点最为明显。在一章叫作“迪克的新服装”中，主人公的资助者惠特尼先生给了他一件新衣服，并劝迪克在穿上之前洗个澡，因为“干净的衣服和肮脏的皮肤并不搭调”。[81] 在此之后，老相识认不出穿了新衣服、形象大变的迪克，新认识的人（包括一名股票经纪人）还错把他当作特权阶级的成员，因此一系列的冒险接踵而至。

到19世纪末期，中产阶级价值观已经对工人阶级在清洁、服饰和共同体标准上的认知产生了显著的影响。“保持清洁是我们最伟大的阶级象征”，斯蒂芬·雷诺兹（Stephen Reynolds）在1908年所写的一本关于德文郡家族的虚构性自传《穷人之家》（*A Poor Man's House*）中如此说道。“在我们社会等级的底层是一件脏衬衣；在顶部的不是月桂，而是水桶！浴室在最里面，这里是我们英格兰势利眼的最强大的堡垒。”[82] 在对青年时期居住在曼彻斯特贫民窟索尔福德的回忆中，罗伯特·罗伯茨（Robert Roberts）指出，干净整洁、不乱糟糟的衣服是社会地位最重要的维持物。“商人们甚至在‘作坊’（一种使用无技能劳动者的‘工厂’）里也会骄傲地穿上硬领衣服。孩子们每周的家务活就是把这些衣领送到洗衣房，然后及时领回，以便父亲从一堆已经磨损了的衣领中挑选出最好的，然后穿戴整齐地在周六晚上去喝酒。”[83] 床单和内衣的完好无损也很重要，因为在清洗的那天，它们会挂在外面被别人看到。“一次 38
寒酸的展示，”罗伯茨指出，“可能会对一个人造成很大的社交损害。”[84]

仆人们尤其能感受到用清洁来界定社会阶层时所包含的讽刺性。他们工作处在维持中产阶级干净整洁的第一线，但他们自己很少有机会保持整洁。虽然公共话语宣称干净整洁对社会中所有人都很重要，但是私下场合中的争论围绕着是否能让仆人使用水桶，以及哪个族群本质上更干净这类问题。雇主们被警告说：“如果一个女孩身上不干净，那就有充分理由相信她在工作时也很邋遢。”[85] 此外，雇主们有责任亲自来维护标准，这样才能给仆人和孩子们树立榜样。

科学和道德，对疾病的恐惧和对社会地位的渴望都在证明一种强有力的融合关系。辛苦挣来的工资投入不易保存的事物上——保持整洁——是很费钱的，但买来了尊严和健康。不过，人们也逐渐认识到，一个人想要变干净是永无止境的。

城市的基础设施

到19世纪中期，那些喜欢干净衣领和雪白桌布的讲究的城市居民们在洗衣问题上有多种选择：自己洗，找个洗衣妇洗，或光顾一家洗衣房。日益发展的工业城市空气灰暗，臭水横流。这样的环境逐渐让机械化的、高度组织化的洗衣房胜过了其他商业竞争者，因为在家里洗衣服已经变得越来越难了。洗衣妇要费很大力气去公共水管接水，保持洗衣桶不受煤烟污染，还要将洗净的衣物悬挂在廉租公寓的天花板下——这种窘迫的晾晒方式，与乡村时代可随意使用树篱和晾晒场的便利条件相比，实在是天差地别。与此同时，洗衣房业主们封闭窗户来隔绝煤烟，安装管道引入自来水，并指示员工将洗净的衣物悬挂在烘干柜中晾干。

城市的卫生改革和洗衣房数量的增长，关键原因在于稳定的、可信赖的、干净的自来水的供应。在工业化之前，城市居民很少遭受污染之苦，除非是在伦敦等少数大都市中。（当时）
39 获取水源纯属个人事务。城市有时候会提供公共水井，但是不会太多。在18世纪后期随着水质的下降，私营公司更多地承担起了这一事务。大部分公司都很小，从泉水中提取的水只能供应上千人的城市和乡村购买者。[86] 尽管伦敦是最早通过私营公司建立了广泛的供水体系的城市之一，但众多负责街道清洁和水车供水的委员会、董事会、公司及个体企业家始终顽固抵制集中化管理，直至 1899 年。[87]

在 19 世纪中期，美国和英国的一批大城市已经开始执行市政供水计划，这是新式卫生观念和对水源性疾病的恐惧所造成的。[88] 尽管人们都在谈论着贫民窟的可怕情形，但穷人从这些计划中获益最少。公司在方便、有利可图的地方铺设管道时，通常选择更为富裕的地区。甚至在大型市政供水计划执行后，许多人仍旧依靠溪流、水井，或普遍的公共水管、水泵获得水。1883 年，伦敦贫民生活观察家乔治·西姆斯（George Sims）记录道："许多房屋里，屋顶漏下的雨水比水管流出的还多——后院里半满的水桶或储水罐盛着乌黑恶臭的液体，这样的水既供应着数十户家庭的饮用，也承担着他们的盥洗之需。"[89]

在洗衣妇和商业洗衣房的竞争中，水资源分布不均意味着这些女性往往需要长途跋涉，才能将一桶桶水质堪忧的水运回家中。[90] 由于一些城市里水的污染程度严重，洗衣可能只是白费力气，有时候亚麻布在入水后会变得更加灰暗。与之相反，洗衣房能够买得起更干净的自来水，并且到这个世纪末期，大型洗衣房企业有时候能安装复杂的设备系统来使亚麻布变得柔软、整洁。[91] 洗衣工人在工作日虽然要使用数千加仑的水，但是回到自己家里时没有自来水了，而且从水龙头中流出热水这事儿更无可能。

空气污染也成为城市里洗衣妇所要面临的挑战之一。1877
40 年的仆人手册《洗衣女仆》（*The Laundry Maid*）指出，“伦敦的洗衣妇女们有必要记住，不论你属于哪一个阶层，在伦敦比在这个国家的其他地区，衣服会脏得更快，或者在相同穿戴次数下，衣服会更脏”。洗衣妇得到的建议是，她们应该“尽快让衣服干掉，否则在衣服从晾衣绳上拿下来前，它们可能就已经变得有点脏了”。[92] 一首小诗——可能出自一位洗衣房业主之手——用幽默的语句描述了这个问题：

> 唱一首周一之歌，天气美好且晴朗，
> 二十四件洗物挂绳上；
> 熊熊燃烧的烟煤，各家各户愁云笼罩，
> 每一件衣物都比你的帽子还要黑。[93]

总之，19 世纪后半叶开始出现的这类商业机构比家庭作坊配置更好，能够应对越来越严重的城市污染。洗衣房将窗户关上，防止飘入“黑物”（blacks，这是英格兰对煤灰的叫法），再在屋里晾干衣物。[94]

新兴的洗衣业直接从与工业化和城市化相伴而生的文化和现实变迁中获益。在其发展的鼎盛时期，这个行业成功地迎合了当时人们不断变迁的清洁品位和理念，还将公众对机械化、技术和卫生的态度融合在了一起。洗衣房将自己定位于较传统洗衣业更为现代、卫生的版本，以此来招揽生意。它们为一些家庭提供了便利，让这些家庭无须再去管理仆役；家中那堆成山的臭亚麻布消失在工厂的门后，而再出现时已经变得清新、干净且平整。

洗衣房服务的客户范围很广，但都具有新的城市生活方式和追求的特点。“单身汉衣物送洗包裹”是一些洗衣房生意的大主顾，满足了一大批职员和生意人的需求。对于这些人来说，洁白的衣领是他们不断上升的社会地位的体现。许多中产阶级家庭除了不适合洗涤的精致衣物和服饰外，什么都往洗衣房送。蒸汽船和普尔曼卧铺车厢上越来越多的乘客也会产生堆积如山的脏兮兮的毛巾和被单——这些装备是人们对文明旅程的期待的体现。到 19 世纪 80 年代，普尔曼公司吹嘘其美国卧铺列车每晚都提供干净的床单。[95]19 世纪其他的机构也在整个机构内 41
部竭力复刻家庭中的那些功能：有些机构把创建的蒸汽洗衣房作为它们的室内设施，还有些则直接外包给某个洗衣房。酒店、学校和疯人院每天都面临着需要消耗巨大数量的干净亚麻品的问题。[96]

融合了新时尚和制造业的新方法则意味着，除了毛巾和内衣外，维多利亚时代男性的制服也非常适合洗衣房的工厂式处理方法。19 世纪一直被描绘为一个男性着装极为统一的时代。怀揣商业抱负的绅士们走出宅邸，他们整齐划一的形象恰如散布于城郊的新兴工厂里批量铸造的商品——千人一面，毫无二致。在他们的黑外套下面，穿的是相对简约的白衬衣。19 世纪 30 年代，可拆卸衣领和袖口的出现让男士们能够改变衣服中最明显的部位，但又无须换上一件全新的衬衣——也就减少了在洗衣上的花销。[97]

18 世纪男性服饰矫揉造作，用靓丽的织物和复杂的构造来装饰自己。与之不同，19 世纪的这些衬衣、袖口和衣领让他们自己就能相对轻松地熨洗一番。在这个世纪后期，仿男性的女式衬衫为女士们提供了同样的好处。类似地，廉价棉布从新式工厂大量涌入市场，这让前几个世纪盛行的但又难以清洗的羊毛品和亚麻品失宠了。黑色西装的色调适宜，能够将煤灰掉落而形成的一层灰遮掩掉，也就无须经常清洗或送去再次上色了。[98]

机械化的洗衣房之所以受到消费者青睐，并不仅仅因为衣物洗得更干净。中产阶级消费者认为，将衣物送至洗衣妇脏乱拥挤的住所进行清洗令人难以接受。但让洗衣妇上门服务会扰乱家庭秩序——厨房蒸汽弥漫、挂满湿衣。洗衣妇还被认为会带坏家中的其他仆役，她们会在洗衣房或厨房中逗留嚼舌根，其他的仆人会因此受洗衣妇的行为影响而不服从主人的管教。

尽管处于同等地位的女性以个体洗衣女工的身份在蒸汽洗衣房中工作，但是人们关注的重点是机器，而不是工人——工 42 人并不被看作工作程序中受控的部分，而是充当了机器的连接体。在管理者的严密监督下，这些工人被要求严格遵循其工作规范，从而更好地达到中产阶级的清洁标准。管理者还通过强制规定工人的工作节奏和行为规范，取代了洗衣妇原有的自主工作模式。洗衣房的名字就进一步说明了高度机械化工作流程和中产阶级对实现清洁在控制力上所具有的优越性：大部分用“卫生”（Sanitary）或“珍珠”（Pearl）这样的名字来唤起人们对洁白或干净的印象。

1920 年，美国作家安齐娅·耶济尔斯卡（Anzia Yezierska）发表了一篇名叫《肥皂和水》（*Soap and Water*）的短篇小说，讲述了一位来自贫困家庭的女性通过做洗衣工来支付大学费用的故事。女人所在学院的院长扣留了她的学位证，因为她的中产阶级教师告知这位学生，尽管她的学业成绩优异，但由于她这个人不修边幅，院长无法推荐她成为一名教师。“肥皂和水很便宜。任何人都可以变得干净”，院长解释道。[99]

这段话在故事的下文得到回应。叙述者解释说，她的公寓里没有浴盆，而她也没有时间去做院长所要求的打理个人形象之事。当她站在熨烫板面前，她思考着这件事的可笑之处：

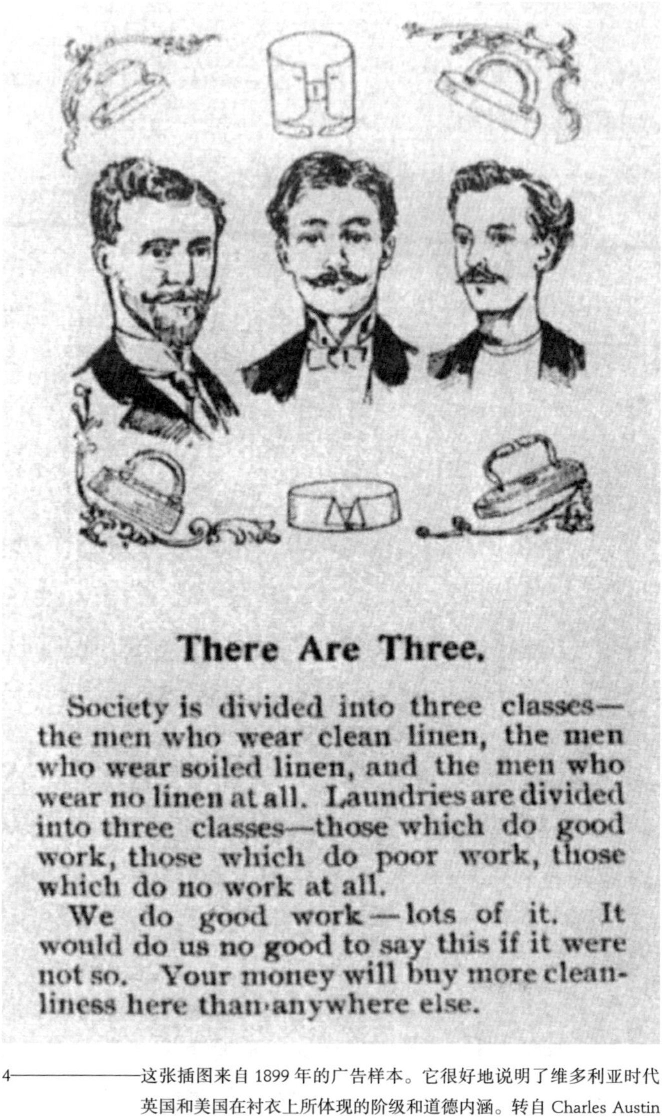

4——————这张插图来自 1899 年的广告样本。它很好地说明了维多利亚时代英国和美国在衬衣上所体现的阶级和道德内涵。转自 Charles Austin Bates，*The Laundry Book*（New York，1899）n.p.。感谢哈格利博物馆和图书馆。

43

“我在这散发着令人作呕的蒸汽的污浊环境中，用自己肮脏、疲倦的双手为了一个干净的、洁白的社会而熨烫着干净的、洁白的连衣裙。我这个不洁净之人，实际上却是他们得以洁净的基础。我只是希望能让自己也够到达我为他们创造的那个高度。”[100]

*

这个行业的历史是如何开始的？弗雷德·德·阿尔蒙德和其他洗衣工回答：从技术最初的形式出现的那一刻开始，这些技术最终会使动力洗衣房脱颖而出。这个回答为一个复杂的问题提供了一个简单的答案。不幸的是，这些故事中的技术逻辑站不住脚。正如本章所示，具有商业用途潜力的机械早在被利用之前就已经存在了。类似地，专利也不是商业应用的标志。 44

另一方面，在技术手段和文化需求使得一种事业在经济上行得通时，才能说一个行业的历史开始了。如果是这样的话，洗衣业的开始并不在某个单一的事件中，而是由消费者、企业家和技术创造者在几十年中的一系列决定下形成的。企业家们选择洗衣房作为一种行业来投资。消费者选择给洗衣房付钱，

而不是自己去洗或让洗衣妇去洗。二者都是受到一系列复杂因素驱动的，包括关于清洁的新标准和不断恶化的城市环境，正
45 是这些因素让传统的洗衣方法变得越来越不合时宜了。

第二章　洗衣行业

到 19 世纪 80 年代，像威廉·斯特拉特这样思考洗衣问题的伟人可不少。越来越多的人将资本和时间投入洗衣业中。结果就是时人所说的洗衣行业的崛起：这一现象的特点不仅是城镇和社区出现了单个行业，还出现了期刊和协会、供应商和工程师，以及洗衣设备的国际贸易。

1884 年 2 月 12 日，一群人宣布成立股份合作公司。他们要在泰恩河畔的纽卡斯尔建立第一家蒸汽洗衣房。大部分的股东来自煤炭采掘业和钢铁贸易业——这些行业给这个灰蒙蒙的北方港口城市带来了活力。尽管有些人并没有留下档案说明他们将资本转投到这个新行业中的原因，但至少有两位投资者有着明确的动机。詹姆斯·乔伊斯（James Joicey，后来的国会议员乔伊斯勋爵），这位英格兰北方地区最为富有的矿业拥有者，想给他的被监护人沃尔特·艾伦（Walter Allen）谋一份差使。通过乔伊斯的运作，艾伦很快就成为这家公司的第一位经理，也是一名小股东。占有更小一部分股份的是詹姆斯·阿姆斯特朗（James Armstrong），这位当地的五金商刚开始进口美国的洗衣设备。阿姆斯特朗不仅从洗衣房的收入中获利，还能从他为洗
46 衣房提供的设备的正面宣传中获利。[1]

股东们给他们的新企业命名为美国蒸汽洗衣公司（*The American Steam Laundry Company*），以此宣传所用设备的来源地。他们从一处位于兽医站下的废弃溜冰场那里获得了 10 年的租赁权（后来洗衣房因充斥着强烈的马匹味道而为人所记住）。公司招募了一位职员，到处招揽顾客；并且由一位韦尔先生负责将调试机器运行良好后才交付给毫无经验的艾伦先生。[2]

纽卡斯尔居民的“洗衣水平很差”“送衣不及时”“发货错误”等投诉很快就让董事会头疼不已。在董事会 12 月的一次会议上，阿姆斯特朗借着这些坏新闻指责已经负责此事几个月的艾伦，而艾伦则磕磕绊绊地回应着这些质疑。艾伦把责任归咎于工作人员和那些机器（这又招致了阿姆斯特朗的敌意，因为他嘲笑了阿姆斯特朗的锅炉和熨平机）。到了 2 月份，情况还是没有好转。审计显示，损失已达 300 英镑。董事会这次下定决心：获利的重要性大于裙带关系。他们投票罢免了艾伦，换上了一位叫威廉·伯德（William Bird）的威尔士青年作为洗衣房日常工作的监管人。[3]

伯德不是以一位富人的被监护人身份进入这个行业的，他

是一位五金商和经验丰富的工程师，并且刚刚摆脱了学徒身份。他最初只是被雇来从事机器安装工作，不过一经上手，伯德就证明了自己比他的前任更适合担任经理一职，而且洗衣房的生意也日渐兴隆。[4]在做了一年秘书工作后，艾伦完全退出了洗衣房的工作。阿姆斯特朗则因为不愿意替换掉他那不可靠的锅炉等劣质机器而颜面扫地。一开始，他只是退出了董事会，但阿姆斯特朗和他的代理人最终还是被完全禁止进入洗衣房。[5]

就阿姆斯特朗而言，一开始的失败并不是最终结果的预言。他离开纽卡斯尔去了伦敦，后来成为英国首屈一指的美国洗衣设备进口商。[6]美国蒸汽洗衣公司在 1911 年更名为伯德洗衣房（*Bird's Laundry*），改名后业务蒸蒸日上。这家企业最终成为纽卡斯尔的地标性机构，它收购了其他地区运转不佳的洗衣房，并同时向当地的精英和矿工提供服务。[7] 47

伯德洗衣房经营历史之悠久与档案保存之完整，在业界实属罕见。不过，公司初创时的许多细节显示了洗衣行业在 19 世纪后期崛起时的情况。乔伊斯和他的董事会同事与其他许多商人一样，都愿意在洗衣行业中捞一桶金。19 世纪 60 年代，首批洗衣企业开始出现在伦敦证券交易所。到 1879 年，公众已经能够向股份制企业入股投资了。[8]

詹姆斯·阿姆斯特朗出现在这个故事中不仅说明了机器销售商对洗衣房的成功或失败具有重要意义，而且它还显示跨大西洋的商业文化在很早的时期就存在了。尽管英国公司已经开始制造洗衣机器，但出口量很小。技术主要是从美国流向英国。到世纪之交时，许多美国洗衣机器制造公司都宣传自己在伦敦有销售办公室。但是，除了几家洗衣化学品公司外，很少有英国的洗衣技术出口到美国的市场上。[9]

艾伦无力让洗衣房运转良好，说明了一个广泛存在的现象。在他那始于无知，终于失败的过程中，艾伦手中还有大量的公司。看起来是一个简单的行业——技术要求低、运转简单直接并且社会需求量大——实际上往往要更为复杂。这个行业的技术可不是“傻瓜型的”，而且技术不断变化；员工也不像他们的雇主期望的那样易于管教、值得信赖；竞争无处不在，不仅华人洗衣房和洗衣妇是竞争者，而且顾客也可能会选择自己洗衣服。

美国蒸汽洗衣公司也具有一个在此后几十年出现在其他洗衣房中同样的现象：女性构成了劳动力的主体，但是这个行业为男性所把控和运作。乔伊斯明显认为，将他的被监护人置于洗衣行业而非煤炭或钢铁业，是他作为监护人承担自身职责的完美体现。类似地，伯德告别了学徒生涯在五金商店里的刚毅气息和男性友谊，转而沉浸在肥皂的气味和对女性的管理之中。无论是洗衣房里的机器，还是男性权威的公共形象，都让洗衣房与其构成竞争的独立女性分离开来。一位美国洗衣男工对这种转变直言不讳："对女性致以所有敬意，但真正的进步始于商人们看到了这个行业的潜力并且将他们的资金和智慧投入进来之后。"[10]

范围与等级

后来，已步入老年的洗衣工们回忆说伯德洗衣房这类洗衣房堪称工业先锋。尽管它并不是最早提供此类服务或自称为"蒸汽洗衣房"的，但这类洗衣房往往是它们本地城镇的第一批，也是第一批运行至20世纪的，还是第一批把自己看作归属于某一行业的。[11]

因为19世纪的美国人口普查员完全忽视了这个行业，而且他们的英国同事们又没有区分蒸汽洗衣房和手工洗衣房，关于这个行业在19世纪80年代和90年代期间的人口信息相当匮乏。1909年，据统计美国的动力洗衣房有5186家。人口普查员忽略了手工洗衣房，只将那些使用了动力机器的机构统计在内。他们还将统计范围局限于商业机构，而忽略了医院、感化院和慈善机构中的几十家洗衣房（其中一些洗衣房从囚犯和病人的劳动中获得了丰厚的利润）。[12]

1900年，英国的人口普查记录了按照《工厂法》注册在案的洗衣房数量。其中包括的机构种类远比美国的调查广泛。围绕扩大该法律适用范围的激烈斗争，最终使得所有拥有五名以上员工的洗衣房都被纳入其中，包括手工洗衣房和慈善机构内的洗衣房。该调查数据显示在英格兰和威尔士注册的有 7021 家洗衣房。1904 年，一份特别的人口普查首次尝试区分手工洗衣房和动力洗衣房。虽然问卷回收率很低，让普查结果不太理想，但是人口普查员最后估计有接近 2254 家的英国洗衣房使用动力机器。[13]

人口普查员还特别指出，洗衣房是重要的就业渠道，对女性而言尤为如此。1909 年美国人口普查数据显示，洗衣行业共有 124214 名雇佣劳动者（不包括文员、经理等受薪职员），其
49 中女性占比 71.2%（约 90000 人）。在将洗衣工作重新归类为制造业之前，它被认定属于服务业。在这种区分标准确立前，人口普查分类将接单洗衣或上门服务的独立劳动者与商业洗衣房的工人笼统地归为了一类。1907 年，美国人口普查报告中列出了有工作的女性的统计数据。该数据统计于 1900 年，计有 328935 名女性在工厂洗衣房或家中工作，还有 25638 名华人男性主要受雇于“华人洗衣房”。[14]

1900 年，英国的人口普查显示，英格兰和威尔士注册的 7021 家洗衣房雇用了 196141 名女性。1904 年，工厂督查员的调查发现动力洗衣房雇用了 59104 人，58% 是女性。英国和

美国的人口普查报表也指出两国的洗衣工人与全国人口的比率几乎一致。[15]

英国和美国的数值也都显示了地区之间的差异。伦敦是英国洗衣业无可争议的中心，整个街区（如阿克顿）都是洗衣房。在利物浦、朴次茅斯、纽卡斯尔这样的港口城市中洗衣房也很常见。同时，美国的洗衣房则聚集在北方诸州的城市中。正如 1910 年报告显示，纽约凭借 508 家洗衣房位居第一，仅纽约城就有 126 家。伊利诺伊州以 448 家位居第二，而加利福尼亚州尽管人口排名第十二，却以 321 家洗衣房位居第三——这可能也反映了在遥远的西部地区招募工人之不易。[16]

这个行业在英美城市中集聚是有一些共通的原因的。纽约、芝加哥、洛杉矶和旧金山湾区都是旅游中心，也是火车或轮船行程的终点。在美国南部地区，由于洗衣妇的长期存在，大型洗衣房几乎没有。在北方大城市以外地区，廉价劳动力和洗衣妇入户的传统阻碍了商业洗衣房的发展，这一态势直至第二次世界大战时期劳动力锐减才被打破。比如，就在第一次世界大战前，路易斯安那州只有 25 家洗衣房，而佛罗里达州也只有 28 家。西部几个州的数量就更少了：内华达州有 5 家，亚利桑那州（拥有新鲜的空气和阳光）有 8 家。但有些差异并不能通过 50
统计数据予以揭示。纽约城以小型店面的手工洗衣房为主，而芝加哥则以使用机器和大型工厂化运作的洗衣房而闻名。[17]

洗衣房这个叫法几乎不能涵盖这个名称下相应机构的多样性。在数量增多和机械化引入的背景下，多样性日渐增加，而规模上的两极分化也不断加深。最早期的大部分动力洗衣房主要洗男士衬衣和衣领，并且从宾馆和船只上接一些活儿。随着机器效率变得更高、更可靠，竞争也变得更加激烈时，洗衣房业主发明了新的方式去发掘技术上的潜力，既提供全家衣物整体洗涤，也为经济拮据者推出廉价单项服务，甚至承接从理发店到行政洗手间等各类场所的毛巾与制服清洗业务。比如，W. H. 加洛克洗衣公司与衬衣工厂在 1888 年的《克利夫兰工业》杂志上登出了一份半页广告。这份广告预言，“用不了多久，悲惨的‘洗衣日’就会在美国家庭中永久消失”。[18] 到 1900 年，该公司放弃了衬衣制造，完全投入洗衣业中，而它的创始者也凭借显赫的声望而出现在《1900 年俄亥俄男性》一书中。[19] 前文提到的伯德洗衣房开始了“浆洗工作”（starch work）的专业化进程——针对衬衣、领口和袖口——但是很快又拓展为著名的“家庭洗衣房”或“家庭洗涤”的业务。[20]

在 19 世纪 80 年代到 90 年代，像伯德这样拥有大型、笨重机器的洗衣房属于特例，而非常态。到世纪之交时，工厂的规模变化很大，从不到 5 名雇员的沿街店铺到可以承接整个城市街区、雇员超过 200 人而且能每天处理 5 万件衣物的大型工厂洗衣房都已经出现了。在同一个城市里，一些洗衣房可能只有一个铜制煮衣锅和一个炉中加热型熨斗，而另外一些洗衣房则采用了各种大型传送带驱动的洗衣设备和熨平机。一些店家只承接家庭洗涤业务，而另外一些店家则承接了从卧铺车或蒸汽船上运下来的成堆的毛巾和被单。同时，宾馆、医院和学校都会购置机器并组建它们自己的洗衣房。 51

观察家们很快就注意到机械化洗衣房快速增长的趋势，但是他们并没有意识到，甚至在19世纪末20世纪初之后，大量不太使用或者完全不适用机械的“手工”或“小作坊式”洗衣房仍然存在。此外，二者之间的界限有时候也不太明确。“手工”洗衣房经常宣称完全不使用机器，但也逐渐在蒸汽洗衣房面前屈服。H.卢埃林·史密斯在他1930年出版的《伦敦生活和劳工的新调查》(*New Survey of London Life and Labour*)中估计，在1902年，伦敦洗衣房中29%已经机械化。到1912年，这一比例增加到46%。1930年，手工洗衣房仍旧占据伦敦洗衣房行业的30%。[21]不过，正如蒸汽洗衣房业主反复强调的那样，强行区分变得越来越没有意义。许多手工洗衣房逐渐发展出一种与它们的大型机械化对手的特殊关系。洗涤业务转包给了机械化洗衣房，然后再返还给手工洗衣房去浆洗和熨烫。[22]伦敦郊区的小型社区商店通常并不承接真正的洗衣业务，但是会为中央化的工厂洗衣房设置接收站。[23]

与工业衰退的言论相呼应，英国行业期刊将美国洗衣房描绘成比英国同行规模更大、机械化程度更高的洗衣房。它们使用常见的证据支撑自己的论点，并推断说美国人这样做是因为美国的劳动力成本更高；美国人还喜欢新奇之物，而他们的英国堂兄弟则固守着过去。其他人则坚持认为，从 1895 年到 1907 年《工厂法》延伸适用于洗衣房，推动了英国洗衣房业主实现机械化。有效的监管并非大部分美国洗衣房业主在这一时期要费心应对之事。在缺乏更好的数据统计的情况下，对机械化不同比率的说法进行评估仍然很困难。我的研究认为，更重要的是要认识到，尽管英国和美国的洗衣房业主喜欢强调他们之间的不同，但在大西洋两岸，大型的洗衣房之间的相似性比地方性、小型的竞争对手之间的相似性要更大。

对洗衣房业主身份的统计也能彰显这个行业结构的复杂性。1909 年美国人口普查数据显示，在所有权分配上，大型企
52 业（22%）和合伙人制或小微企业（24.3%）之间几乎一致。个人拥有剩余 53.7% 的所有权。[24] 尽管这次人口普查没有涉及业主身份与洗衣房规模（通过资本额或工人数量来衡量）之间的关系，但是个人所有权可能集中在规模更小、“家庭型”的洗衣房中。这些洗衣房所有者因拥有的资产太少而无法成立公司，或没什么额外的资金为这类法律服务付款。尽管英国的人口普查并没有详细展示业主身份，但是类似的类型也可以从行业期刊中得到确认。比如，1899 年，《洗衣杂志》（*Laundry Journal*）

指出，“由有限责任公司或企业集团创办的蒸汽洗衣房数量稳步增长。这些洗衣房拥有数千镑的资金、大面积的营业场所，数十名员工，以及最新款的机器。”[25]

虽然没有足够的数据为洗衣房业主进行人物画像分析，但是零零散散的证据能展示出这些人的背景和文化中的某些要素。大部分小型洗衣房的所有者都是白人，却没有受过什么教育，也不太富裕。可能是由于洗衣房工作与家庭生活挂钩，洗衣房业主的身份也吸引了一些妇女。除了为数不多的寡妇和男性业主的女儿外，大部分洗衣房女性业主似乎只是开办了最小型的洗衣房，只有业主本人在维持着她们的业务。英国贸易文献还特别提到那些富裕的洗衣房业主——有时候会用“洗衣爱好者”或“小作坊洗衣工”这类有贬损意味的名号来称呼他们。在行业期刊背面的广告进一步说明，一些中产阶级妇女把洗衣房业主身份看作收入的来源。[26]

许多很成功的洗衣房业主最初只是洗衣房中的男性雇员。先前的快递员、经理和内部员工了解如何避免碰触到这个行业的“暗礁”。1958 年，美国洗衣业协会（American Institute of Laundering）出版了一份回顾性手册《1883—1958 年的历届领导》，用于年度宴会招待。这份手册包括了一系列成功的洗衣工人的回忆文章。协会前主席威廉·弗鲁·朗（William Frew Long）回顾说，在他的医生建议他放弃记账工作后，他因此于1897年以送货马车司机的身份进入了洗衣房行业。[27]另外一位业主伯特·托马斯·盖尔茨则解释说，他原本打算在一家手工洗衣房中找一份衬衣熨烫的工作，但在偶然的情况下进入了
53 这个行业。“我几乎对此一无所知，但是我很激动地拿下了这份价值100美元的工作。销售人员教我怎么熨烫衬衣。他喝醉了，此后再也没有出现。我只好独自一人干活，并且从此就这么干了下去。”在其他人的回忆中还有一位前律师以及一位佐治亚理工大学的毕业生。这二人是跟朗同一年加入这个行业的。这位来自佐治亚理工大学的洗衣工“选择洗衣行业是因为它让人每周都有现金收入”，还因为他有“工程资质”，能够“照看机器”。[28]一些洗衣房业主创建了名副其实的洗衣房帝国。俄亥俄州克利夫兰市的亨利·W. 斯托尔不仅是两家克利夫兰洗衣房的董事长和主要股东，而且在纽约和芝加哥的数家洗衣房中也有投资。[29]

其他洗衣房则是由密切相关的业务演变而来。英格兰的普利茅斯的米尔湾洗衣房（Millbay Laundry）开办于1890年，当时是英国南部普利茅斯的一家裁缝和清洁店。店主哈罗德·罗伯茨曾是一名裁缝学徒，并以为前往美国的爱尔兰移民提供服装为生，但是他后来放弃了家族事业转而从事洗衣业。在创业初期，他在家人居住的公寓地下室经营洗衣房，只有他的妻子和孩子作为帮手。[30]

洗衣工共同体

在19世纪80年代，洗衣房的业主和经理（以及在更少的情况下还包括雇工们）开始将自己看作“洗衣行业”的组成部分，而不只是单个企业。他们所说的“洗衣行业 ”不仅是指一个经济实体，而且意味着一种想象的共同体，这是一个超越了他们单个洗衣房藩篱的共同体，甚至是超越了他们所生活和工作的城市边界的共同体。这个共同体借助行业协会、期刊和年度会议形成。他们还给自己命了名，有“洗衣从业者”所具有的共通性。[31]

洗衣从业者在创建这一共同体时并无特别之处。他们按照其他行业的期刊和行业协会的模式创办了自己的期刊和协会。在这一时期，这是大西洋两岸的寻常之事。美国洗衣从业者的动作要比英国同行们稍早一点，但也只是早了几年而已。从一 54
开始，这个行业的人和观念就在两国之间来回流动。

洗衣从业者的“喉舌”就是他们的行业期刊。英国第一份洗衣业期刊《洗衣杂志》创刊于1885年。该杂志的竞争对手《国家洗衣记录》(*National Laundry Record*)出现于六年之后。美国的《国家洗衣杂志》(*National Laundry Journal*)创刊于1884年，它的竞争对手《美国洗衣杂志》(*American Laundry Journal*)则问世于1896年。[32] 几乎从一开始，英美期刊在杂志形式和文章的内容上就很相似。这种相似性的部分原因在于编辑们倾向于大量地转载各种文章，以及特洛伊洗衣机公司等公司广告的普遍存在，这些公司在两国都有销售设备。有些洗衣从业者也会选择在休假期间进行同业考察，既考察大西洋彼岸同行的洗衣业务，又在异国他乡的行业大会上共享欢聚时光。

这些编辑喜欢利用文化偏见和地方色彩来强调国家之间的差异。比如，《洗衣杂志》的英国编辑就发现美国洗衣房面临华人洗衣房的竞争一事非常有趣。另外一位英国编辑对一段话感到迷惑不解，于是他将其原文照登并公开征集解读："普卢特族妇女（Plute squaws）顶替了从特拉基镇（Truckee）被赶走的华人，承担起社区的洗衣工作。"这位编辑请求读者解释一下"Plute squaws"和"bounced from Truckee"的意思（"Plute squaws"指印第安人派尤特部落的女性成员，而特拉基镇则是内华达山区一座城镇的名字）。[33]

在这些奇闻逸事的外壳之下隐含着微妙的基调上的差异。在 1885 到 1920 年间，《洗衣杂志》主导着英国市场。与其美国对手不同，这份期刊宣称不仅为洗衣从业者说话，而且是为"整个行业"说话（不过编者的"包容"仅限于记述公司的聚会、生育和婚姻情况）。与美国同行刊物那种不加掩饰的行业鼓吹相比，英国期刊往往有更多自我反思的基调。

然而，洗衣从业者为构建行业共同体所做努力的最突出体现，是各类洗衣行业协会组织的建立。根据行业资料，马萨诸塞州的洗衣从业者在1880年建立了第一家相关组织。三年之后，来自全国各地的洗衣房业主在伊利诺伊州铂尔曼（Pullam）的佛罗伦萨酒店开会组建全国洗衣工协会（Laundrymen's National Association, LNA）。[34] 1886年，新创办的《洗衣杂志》在一份社论中指出大不列颠也需要类似的组织。“令人感到有点好奇，也不太舒服的事情是，在伦敦的无数重要的行业中，洗衣业几乎是唯一一个没有协会和社团来保护他们利益的行业。”这篇文章的作者认为，需要一个协会去负责定价，与欺诈型顾客、偷窃型雇工打交道，还要负责分享技术信息。[35] 55

不久之后，伦敦的洗衣房业主在霍本餐馆聚会讨论此事。两位参会的美国人告诉了英国主办方他们在成立全国洗衣工协会过程中的重要作用。由于有经验，他们在给出建议时明显很从容。一位名叫费尔顿的先生告诉会众，在全国洗衣工协会“创立之初就遇到了巨大的困难”，但是“最终都予以克服了。最大的困境是行业中存在很强烈的对立敌视情绪，如果一位洗衣从业者在街上遇到了另一位，那他就要穿过街道以避开对方”。[36]

事实证明，全国洗衣工协会虽是一个有韧性、稳定的组织，而后续的英国协会则未能吸引和保持足够的会员。英国洗衣业共同体成员之间的关系要比他们的美国同行更为疏离。不过，两国行业协会的组织者都在吸引和维持会员的战斗中稳扎稳打。

许多洗衣房业主对加入行业协会持谨慎态度；由于他们利润很低并且工作时间很长，他们需要确保时间成本和会员费是值得的。同时，协会一直在抱怨，有些洗衣房业主在没有交纳会费的情况下还想“收割”参加协会所带来的好处。

行业协会希望通过提供物质和社会福利来吸引会员。对于那些希望他们的公司保持长期稳定的洗衣房业主，行业协会提
56 供了各种方法让其在与其他洗衣房的竞争过程中更具可预知性：价格操纵、技术信息共享和行业服务范围标准的制定。

在这些行业协会的早期发展阶段，价格操纵是最常见的市场稳定手段。然而，随着 19 世纪末 20 世纪初美国法院采取明确的反托拉斯立场，公开的价格操纵行为被定为非法——尽管地方团体有时仍会暗中操纵价格。1898 年，在伊利诺伊州最高法院审理的多雷姆斯诉亨内斯案（*Doremus v. Hennes*）中，玛丽·G. 亨内斯小姐从芝加哥洗衣工协会手中赢得了价值 6000 美元的赔偿。这些“绅士们”曾迫使亨内斯小姐退出洗衣房业务，因为她的洗衣房的定价低于协会规定的价格。然而，他们似乎挑选了一个错误的洗衣女工。亨内斯小姐开办洗衣房是为了给她的法律学习筹集资金。她控告了协会并赢得了诉讼。[37]

在本书所研究的时期里，英国议会从未对价格操纵进行过有力的管控。[38] 不过，不是所有的洗衣房业主加入行业协会都是为了垄断经营。实际上，英国这种对价格操纵缺乏监管的状

况造成英国协会的不稳定性更为明显，因为成员的加入或退出全凭市场环境。计件工或低价洗衣房更不可能在这个协会中，因为他们是以给顾客极低的价格或承接高价洗衣房的转包工作而存活的。

在一年中的大部分时间里，这些早期的行业协会只以协会领导层的活动、行业期刊的文章和邮件地址（以及后来的电话号码）的形式存在。只是在一年中的几个夜晚或几周里，会员大会或晚宴成为共享信息的渠道，也成为创造一个共同体的渠道，好让人们能够在几个小时或几天中共处同一时空中。行业领袖们相信，会员聚会在凝聚洗衣从业者的关系上至关重要。大批洗衣房业主聚集在指定酒店，参与无休止的文件宣读、冗长的晚宴与各类娱乐活动。这种行业大会的组织形式原是美国惯例，直至 20 世纪后才被英国效仿。[39] 57

在一个非常关注大型企业以及垄断活动对工人和小微企业造成伤害的时代里，行业协会都小心地表示它们是民主的，并且对洗衣业共同体中的每一个人都同样欢迎。《美国洗衣杂志》在其社论专栏中，特别向小型洗衣业主发出参加 1911 年洗衣业全国大会的邀请："无论您的洗衣厂开业时间多短、规模多小，无论您身着工作服还是节日盛装到场，接待委员会都将确保您得到妥善接待，并竭尽所能给予您全方位的关注与礼遇。"[40]

洗衣从业者在这种通用型欢迎词面前有两个例外。一个是隐性的，一个是显性的。妇女不能成为“洗衣从业者”，尽管人们承认她们可以管理或拥有一间洗衣房。在这个与女性气质和家务劳动密切相关的过程中，妇女成为这个共同体中的“他者”。在行业初创时期，这些界限非常严格，以致洗衣房业主的妻子都不能参加会员大会。到 20 世纪初，藩篱逐渐被打破。实际上，英国协会更快地接纳了女性参与大会的实际工作并担任领导职务。这源自女性在英国洗衣房管理层的重要地位（而此时美国洗衣房管理者仍以男性为主）。

非白人，无论是男性还是女性，都是明确的“他者”。在美国，全国洗衣工协会和一些地方的洗衣房协会明确它们的作用之一就是帮助白人洗衣房业主能够与华人洗衣房相竞争。数量极少的非裔美国人洗衣房业主出现在了人口普查中，却在行业协会的言论和会员册中隐匿不见了。这可能是因为他们并没有与白人洗衣房业主展开竞争，而是服务于黑人社区。[41]

在洗衣房业主共同体中的包容与排斥行为是有实际意义的。商业友谊成为人们获得资本的渠道。显贵之人能够为更小的创业者提供信贷保证或者直接给予一笔充足的贷款。这些关系也保证了信息的获取，对于没有经验的洗衣房业主或经理人在维持生意时尤其珍贵。要想有效运作一家洗衣房，唯一的方式就
58 是有实践经验或从行业中其他人那里取经。有抱负的创业者需

要构建一个能提供行业建议的资源网络：洗衣房业主、供应商和其他愿意分享信息的人士。随着政府在 20 世纪后加强了对洗衣房的监管，行业协会有时候也为洗衣房业主提供法律代表。更常见的是，他们通过游说政策制定者而从整体上代表了整个行业的利益。[42]

这些协会形式的发展也产生了文化影响。学习成为一名洗衣从业者，不仅仅是掌握行业的技术细节。会议和晚宴为这个行业创造和灌输男性气质、男性文化提供了机会。一些历史学家认为，行业协会在 19 世纪后期的美国文化中代替了兄弟会组织。[43]洗衣从业者在这些场合的行为为历史学家的论断提供了证据。他们钻进普尔曼车厢一路前往波士顿、芝加哥或布法罗参加全国洗衣工协会的会议，与同行们分享内部笑话，学习行为规范。会议演讲和活动传达的不仅仅是技术信息，人们注意到英国男性会议参加者和用餐者在这些聚会上比他们的美国同行表现得更加拘谨。撇开文化成见不谈，这种差异的部分原因可能在于英国大大小小洗衣店的管理层中女性人数较多。

同样地，行业期刊也开辟专栏版面来探讨并示范得体的男性行为范式。由于传统洗衣工作有强烈的女性化色彩，这类论述往往通过刻意区分“男性洗衣从业者”与“女性洗衣从业者”的职业边界来建构专业形象。[44]

1924 年，美国行业期刊《洗衣时代》(*Laundry Age*) 刊登了一则广告。尽管该广告出现在洗衣行业兴起数十年后，却准确捕捉到这个新兴社群的性别化和空间距离特征。广告标题写道："告诉这些男人吧！"正文继续说明："每期《洗衣时代》
59 都有数千名洗衣房业主阅读。如果这些男性居住在同一座城市并构成其人口，而您想与他们进行交易或其他商业往来，您必定会选择在这座城市立足。"广告暗示，《洗衣时代》的分类广告版块相当于这个假设城市的本地报纸分类广告的全国版本。配图描绘了这些男人围坐在桌边共同阅读行业报刊的场景。[45]

洗衣房的麻烦

如果说许多小型洗衣房业主最终从征订期刊和行业协会中获益颇多的话，那他们加入时也是费了不少力气，因为他们急切需要对他们的业务有帮助的技术和资金的支持。洗衣房业主的身份对那些没什么经验的人具有吸引力。经营一家洗衣房看起来不是很难，是那种可以让一位具有奋斗精神的年轻人（偶尔也包括那些中年女性）获得一份至少可以过上舒适生活的工作——如果不是大富大贵的话。跟零售业一样，小型洗衣房能够建立在社区或靠近业主家的市中心区域。特殊设计的建筑是没有必要的，除非打算购置大型的机器。供应自来水和废水排放系统的稳定性是唯一需要提前考量的因素。洗衣房经常安置在多层建筑或原本用于其他目的的工厂建筑中。一些小型洗衣房在业主家的地下室开办，由家庭成员帮助打理。尽管机器使得工作进程更有效率，但在一开始对机器的投资并非绝对必要，在某些情况下也是不被推荐的。

时尚潮流在吸引投资者时有一定作用。从 19 世纪 80 年代开始，洗衣房似乎就跟 20 世纪 30 年代投资养鸡场或 20 世纪 80 年代投资汉堡特许经营权一样，成为吸引公众眼球的商机之一。在 20 世纪 20 年代之前，当行业领袖开始意识到经营不善的洗衣房会损害整个行业形象时，这种认知很大程度上源自当时鼓励外行入行的行业宣传资料——这些资料向毫无经验者宣扬洗衣房是优质投资项目。随着洗衣房业主逐渐坦诚发声，他们发 60
出的警示揭示了这个行业运作的复杂性。

1935 年，一份行业期刊出版了一篇题为《拯救小型洗衣房》的文章。这篇文章不啻是对（从不幸的艾伦先生开始的）几代自称洗衣从业者的一次警告。这位作者的建议可以被总结为“不要盘下一家洗衣房，除非你知道你在做什么。”作者还讲了一个具有警示意味的故事。“我的一位在南方的多年的校友最近盘下了一家洗衣房。当他向我寻求建议时，我再想给他开预防疾病的良方就太晚了。”这位作者描述了他考察这处经营场所时的情景。他发现那里的机器老旧，洗衣房处于潮湿的地下室中，而且账簿显示长期经营亏损。他告诉他的朋友，“你要是买下一家糖果食品店、一家烟草店或一家报纸代售处该多好啊！就是不要买一家洗衣房。糖果和烟草都是有着很好的品质认证的商品，而最好的洗衣房也会让人打个问号！”他进一步解释：“对于一家商店来说，这个问题本来很简单。要想成功就看你的销售能力。但是在这里，你需要多种天赋。你必须是工程师、化学师、心理治疗师、制造专家、宣传经理和万能工人。”[46]

工厂督查员注意到，技术的飞速发展也是造成这一问题的原因之一。英国的一位“女督查员”露西·迪恩在1900年的报告中表示：“我怀疑国内是否还有其他行业对与机械有关的基本问题表现得如此无知的。”她进一步解释：“连最小型的‘洗衣房’都想拥有一台能驱动绞干机和笨重老式的‘箱式’熨平机运行的燃气发动机。”她发现业主和工人在操作新近购置的二手机器时只是模模糊糊地知道该如何让其运转。她写道：“通常要搞点冒险行动才能掌握亟须的经验。”[47]

获取和使用机器

行业的支持体系——包括行业协会、设备制造商与供应
61 商——既服务于（偶尔也加以利用）小型业主经理人，也面向

规模较大、运营专业化的工厂式洗衣企业。以特洛伊洗衣机公司为代表的设备制造商，其产品线涵盖从超大型工厂式洗衣房到家庭作坊式洗衣房的全谱系需求。[48] 而阿姆斯特朗等经销商则依赖二手市场，转手那些未能满足大客户需求而遭淘汰的设备。

洗衣房业主可以通过各种途径寻求设备。期刊末页的分类广告版块提供二手设备货源，这些机器有的来自倒闭洗衣房，有的来自正在进行设备升级的洗衣房，由专门从事二手设备翻新的公司挂牌出售。通过这些广告，人们还可以购置到一整套洗衣厂设备。但这些广告的描述含糊其词，难以直接识别出具体的洗衣厂，需要与卖家联系才能确定。广告页面上刊登着经理、工程师、工长及零星熨衣工的求职广告，表明当时不仅存在设备流通，还形成了全国性（甚至国际性）的人才流动网络。[49]

购买者也可以查询行业目录。这些目录既有单页的专利设备说明书，也有多达50页对待售商品有着详细描述的厚厚的卷册，内容相当多样。在这个行业刚刚兴起之时，行业文献的编辑和作者通常也是机器制造者。A.M. 多尔夫（A.M.Dolph）是《国家洗衣杂志》的第一位编辑，也是美国洗衣机制造公司的创立者（尽管他对该企业拥有所有权，但他看起来也愿意为其他制造商刊登广告）。[50]

机器公司的规模和重点顾客各不相同。到 1910 年时，像特洛伊洗衣机公司这样最大型的公司已经在六个国家建立了销售办公室。英国最大的公司萨默斯凯尔家族（Summerscales and Sons）和曼洛夫与埃利奥特公司不仅销售洗衣机器，还有工业厨房机器、农业设备以及其他相关设备。芝加哥等城市的企业
62 名录中同样列有众多专营本地市场的小型公司名称。

机器能够直接从制造商或经销商那里订购。经销商还可以提供替换零部件，特别是需要特殊材料制作的齿轮和熨平机滚轴。对于损坏的皮带、破裂的机器外壳也需要有零部件进行替换，而且工厂督查员能够要求设立机器看护人员或者将机械轴和皮带挡起来。这类零部件的市场需求源于双重动因：一是设备损耗（如传动带断裂、机壳开裂），二是监管要求（工厂监察员会强制规定须为机器加装防护装置，在传动轴与皮带区域设置隔离围栏）。

大型工厂的业主和经理以及城市地区的洗衣从业者，可以通过行业展会实地考察机械设备。《洗衣杂志日记》（*Laundry Journal Diary*）的编辑在伊斯雷顿（Islington）农业大厅中高调宣传第二届洗衣房、零部件和卫生展览会（Laundry, Accessory and Sanitary Exhibition）的优点。他骄傲地指出，《英国行业期刊》（*British Trade Journal*）已经宣布“这次的洗衣房展览会是农业大厅中举办过的最成功的一次行业展览。”[51]

一旦被买下来，机器就要安装、运转及维护。机器经常需要调试，有时候还要找到“窍门”才能让其运转。当然，简单的维修可能并不能让一台设计有缺陷的机器良好运转，而一位无知的洗衣房业主也无法确定问题是否在机器本身。同样的情况还体现在洗衣房的化学剂上——肥皂、漂白剂、浆洗液与上蓝剂等产品。行业期刊在此领域几乎毫无参考价值。由于过度依赖机械设备及耗材供应商的广告收入，这些刊物在新设备上市时无法进行客观评测。

对新机器的买家提供操作建议，以及所谓的“技术支持”等情况，更多地出现在英国而不是美国。当英国的业主希望获得专家的服务时，他们要么向机器制造商，要么向专门从事洗衣工程或洗衣建筑的公司寻求帮助。一份 1908 年的行业名录中就有许多这类供应商的名字。最大的一家企业詹姆斯·阿姆斯特朗公司（James Armstrong and Company）就宣称自己是洗衣工程师公司（它们也是美国特洛伊洗衣机公司在“欧洲唯一的代理人”）。人们还可以向 T. 赫伯特·皮尔森寻求建筑方面的建议，或者招募一家与阿姆斯特朗公司没有潜在利益冲突的小型工程公司。[52] 63

“洗衣房工程师”是英国洗衣行业中的一个关键性角色。[53] 工程师为初创企业家们提供技术建议、平面设计方案，乃至整套设施，并常常代表机械设备制造商行事。像 W. 萨默斯凯尔家族公司这样的大型洗衣房机器制造商甚至向购买者提供有关记账，以及对成品进行合理打包和包装的相关建议。[54]

在一篇简短的叫作《洗衣房工程师》的文章中，《洗衣杂志日记》（1894年）表示："我们经常说，所谓'小作坊洗衣女工'所面临的唯一的希望是改善一下她们工作的方式以适应今日卫生进步下越来越高的要求。许多'小店'看到了这一建议，因为有许多证据表明，洗衣房工程师提供的帮助越来越多。"1908年的《洗衣行业指南与洗衣工手册》（*Laundry Trade Directory and Launderers' Handbook*）进一步建议企业主："在没有专家的指导下，不要把一家店或一家手工洗衣房改造为动力洗衣房；只买你需要的机器，并且确保不会对洗衣房的工作产生妨碍。"[55]

不过，美国机器经销商通常假定设备应由业主－经理负责安装。在1901年特洛伊洗衣机公司的一份关于大型熨平机的描述文件中显示："安装和开启一台熨平机的指示已经非常完整，并且我们确信，任何有一些机械知识的人都能轻易地操作，让其处于完美的运行状态。"[56]在缺乏正式的技术指导的情况下，美国企业主们只好查询行业名录或从行业中有经验的经理那里获得帮助。1902年10月，莉莉安·G.巴罗夫人给《国家洗衣杂志》的编辑写信反映她在经营一家小型洗衣房时的痛苦。她的故事大体来说是具有典型性的，但是这个故事之所以被刊登出来的部分原因在于她是一位来自南方的新女性洗衣房业主而给人带来了新奇感。她雇用的三位经理中的每一位都工作得“足够久，从而让店里的生意好起来，但又以不同的借口抛弃了我，让我不得不面对肥皂水和浆水里的衣服，而我的记账本如此之轻，以致我不得不将熨斗放在上面防止它掉落”。最后，她不得不自己学着运行全部的机器：“我的儿子已经变成了一个不错的熨烫工，尽管他只有 14 岁，我手下还有一群能干的非裔姑 64
娘负责其他工作。我自己也会参与各种工作，已经完全克服了曾经担心无法让人满意的心理障碍。”[57]

尽管机器的重要性显而易见，但那些自称为洗衣房业主的人经常忽视选择一处合适的建筑的重要性。美国蒸汽洗衣公司董事们选中的那个位于马厩下方的旧溜冰场，在众多用于开设洗衣房的建筑中，只不过是个略显特别的案例。良好的排水和通风系统，充足的光线，能够承载机器的地板以及防火设施都是选址的重要前提。工厂督查员和工人们通常是第一个注意到某些地点存在着根本性隐患的人。一位匿名工人在给纽约妇女行业联盟调查的回复中表示，她在一栋制造纸箱的阁楼中工作，但楼下的洗衣房让她感到不安。她说最大的危险是那个锅炉，因为“工程师说，它的状况不太好，随时可能爆炸”。她还担心“熨烫机的热度可能不久就会把这个工厂点着”。[58]

尽管机器只是偶尔才会买，但洗衣房的经营者每天都要跟

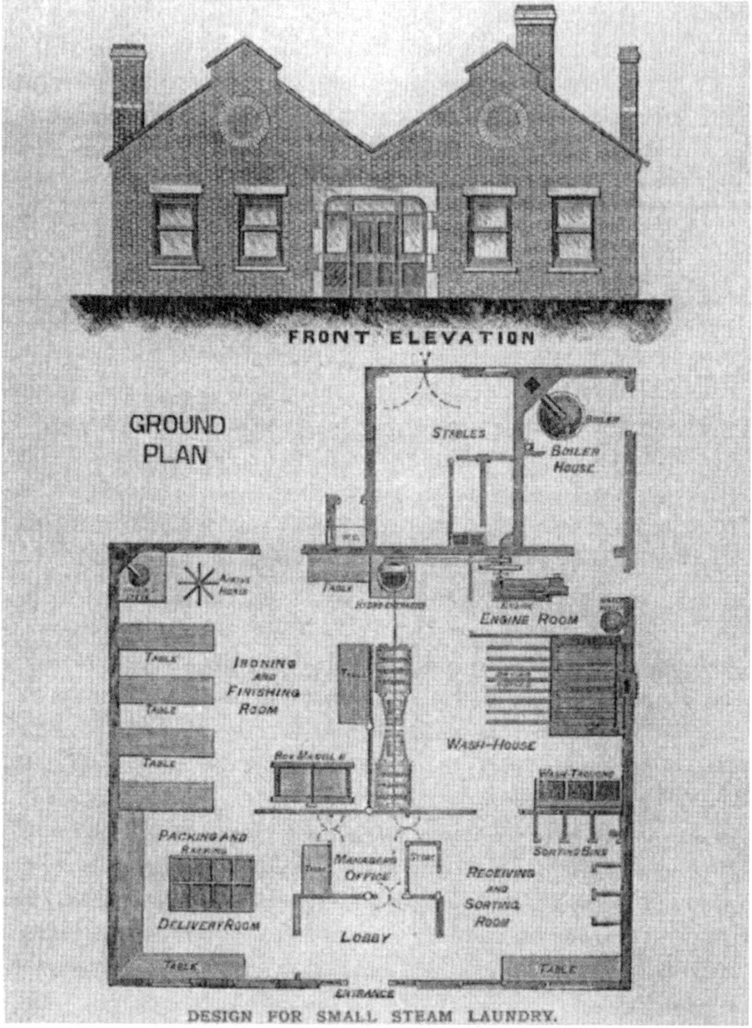

5——————英国大型洗衣机制造商甚至能够给洗衣房业主提供全包式洗衣房。W. 萨默斯盖尔斯家族公司在 1897 年的商品目录中提供了一个这样的样品。W. Summerscales
65 and Sons, *Laundry Machinery* (London, 1897), 17. 感谢伦敦科学与社会图片图书馆。

日用品经销商打交道。“旅行推销员”（Drummers）固定巡回出现，带来了肥皂和化学制剂、包装物以及适用于熨烫机的缓冲垫。保罗·苏在芝加哥大学的博士论文研究的是华人洗衣房，他曾以洗衣用品供应行代理商的身份展开调查。凭借这一职业身份赋予的独特视角，他深入了解了洗衣房行业的运作机制。[59] 有些供应商公司规模很大。纽约的约翰·T. 斯坦利公司（John T. Stanley Company）是一家洗衣用品批发公司，拥有 150 名销售人员。[60] 跟许多小型企业一样，洗衣房在生产和消费之间处于中间位置。尽管顾客们只把他们看作清洁衣物的生产者，但洗衣房业主也是许多附属产业的消费者——从新机器到肥皂片和衬衫盒。一旦就位，这个供应网络就会顺利运转起来，但是其分散性和小规模的特征也可能会让小型洗衣房受到无良机器经销商和不固定的供应商的“伤害”。 66

竞争

洗衣从业者敏感地意识到了外部的竞争，这不仅让其对自己洗衣房内部的工作更加上心，而且在这个行业内也形成了一种团结的意识。美国人的焦虑指向所谓的华人洗衣房。这些洗衣房在 19 世纪 80 年代大量出现，当时亚洲移民由于立法的限制而被从其他行业中赶了出来。在许多美国的城市里，来自小型洗衣房的竞争是切切实实存在的。比如，1880 年，几乎 10% 的旧金山华人从事洗衣工作。[61] 到了 20 世纪初期，华裔美国创业者向西挺进，在芝加哥和东海岸立足。通过雇用以提供食宿代替薪资的亲属工，这些洗衣房的业主拥有了廉价劳动力，可以与动力洗衣房一较高下了。一些消费者发现他们很有吸引力，因为他们声称都是手洗，避免了机器可能给衣料造成的伤害。到 1909 年进行人口普查时，这些华人洗衣房已经多元化了。一些洗衣房投资购买了机器，而另一些则将繁重的洗衣工作转包给更大的洗衣房，它们只做些手洗的工作。一些洗衣房甚至雇用了白人女性，但这又让一些地方政府通过立法，意图“保护”这些女性免于被这种工作雇用。[62]

整个行业反对这种竞争的自卫行为有时候会产生意外的同盟者。1908 年，强大的旧金山洗衣工人工会地方分会与洗衣司机工会、该市的蒸汽洗衣房业主以及法裔洗衣房业主结成联盟，成立了“反日洗衣联盟”（Anti-Jap Laundry League）。种族忠诚战胜了阶级情感，因为这些各不相同、经常互相敌对的群体聚集资源建立了一间办公室，以期将湾区内日本洗衣房业主赶出这个行业。他们的方法是追随日本人洗衣房的洗衣车，记下他们顾客的地址，然后给顾客写威胁信。要是这个策略失败了，该同盟就会雇用一位妇女去跟家庭主妇“闲聊”并让这位主妇保

证她不会继续光顾竞争对手的洗衣房，从而背叛自己的种族。[63] 67

妇女们承接洗衣活儿或在周一早晨出现在雇主家门口，然后去厨房洗衣服，这种情况直至大萧条时期也仍然是社会现实。非裔美国移民从南方到芝加哥的移民潮带来了富有经验的洗衣妇，她们在富裕的家庭中找到了工作。很难确定究竟有多少女性在做这类工作。1900 年，人口普查统计有 328935 位洗衣女工。如果只有 82000 人在动力洗衣房工作，那剩余的众多人员要么在手工洗衣房，要么在家庭中工作了。数字可能会有偏差，因为统计者计算工作的方法各不相同。[64] 一份由移民委员会在 1911 年发表的研究发现，在所调查的城市中，将洗衣工作带回家是最常见的家内劳作方式。这些洗衣女工被分为不同类别，主要是“黑人”“波希米亚人”“摩拉维亚人”。[65]

英国洗衣房业主也对竞争深感焦虑，尽管他们焦虑的来源不同。他们觉得美国人针对华人的那种歇斯底里的情绪很可笑。华人洗衣房在 19 世纪末 20 世纪初的伦敦几乎闻所未闻。港口城市中可见零星存在（一份 1908 年的出版物指出在伯克海德有 13 家，在利物浦有 69 家）[66]，但这些仅被视作新奇之事。英国人反而在担心来自洗衣妇的竞争。行业期刊对这些女性的腔调就跟美国洗衣期刊发表反华言论一样。二者都建议，他们敌对方的工人是不干净的、不可信任的。英国的杂志还时不时地利用专家对其进行攻击。例如，1899 年 3 月 15 日的《洗衣杂志》中，一位叫哈里斯博士的人就描述了他对一位洗衣妇拜访时的发现：她正在厨房里打包洗涤的衣物，而在同一房间里的还有一个正患有猩红热的儿童。[67]洗衣从业者还通过法律手段阻止洗衣妇使用公共设施以及在城市中使用传统的洗衣方法。其中一场旷日持久的斗争就是洗衣从业者不让洗衣妇在坦布里奇韦尔斯（Tunbridge Wells）的公共区域晾晒她们洗涤的衣物。[68]

不过，对于英国和美国洗衣房业主来说，最令人困扰的问
68 题是家庭主妇。尽管妇女们经常表示，在所有家庭工作中，她们对洗衣工作最为厌恶，但令人惊讶的是，很少有人看起来愿意将家庭洗涤任务交出去。一些人是为了节约那几便士而自己动手，还有一些人则雇用一位洗衣妇或一名华人来洗衣服。那些给洗衣房送钱的人通常只是偶尔为之，或者只把那些特别难以清洗的物件（比如床单或男人的衬衣）送去清洗。因为这些竞争者也是潜在的顾客，无论是诽谤还是价格竞争都不是好的选择。洗衣房业主本来还关注其他的行业对家庭工作的工业化影响，却发现没有什么类似的情况出现，也没什么可以受到启发之处。这种与顾客之间独特的竞争关系成为他们所承受的特殊重负。

*

那些进入洗衣行业的人也步入了一个复杂的世界中。他们面临着多重的挑战，需要去选择并使用技术成果，还要管理工人并与顾客打交道。洗衣行业吸纳的人口要比洗衣房中劳动的人多得多。它创造了一种共同体，这个共同体由有着共同经历和共同期待的人凝聚而成。这个群体跨越了民族的边界，他们积极交流观念，并且对其他成员进行评价。当这个共同体尝试着迎接这些挑战时，规模和地位上的差异有时候比民族上的差异还要重要。 69

第三章　在洗衣房内

在19世纪后期，洗衣房不仅成为行业门类，而且经历了很长时间的技术变革。到世纪之交时，观察家们认为许多洗衣房已是工厂。这些洗衣房以机械化、劳动分工和规模的提升为特色，并且在现实中和象征意义上，洗衣房与长期以来负责洗涤工作的厨房和工坊等地点已然不同。[1] 比如，社会督查员伊丽莎白·巴特勒将洗衣房的转变与一个世纪之前就开始的纺织工业进行了一番比较。“孤零零的洗衣盆与有着红彤彤手臂的洗衣妇，这样的行业形象已经非常确定地消失了，跟个体纺织机和梭子的情况一模一样”，她告诉她的读者。[2]

新机器的逐渐引入是变迁发生的最明确的信号。在1880到1900年间，大型洗衣机和蒸汽熨烫机广泛流行，给工作流程中技术要求最低且体力要求最高的部分带来了机械化。在1900到1910年间，一系列具有创新意义的熨烫和浆洗机器出现了，给洗衣房中原先被认为最具技术水平的工作也带来了机械化。

巴特勒发现洗衣房采纳新设备和新方法的现象十分广泛。在砖石建筑楼内的许多匹兹堡蒸汽洗衣房中，她遇到了非常多样的机器：洗衣机、熨烫机，以及“各式各样的蒸汽熨衣工具”。巴特勒还注意到，甚至劳动的分工“也在一家工厂中得到极大的应用。为了追求速度而实现了专业化生产”。[3] 70

英国政府的一位“女督查员”露西·迪恩在给议会的报告中指出了类似的变化。她宣称，自调查组于 1892 年首次调查以来，这个行业经历了惊人的变化。甚至最小的业主现在都对机械化充满热情：“曾经，只是在为数不多的大型蒸汽洗衣房中可以看到这类机器。如今，这样的景象已不罕见。一排各自独立占用的房屋，每栋的后院都被加盖了屋顶，其间密密麻麻地摆放着洗衣设备——这些机器全部由安装在巷尾的一台发动机驱动。”[4]

迪恩的观察说明，机械化已经广泛存在，但分布并不均匀。几乎所有的洗衣房都有着同样的工作流程：司机或收衣柜台接收一捆捆的衣物，再将它们传给一位负责在表格上标注内容的核验员。按照种类和样式分类保存后，衣物分给相应的部门，或者在小型洗衣房中分给个人。到那里后，专业的工人会完成清洗、脱水、浆洗和熨烫物件——衣领和袖口，蕾丝边窗帘和餐巾——等工作，然后再将其重新分类、包装后返还给它们的主人。机器和劳动分工能够在这个过程中全程应用，也可以完全不采用。最经常见到的是，小型洗衣房业主购买二手机器，还有些店主甚至不会购买机械设备，就用传统工具和其雇员灵敏的双手和强壮的后背完成这些任务。同时，大型的、资本充足的洗衣房会购买新式小装置，靠的是系统化和规模经济赚钱。[5]

各地区机械化程度的千差万别让人很难对英国人和美国人采纳新技术的速度进行比较。明显的是，机器是从美国向英国流动的，但是大型的英国和美国洗衣房与它们的小型竞争者相比，它们互相之间的相似性要更多。伯德洗衣房的档案显示，英国的公司早在 19 世纪 80 年代就进口美国的机器了。到世纪之交时，市场已经足够相似，这让最大型的公司能够在海外出售产品而无须做太多的改造。[6]

本章所描述的工作过程可以在中等规模或大型动力洗衣房中发现。时间大约是从 1895 年到 1910 年。我同意迪恩和巴特
71 勒这样的改革家所倡导的原则。她们认为，洗衣房工作的问题既有技术上的，也有社会上的。为了理解这些问题，读者们需要理解机器、化学品、建筑物和技术的实际效能与固有局限。

接下来的部分也有利于搞清楚为什么机械化、劳动分工和规模经济对洗衣房业主是件福祸相依的事情。即便监管制造业有着越来越多同质性，但这也是一个具有差异性的工业化过程。当规模经济和机械化应用到洗衣工作时，也给它们带来了一些

约束，而这些约束是自行车和钉子制造商所不熟悉的。所有这些策略要在某种根本的限制内才能实行，不能影响到洗衣行业与许多顾客的亲密关系。比如，洗衣房的规模越大，它就越难及时找到某个物件并重新将它打包进一个包裹交还给顾客。相较于从每周处理两万件衣物的洗衣房中寻找丢失的领子，从一百件衣物中翻找反倒容易得多。[7]洗衣房与制造工厂也有所不同，因为洗衣房业主无法控制进入店内的物品的品质。机械化会增加对精细或劣质织物的损坏程度。与一位调试机器的操作工相比，一位做手工工作的工人可以更轻松地改变手法以保持磨损的桌布安然无恙。

要是做得好，消费者是感受不到机器存在的。在洗衣行业，“看起来像机器做的”可不是什么恭维之词。尽管洗衣房的顾客发现机械化具有一定的潜力，能够让他们的衣物免于洗衣妇不清洁之手的“污染”，但他们也会担心机器可能损坏他们的衣服。洗衣房业主并不认可这种想法。一些人指出，许多所谓的手工洗衣房会把衣服送出去由机器清洗，而顾客只是沾沾自喜而不自知罢了。其他人认为，新式化学剂和机器比洗衣板和柔软的肥皂对衣服的潜在影响更大，但是他们也指出，不断提高的标准推动了人们使用这些“硬核”手段。消费者希望他们的衣服从洗衣房出来时洁白如新，他们可不管当初丢下这些衣物 72
时它们是多么渍迹斑斑和肮脏不堪。[8]

另一方面，机械化也为工资不断上涨这种问题提供了解决方案，还帮助解决了需要吸引和留住技术工人，以及无法预料的工作量等问题。随着大西洋两岸立法机构相继颁布法令禁止强制女工加班或从事夜间劳动，洗衣房业主再也无法在周五通宵让工人加班处理突增的工作量。机器则可以在无须增加人手的情况下承担大量的工作。

本章中的史料来源广泛，包括行业文献、行业目录、改革家的记录以及英国工人阶级的自传。其中关于技术和技术变迁的视角差异很大。雇主与机械制造商在阐述技术特性时，主要聚焦于其在解决生产难题中的实际效能。类似地，他们描述社会关系时——在工人之间，以及工人与雇主之间——也是从这些关系是否有助于生产过程的角度出发的。

尽管改革家和工厂督查员理解了（偶尔还会高声赞颂）技术上的进步，但他们对洗衣技术感兴趣，主要是因为它构成了工人们每日长时间劳作的环境。在一个对社会调查和丑闻揭发充满兴趣的时代，他们希望将他们的中产阶级或上层阶级的读者带入女性工人阶级的世界，并让他们理解工人工作环境的肮脏、炎热与危险的一面。在 20 世纪 20 年代之前，一些人也致力于将世人未知的洗衣房的工作经历曝光于天下。同时，督查员们也极大地提升了对洗衣房机器的认识（他们估计，自己比许多工人更了解这些机器）。[9]

工人们的经历提供了第三种视角。除了一些英国工人阶级的自传外，大部分的工人记录都经过了改革家报告的“过滤”。[10] 重述她们的故事的中产阶级妇女会假冒工人的口吻，或者对她们所采访工人的必要内容进行重构，以有利于她们的改革事业。对于工人来说，技术应用的感受是直接而切身的。他们希望自己能适应工厂的环境和机器。技术革新能缓解某些高 73
危工种的劳动强度，但也可能因此产生提速要求从而导致身体局部过度劳损而适得其反。高温、潮湿与持续站立的工作环境，导致足部肿胀、腿部溃烂；烫伤更是家常便饭。[11]

工作环境

大部分洗衣房工作日开始得很早：一般在早晨 6 点到 8 点之间。首先来到店里的是洗衣工以及给炉子添燃料和烧水的工人。后者通常是专业化工人，被称为“工程师”，但是在小店里，担任这一角色的经常是业主自己或经理。在拥有煤气加热熨斗或熨平机的洗衣房里，煤气需要打开并点燃。[12] 伊丽莎白·巴特勒笔下的匹兹堡洗衣区，清晨时分呈现这般图景：“如果你在早晨接近 7 点时沿着查蒂尔斯街走的话，你就可以看到女孩们走到街上去工作……邻近工厂的汽笛声响起，发动机缓缓启动，齿带与轮子呼呼作响，最后一批女孩消失了，来到了机器面前她们的工作岗位上。”[13]

工人们在早晨到达后会把他们的外套或围巾挂在工作室角落的钩子上，并且有时候还会换上大码的鞋子（或者，在至少一间屋的洗衣房中换上室内拖鞋），这是因为高温和长时间的站立会让脚变得肿胀。[14]一些更大的洗衣房里有更衣室，并且一些雇主甚至会提供午餐室（或者食堂 [messroom]，这是英国的叫法）。在大多数地方，工人们如果能有一个干净可用的厕所以及可饮用的水，那就太幸运了。工厂督查员发起为了获取并维持这些资源的战斗。[15]

大部分洗衣房的环境可谓脏乱差，令人震惊。洗衣设备在清晨就开启了，这让地下室充满了蒸汽和化学药剂的味道。对
74 于一些来访者而言，与散发着香气的分拣室相比，这里黯然失色。一位医师描述这里充满阴霾和污秽，“它看起来紧紧贴着嘴唇，让人不得不尝一尝它的味道”。[16]

有经验的或有安全意识的女工会解开女士衬衫的衣领并把头发扎起来防止卷入皮带或滚轴里。几乎每一个人都听说过年轻爱美的女性被卷入机器而头皮剥离的故事（甚至更糟糕的结果），就是因为她们松散着长长的头发。在洗衣房极其闷热的环境中，虚荣心要收起来，舒适第一。一些人一开始上班时可能还会盛装打扮，但是很快就换上了舒适的衣服。“洗衣房里的妇

女，”一位洗衣男工说，“很少穿那种被认为必要的服装——紧身胸衣。”[17]

不过，与许多工厂不一样的是，洗衣房里的噪声还是可以忍受的。手工洗衣房中有种静默感，只有洗衣盆的木垫会发出沙沙的擦洗声，或者倾轧熨斗时会发出低沉的嗡嗡声音。机器的到来增加了齿轮转动的韵律声，皮带的低吟声以及喷出蒸汽的嘶嘶声——但是这与纺织厂和其他制造厂的难以忍受的嘈杂感无法相比。噪声让人感到不安。能够交谈是许多妇女在洗衣房里工作的乐趣之一，而在其他类型的工厂里就没有了。尽管工作规则和经理都禁止工人们交谈或唱歌，但是许多人还是会做这些事情。一个年轻人建议：“许多肺部的病症都被归咎于吸入肥皂水蒸汽，但是如果洗衣房的雇员们在工作时少说些话，这种危险也就极大地减轻了。”[18]

工作过程

脏衣服以两种方式抵达洗衣房：它们要么由顾客带到前台，要么由在别墅、公寓、酒店和理发店周边转悠的司机带到洗衣房。洗衣房业主和经理特别在意与公众的互动。一份商业手册对洗衣从业者建议，“办公室是这个行业的傀儡”。富裕的洗衣

从业者可以给办公室“装上染色玻璃，镶嵌上天花板，铺上地毯……并且给展示柜镀上一层银”，但是更为重要的是，办公室
75 要“随时保持整洁、清新和干净，让最严谨的人进来后也无法看到或闻到任何难闻的气味”。特别是，办公室应当尽可能远离分拣室。[19] 大部分的洗衣房会对可以受理什么物件有一定的规定。最重要的是，人们拒绝“看起来可疑的包裹”，因为他们担心可能会传播疾病。一张 1920 年典型的洗衣票向业主们建议说，像手提箱这种箱子会随着脏衣服一起留下，但洗衣房拒绝为这类箱子承担责任。[20]

取送服务具有让顾客远离洗衣房的优势，但也有赋予司机巨大权力的劣势。因为司机们负责收钱并处理顾客投诉，所以他们有时候被视为洗衣房业主或经理的代理人。一个阴险的或不诚实的司机会毁掉雇主的声誉。不过，如果这位司机富有魅力且充满干劲，那他就能带来新的顾客。机动卡车取代马拉货车这一转变，强化了司机的核心作用。进一步看，业主和经理无须再雇用某个同时擅长与人和马匹打交道的人了。[21]

对于生意更好的企业，一辆漂亮的洗衣房马车（后来改为卡车）是洗衣房在这个社区内最明显的宣传工具了。大型洗衣房的公司图标中经常显示着马车或卡车排列成行站在建筑物前面，或者，可能更简单的是只出现一辆精心装饰的马车。一些英国的洗衣房也使用自行车或小摩托以快速穿越狭窄的巷弄。

6——————一台运行良好的马车或货车是骄傲之源，也是洗衣房打广告的重要方式。这种马车设计了高大的车轮。这种设计能够让司机约翰·杨曼（John Youngman）适应纽卡斯尔附近有各种车辙的、泥泞的道路。转自 Bird's Laundry，Tyne and Wear Archives，Newcastle-upon-Tyne，1920。感谢泰恩和维尔档案馆。 76

7————在狭窄的都市街道上，英国洗衣房业主在送货时有时候离不开摩托车或自行车。这幅插图中自行车上写着“沃里克的三轮车有两种车型（一种是用于快速送货的有气动轮胎的车子）特别为洗衣房打造”。G. Cadogan Rothery and H. O. Edmonds, *The Modern Laundry*, vol. 2 (London, 1902), 225. 感谢哈格利博物馆和图书馆。

77

在这些巷弄里，洗衣妇有时候还会推着手推车或独轮车前行。

“洗衣房由它们在街道上的团队的情况进行判断，”一位洗衣从业者建议，“要是从未派一队人去街上，那你就要自惭形秽了。”非常现实的是，与其他使用送货马车的企业相比，某些洗衣房业主由于自身的无知，资金的匮乏，或者只是他们并不在意，经常会派一群瘸腿的或瘦骨嶙峋的马匹上路。卡车的另外一个优势就是，它不需要喂养，也不需要被关注——当生意不好时，这可是一项令人感到焦虑的支出啊。[22]

追踪洗涤衣物

无论衣物是通过运输马车送达，还是由顾客直接送来，都需先交由核验员处理。在将顾客衣物包裹拆分洗涤后、最终归整还原的复杂流程中，核验员承担着逐件登记追踪的关键职能，确保每件物品能准确归还原主。核验员要填写洗衣表格或者将包裹中的实际衣物与顾客提供的洗涤列表相比较。一个经常出现的骗局就是不诚实的顾客列出了比实际包裹中更多的衣物。顾客后面会对这些子虚乌有的衣物提出赔偿要求。[23]

核验员必须有很好的记账能力、易辨识的手写能力，并且在洗衣房接待顾客时还要有良好的形象。在很小的洗衣房中，

业主可能自己承担这一任务，因为许多顾客可能会对不合理的
78 交易程序心生不满，还会对丢失或受损物件要求赔偿。在 20 世纪后，大部分的核验员都是女性。伊丽莎白・巴特勒在匹兹堡采访的妇女们只是最近才进入长期以来都是男性的工作中。随着洗衣房在规模上不断扩大并且机械化过程愈加增多，核验员和标记员（markers）将自己的工作与洗衣房内其他工人区分开来，他们更像是书记员而不是手工劳动者。[24]

标记工作是下一步任务。标记员使用墨水、线头或某个专利体系中的标记在衣服的一个不明显处做上可辨识的代号。小型洗衣房经常用不可擦除的墨水写上顾客姓名的首字母或姓以做辨识。更大些的洗衣房中则用复杂的方法处理每天进入店中的几千件衣物。后来打孔机起了重要作用。这种机器排除了难以辨识字体的麻烦。像俄亥俄州辛辛那提市的国家标识公司（National Marking Company）为大型洗衣房发明了精密的体系。大部分洗衣房业主都认为标记是一个必要的恶魔。没有一个标记体系没有它的缺点。像在手绢和餐巾这种经常洗涤的物件上会留下一个不太可见的墨迹边缘。针头会在洗衣机或熨烫中断裂。彩色线头要耗时耗力才能安上和拆下来。因为标记的制作缺乏标准化工业体系的要求，那些经常更换洗衣房的顾客最后会在他们的衣物上留下各种不同的洗衣房标记。[25]

在洗涤之前，大部分的洗衣房都会把衣物分为三个大类：

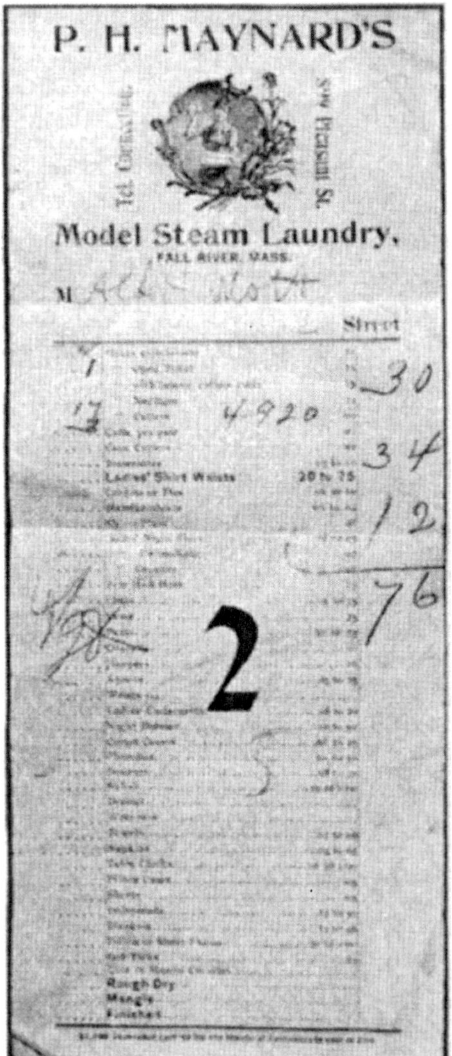

8——————洗衣房洗衣列表要么由顾客填写，要么由核验员代劳（作者的收藏，约1900年）。 79

白色的、彩色的和黑色的。可以机械熨烫之物——床单、毛巾和餐巾——是最容易处理的，而男士的衬衫和衣领（对于一些洗衣房来说属于业务大头）则构成了另一个种类。分拣员要将小的或精细的物件放到网兜里以防止丢失。彩色衣物、法兰绒衣服、羊毛内衣和丝织品会在粗暴的操作过程中受损，所以也要单独处理。[26]

机械化与洗衣房业主想将业务范围扩大到衬衫和床单以外的目标相一致。机械化可以让他们进入通常所说的“家庭洗涤”业务。尽管机械化的洗衣过程最适合白色的棉制品，特别是那些适合机械熨烫之物，但是许多社区洗衣房秉持来者不拒的态度。比如，英国的洗衣房会大量洗涤羊毛、法兰绒裤。其他专门接待“上层人士”的洗衣房会收贵族的精贵衣物，包括很难清洗的丝绸和蕾丝饰带。某家洗衣房的经营数据显示，其全年处理的 12279 磅衣服中，包括大量彩色儿童服装、窗帘、外套以及 67 条毯子。[27]

分拣员必须了解各类织物。假冒伪劣始终为人们所关注。
80 例如，使用金属氧化物对丝绸进行增重处理的工艺在洗涤过程中产生了灾难性后果。某些黑色丝绸中掺杂物占比高达其重量的 25%。制造商通过覆层工艺赋予其他面料独特质感，但这些覆层在洗涤时要么脱落要么变黄。洗衣房业主和经理还担心出现面料以次充好的替换行为，例如用丝光棉冒充更昂贵的亚麻，以及棉麻混纺等面料混杂情况。[28]通过各种宣传运动，他们希望公众不要再将掺假衣物的损坏责任归咎于洗衣房了。英国行业协会出版了一本名为《女士、亚麻品和洗衣房》（*The Lady, the Linen, and the Laundry*）的手册。该手册谈论的是“现代洗衣房经营者由于制造品的廉价性而面临的困境”。[29]美国全国洗衣工协会发起了一场漫长的、艰苦的战斗，要求标出织物的构成。[30]

一些洗衣房也尝试做干洗。尽管针对不可水洗的衣服，使用苯、汽油和其他溶剂自 19 世纪 90 年代就已经广为人知，但这些化学物主要用于局部污渍的清理。再上色是让男士西服等衣服“焕然一新”（reviving）（清洗 [cleaning] 这个词在这里让人产生误解）的常见手法。早期的干洗工作是非常耗费力气的，并且使用的化学剂也有多重的危害性。在有效回收废液的机器和蒸馏设备出现之前，这类工作通常只有少数的洗衣房会把它当作一些小副业并花费时间去揉洗一番。[31]

清洗

一旦分好类了，衣物就会被放到推车或篮子里并被送到（或者从一个斜坡滑到）洗衣室，或叫作洗衣房的“厨房”中。

尽管所有的建议都与其相悖，但洗衣房业主还是习惯于把洗衣室安置在经过翻新的建筑地下室中。他们认为升腾的水蒸气和没有窗户的工作场所，比腐烂的地板、即将掉落的天花板以及上层楼面因洗涤而造成污水横流的情形更好一些。[32] 在洗衣室内部，男人或男孩会把待洗的衣物从靠墙的巨大的圆柱形洗衣机的顶部端口处放进去。每个人的衣物就重叠在一起——这让
81 一些卫生倡导者感到不满，也让一些人一想到自己的私人物件居然与陌生人的东西混在一起就惴惴不安。按照维多利亚时代的风俗，一份 1889 年的手册建议，“女士的亚麻制品原则上要在私密的洗涤室中单独处理”——这个规定很少有人遵从。[33]

20 世纪之初，洗衣从业者最熟悉的洗衣机器由外部的木质圆筒和内部的穿孔铁笼制成。在通电金属引入之前，铜是优选材料，因为它不会生锈。到 1910 年时，机器制造商们提供了越来越大的全金属机器。一些手工机器在小型洗衣房中仍然存在。1896 年，查尔斯·布斯在一些伦敦洗衣房中发现“捣衣工”（dollymen）继续使用木质搅拌棒搅动桶中或盆中的衣服。为了适应顾客的需求，英国的制造商在供应新式机器的同时，继续提供传统的工具。[34]

一旦衣物被放进洗衣机器中，洗衣工就会打开阀门，给滚筒加入 1/4 的水，然后再添加一桶肥皂。直到 20 世纪 30 年代清洁剂发明前，所有的肥皂都是由油脂和碱混合反应制成。工

人们经常在店内制作肥皂。1893年，一家大型的纽约洗衣房给《科学美国人》展示的配方如下：500磅油脂、10磅氢氧化钾以及70磅氢氧化钠。洗衣工用600到700加仑的水稀释75磅以上配方的混合物，然后用100到125华氏度加热。最后用桶把得到的混合物灌入洗衣机里。其他的洗衣房会成桶地买块状肥皂或片状肥皂，然后将它们溶解于通常位于洗衣房角落大水槽的水中。[35]

大部分的机器都是皮带驱动，由悬挂在天花板上的动力轴运转。这种情形一直持续到20世纪20年代电力出现。随着洗衣机器被填满，洗衣工会在气缸的一端的传动装置上绑上皮带，回动齿轮会带动气缸转动。机器用肥皂水搅动衣物10到40分钟，如果肥皂不够或水质较硬的话，这一过程可能会延长到一个小时。洗衣过程不仅包括一开始的浸泡，还包括多个清洗环节，而且这一过程中洗衣工要添加各种化学剂——最常见的是像小苏打或含氯石灰这样的漂白剂，它们经由草酸或醋酸这样的酸性物质中和了。上蓝剂在最后一次清洗时添加，以解决其他化学剂造成的衣物变黄问题。[36]

通常由一个人负责照看一批机器的运转，记录衣物在机器中的时间，还要在运转过程中打开机器的顶盖判断起泡的情况，把“洗涤液”（有时候人们会这么说）排放掉，然后添加清水，进行漂白和上蓝。在没有严格程序规定或经理和工头监视的洗

9——————在 19 世纪 90 年代，英国行业目录册在展示最新的洗衣机的同时，还提供传统手工工具样品。转自 W. Summersiu and Sons，*Laundry Machinery*（London，1897），96。感谢伦敦科学与社会图片图书馆。

82

衣房中，洗衣工可以自行判断洗涤的时间并测算需要添加化学剂的量。错误的估算和精力不集中会导致衣物的损坏——这种损坏一般在衣物晾干前是看不出来的。[37]

在经过充分的洗涤时间后，洗衣工会解开皮带，打开阀门，最后把水排干。然后，他要把湿漉漉的衣服从机器中拉出 83
来，并把它们装到篮子里或推车上。这可是一件费力且费时的工作。这些气缸洗衣机可没有“脱水功能”，所以那些由于重力而无法排出的留在机器中的水最后都会流到地板上，浸湿洗衣工的衣服并在空气中留下蒸汽和化学剂的气味。[38]

洗衣是件潮湿的活儿。在水和化学剂的作用下，带木质滚筒的机器最终会腐烂，水也会漏到地板上。这些滚筒在打开时还会溅出水花。许多的地下室排水状况很差，以致水和化学剂在洗衣工的脚下形成了一个个水池。在英国（法律要求必须有充足的排水设施），一位督查员注意到，“非常常见的是，泛黄恶臭的污水从洗衣房一侧成排的洗衣槽或洗衣机中涌出，漫过整个地面，甚至没过了工人的脚背，最后流到了排水处”。洗衣工们忍受着无尽酷热，双腿在湿气侵骨中浮肿乃至溃烂。他们不得不脱下汗衫，穿上木底鞋或防水靴，并且偶尔还要小睡一会儿以免太过难受。[39]

尽管洗衣机只是男性工人的地盘，一些洗衣房也会雇用一些妇女手工清洗纤柔的衣物。伊丽莎白·巴特勒将这些手工洗衣工描述为“在其他行业中经历了磨炼的女性”。她继续说道：“为了每天 1 美元的工作，她们要一天待在水桶前长达 10 个小时去处理法兰绒、袜子和那些若用机器清洗则需要专门设备处理一番的精致衣物。”一位经理告诉巴特勒：“你无法让一位年轻的女性做这件事。”[40]

变干和修复

多余的水要从滴滴答答的衣物中排出来需要用到一种叫作离心脱水机（centrifugal extractor）的设备。这种脱水机是一种圆筒形状的设备，里面是一个有着大孔洞的篮子。这个机器需要尽可能均匀地将待洗涤的衣物包裹起来，在篮子上盖上一条毛巾或一个盖子。用皮带挂上去后，脱水机就开始旋转起来了，通过离心作用把水分甩出。脱水机有两种类型。一种是从
84 下方驱动，使用一个中间轴以每分钟 300—400 转的速率让篮筐旋转；另一种则从上方驱动，使用摩擦传动装置实现加速运行（每分钟 1300—1400 转），但是这种方法更危险。[41]

明智的洗衣房业主会把脱水机安在地板上，以防止它撞到墙上或无辜的路人身上。甚至在安装稳妥后，脱水机还是有危险存在。在皮带被拿掉后，内部的圆筒会继续旋转一会儿。在

安全立法规定脱水机盖子需要上锁前，洗衣房中最常见的致命事故就是工人的胳膊或头发被卷进旋转的圆筒中。[42]

由于具有一种模糊性功能，介于洗衣与烘干或熨烫等工作之间，所以脱水机在大部分洗衣房中是唯一相对性别中立的技术产品。在英国的《童工法》严格执行前，洗衣房业主经常将操作员称为“有才华的青年，脱水男孩”。[43] 洗衣女工和洗衣男工都可以操作脱水机。

衣物从脱水机中拿出来是扭搅在一起的。一些洗衣房会使用木棒将它们抖开。[44] 更常见的是，洗衣房会雇用一些低工资的年轻女孩做这件事。因为抖开衣服是洗衣房中最容易的工作，也是秘密收集信息的改革家们最常干的活儿。记者雷塔·柴尔德·多尔生动地描述了她为期不长的抖衣工作：“通常，绳子变得很紧，以致松开时会划伤手，弄破指甲。最麻烦的是速度问题，因为工头对速度要求很高，而且这个工作极其无聊。弯腰、解开、抖动；弯腰、解开、抖动；弯腰、解开……无休止地重复几个小时。”[45]

在抖开衣服后，像桌布、餐巾这样平整的物件会送去熨平（或用英国的说法“轧平”）。熨平机会把褶皱弄平整，同时让物件干燥。熨平机是一种让人感到迷惑的叫法，可以用在几种不同的设备上。最受推崇的是箱式熨平机（box mangle），这种设备源自 19 世纪。使用者把平整的物件包在一个滚轴里，或者把

其放置在熨平机的台面上。然后这个机器推动一个沉重的箱子
85 反复挤压物件，将其褶皱去除。[46]

尽管箱式熨平机偶尔出现在动力洗衣房里，但是到 19 世纪 90 年代，它们已经基本被蒸汽熨烫机（steam mangle）替代。蒸汽熨烫机有两种类型：柜式熨烫机和汽缸熨烫机。二者的不同在于热气是来自加热的滚轴本身还是来自机器底部的蒸汽柜。操作者会将需要熨烫的毛巾等物品放到一排滚轴下方。这些滚轴垫在织物（通常为羊毛毡或羊毛和帆布的混合物）下面，然后由蒸汽或煤气火焰（gas flames）予以加热。在英国洗衣房中，“calender”这个词可以指各种相关的设备。在 1900 年前，英国的洗衣房经常使用一种叫德库登熨烫机（decouden calender）的机器。这种机器类似于熨平机，但是它的铁质加热器没有装隔离垫，而是让它与织物直接接触使其变成一件件平滑有光泽的成品。“Calender”有时候也指蒸汽熨烫机。在英国洗衣房的目录中，美国的熨烫机被简单称为熨烫机器（ironing machine），很有可能是为了让其与旧式的箱式熨平机有所区分。

因为操作员必须把毛巾等物品放入可移动的工作台（apron）上，而且要尽可能靠近第一个滚轴以避免将衣物歪斜着放入机器。手指烧伤或遭到碾压是洗衣房中常见的事（机器公司后来也将这些机器称为“ironing machine”，而不是

10——————箱式熨平机使用重压而非热力消除褶皱。这种动力模型代表一种不同寻常的新旧技术的混合。转自 G. Cadogan Rothery and H. O. Edmonds, *The Modern Laundry*, vol.2 (London, 1902), 143。感谢哈格利博物馆和图书馆。 86

"mangles"，部分原因也是为了避免后者这个名称所暗含的危险性）。[47] 工人们告诉一位督查员，他们会根据衣物护理等级自行调整熨烫机的操作距离。与"公寓订单"相比，他们对"富豪订单"更为上心，因为后者的衣物要距离汽缸不到 1/4 英寸时才能确保每处褶皱都熨烫得无可挑剔。[48]

跟其他设备类似的是，熨平机的数量在 19 世纪后期和 20 世纪早期日益增加。特洛伊洗衣机公司生产的帕拉冈熨烫机（Paragon mangle）有 14 英寸宽，16 英寸长，重达 32000 磅。这种机器可以分成几个部分运进来，所以它能够根据洗衣房业主的需要增大或缩小。[49] 最大的熨烫机通常会有一些不太吉利的名字。英国亨利奇洗衣机公司（British Henrici Laundry Machinery Company）制造的设备叫"消灭者"。广告文案让机器为自己代言："我是消灭者。我的名字不是说我'消灭'衣物（或者说消灭机器操作员），而是我可以做更多消除褶皱的工作——做得比其他三种机器更多。"[50]

衬衣、衣领、内衣、连衣裙或者其他棉织品在清洗时采用另一种方法，要进浆洗室、烘干室和熨烫室。浆洗是一个很耗时间的过程，需要耐心和判断力。在 20 世纪 20 年代之前，大部分洗衣房要自己从地里弄来粮食制作淀粉，通常使用的是小麦、玉米和水。将由这样的原材料制成的干粉，放到一个桶里，倒入冷水，然后用手搅拌至完全溶解。在世纪之交时，大部分

11——————蒸汽熨平机用于熨烫床单、桌布和毛巾等织物。转自 The Troy Laundry Machinery Company，*Illustrated Catalogue of Laundry Equipment*（Chicago，1907），109。感谢哈格利博物馆和图书馆。 87

英国洗衣房还在使用这种淀粉，但美国人已经首先开始将其煮至黏稠的糊状物了。在一家设备良好的美国洗衣房里，将这种混合物放到一个密封的、独立的器皿——“浆水煮锅”中煮沸，直到达到合适的浓稠度。无法承担这种专业设备的洗衣房业主会简单地用放在炉子上的平底锅或水壶进行煮制。[51]

浆洗工用水稀释制成品以达到所需的浓度，然后用手将浆水涂抹在衣服上并弄掉多余的液体。做这个工作的妇女要判断温度、浓度和可用浆水的量，这样才能制成可行的产品。这些选择与所用浆水的类型对成品的颜色和类型也有影响。消费者
88 对浆水的需求各不相同。他们不仅知道“轻度浆水”或者“中度浆水”，还了解成品的类型。

在上浆的整个过程中随时可能搞砸：浆水可能太厚或太薄，或者在热水中“变酸”，可能使衣物染上斑点或掉色。就跟洗衣过程中所用的其他化学品一样，上浆过程因为制造者还没有掌握科学控制浓度的方法而变得更加困难。到 1910 年，人们已经发明了许多设备以供机械化上浆工序。衣领与袖口通过传送带完成热浆水的浸染，而衬衫前胸部位则需使用专用上浆机进行定型上浆。这节约了不少力气，无须再用手在浆水中擦洗那么费劲了，尽管大部分的衣物还是需要用手擦涂浆水。经过了“热浆处理”的衣物要再次晾干，这样浆水不会粘在熨斗上。[52]

经过浆洗的衣物以及那些需要手工熨烫之物要在烘干柜中

晾干，而不能直接放入熨烫机的热滚轴上面。在 20 世纪 20 年代，这些柜子大多是一些封闭的箱子，里面有一个加热设备（锅炉或煤气供热管道）和一个鼓风机。最简单的方法需要工人进进出出晾挂或拿走衣物——这一场景让督查员感到惊恐，因为里面的温度经常能达到 200 华氏度或 300 华氏度。[53] 另外一种常规方法的机器类似于斯特拉特所采用的设备，有“马匹”可以滑进滑出这个柜子。当“马匹”完全进入柜子去装货时，在其背面会封上一块模板以防止热气泄漏。[54]

与洗涤和熨烫过程相反的是，烘干过程在行业文献或机器制造商的改进产品中很少受到关注。先进的洗衣房主抓住了洗衣和熨烫机器的每一次改进，却让旧式的烘干柜留存到了 20 世纪。20 世纪早期的巨大革新是长链和成套的挂钩沿着一个轨道进入柜子，这样既能维持热度不变，又能节省工人体力。[55] 尽管旋转型烘干机在 1912 年就问世了，但它们直到 20 世纪 20 年代才在商业洗衣房中得到大量运用。[56] 洗衣房业主往往忽视烘干环节，因为这些柜子不会给洗涤流程造成瓶颈问题，基本无须维护且操作简便，相较于洗涤流程的其他环节，衣物受损风 89
险也较低。

从效率和免于空气污染的角度出发，烘干室是一次巨大的进步，要比简单地在室内外晾挂衣物好多了。但是，也有一些消费者坚持室外晾干会更好这种观念。为了迎合这种想法，一些洗衣房会暗示衣物实际上是在室外晾干的。在煤灰污染或遭遇极端天气的城市里，这种做法是不太可能的。虽然这意味着工人们晾干衣物的地方就是在他们吃饭、睡觉和如厕的同一间狭小公寓房间里。[57] 在更为乡下的地方，一些大型洗衣房保留着传统的露天晾晒场。[58]

经过了烘干、浆洗以及让衣服再次湿润后，接下来就要进入熨烫室了。在 20 世纪的早期，许多洗衣房仍旧使用一种放在特殊设计的煤炭炉上进行加热的熨斗。这些炉子通常呈圆形，上面码着一层层不同重量的热熨斗，放在了熨烫室的角落里。熨烫工利用按压力和热气去除褶皱。所以许多熨斗非常重，重量在 4 到 12 磅之间，它们是根据不同的用途设计而成的。它们也需要变得干燥，通常用石蜡弄干，这样就不容易生锈，也不会与熨烫的衣物粘在一起。手工熨烫工在处理奢侈品时要用上各种不同的工具。女士服装的饰边和褶裥部分需要使用专业的工具，比如打裥熨斗（一种类似于火钳的工具）和沟槽熨斗以及折边熨斗。

发明家们一直在努力制造更好的熨斗。他们特别需要找出办法让熨斗保持温度，这样使用者才无须来回穿梭到炉子边进行加热。炉子加热的熨斗表面温度的差异跟熨斗加热时间的长短以及炉子的供热有关（因此存在着给熨斗加热以测试其热度的步骤）。在 19 世纪，制造商们制造了各种具有内部发热材料

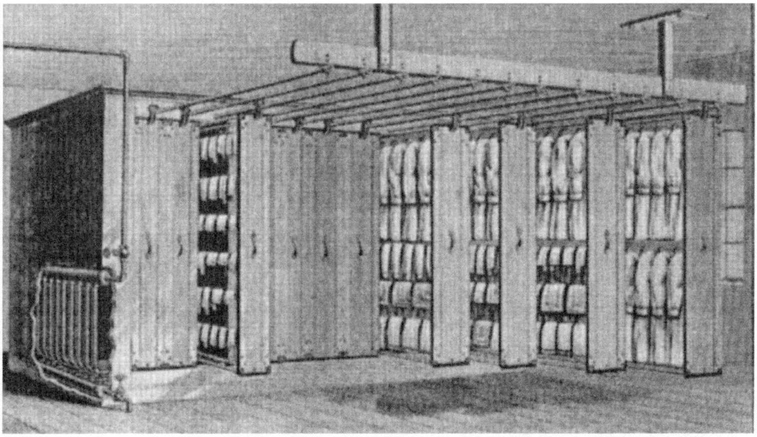

12——————甚至在机械化程度最高的洗衣房中，到 20 世纪 20 年代，使用烘干柜仍然是干燥时的优选方式。转自 The Troy Laundry Machinery Company，*Illustrated Catalogue of Laundry Equipment*（Chicago，1907），76。感谢哈格利博物馆和图书馆。 90

的熨斗。最常见的熨斗内含烧热的焦炭或金属“铁芯”。它们先在炉中加热，然后再放入熨斗中。[59]

煤气熨斗在 19 世纪末被引入。[60] 它们的优势在于能保温，还能保证某种强度。第一个煤气熨斗使用了一个可以给熨斗提供煤气的橡皮管，使得火焰可以在使用者的手边持续存在。不过，要是操作不当，这些设备会产生煤气燃烧不充分的气味。这种气味十分刺鼻以致有时候在洗衣房门口就能闻到。一直使用这种熨斗会造成各种健康问题。托马斯·奥利弗（Thomas Oliver）写道：“在访问大型洗衣房时，我被许多受雇妇女苍白、贫血的样子惊到了。她们工作的部门需要手持熨斗熨烫衣物。众多妇女因长期作业和吸入煤气而饱受头痛与眼部灼痛之苦——这些煤气既源自持续燃烧以维持熨斗温度的输气管泄漏，也来自燃烧嘴逸散。部分症状实为高温作业环境与轻度一氧化碳中毒双重作用所致。”[61]

通过安装第二条通气管可以让空气进入以解决煤气不充分燃烧的问题，但是熨烫工还是会饱受痛苦，因为洗衣房店主调
91 试通气管时可能会手法不当，或者未能换掉已经漏气的皮管或其他损坏的附件。[62] 这些设备也会发出令人不安的噪声。艾丽斯·林顿说，在她所工作的英国洗衣房中，“燃气熨斗工作时会发出尖锐的啸叫，然而工人们逐渐习以为常——女工们甚至能在熨斗的轰鸣声中放声歌唱，或是自如交谈”。[63]

由于手工熨衣速度很慢，而好的手工熨衣工又很难招而且工资很高，所以洗衣房业主希望实现机械化。不过，设计非床单等衣物的熨衣机器具有技术上的难点。直到20世纪初，大部分的熨衣机都是对熨平机稍加改造而成：衣物在加热的汽缸之间被弄平整。最早的这类设备要追溯到1875年左右，并且最初是用于衣领厂。与衬衫相比，在19世纪广受欢迎的可分离的衣领能够相对简单地进行熨烫，除非它们要求保留尖端或折痕。机器操作员只需将它们在浆洗后再次弄湿，然后把它们放进单滚轴的小型熨烫机即可。[64]

这些早期的设备本质上是床单熨烫机的变体。衣服，特别是衬衣的曲线和轮廓展现了更为复杂的设计问题。洗衣机公司与洗衣房业主利用新式设备和劳动分工去解决洗衣过程中所面临的问题。在大型衬衣洗衣房中，雇主将这一过程进行了专业化的分工：一位工人只负责熨烫袖口，而另一个则只负责袖套。尽管要在机器间来回奔走，但是计件工资的压力让工人们有动力学习如何高效地使用一台机器的方法。[65]

大部分的新式熨烫机都使用相似的设计原理：经过设计成型的用于熨烫的金属件从内部由蒸汽或煤气火焰实现加热。操作员把领口和袖口放到这个机器上，然后踩下脚踏板，打开或关上需要熨烫的衣服部位的机器。许多脚踏板都是简易的机械传杆装置，没有水压或反作用力助推的动作，这样操作员就要用尽自己的力气才能打开或关闭机器。机器上的按钮要是卡住或坏掉了的话，就会给这个过程带来麻烦。[66]

跟其他加热设备一样，熨烫机给工人的健康也带来了威胁。
92 一位督查员写道，她本来认为小事故源自缺乏经验，可后来一位跟她同行的工人告诉她："每天，我都会在另一处的袖套熨烫机上被轻微烫伤。当我问这些女孩，是否因为她是个生手，她们回答，每一个人随时都可能被机器烫伤。"[67]

伊丽莎白·巴特勒发现，尽管熨烫机有明显的优势，但是洗衣房业主有时候不愿意对其进行投资，因为它们并不是总能适应变化中的潮流。匹兹堡洗衣房业主面对顾客要求洗完的衬衣前襟应当采用"家庭式柔软处理"而非"抛光硬挺效果"时，他们遭遇了经营危机。一位洗衣房业主告诉她，令人气愤的是，顾客们反复无常的要求迫使他购买了两套价值 600 美元的胸衬压烫机（bosom presses）。[68]

在衣物经过洗衣房各部门加工后会被送到打包室。这些衣物在那里被重新整理，并且要与最初收货时的记录相比对。水洗和干洗的衣物会被放入顾客提供的篮子或袋子里。一些洗衣房希望让顾客购买特别的帆布包，因为篮子可能无法整齐堆叠，还需要铺上油纸以保护衣物。某些顾客以极具象征意味的举动，将待洗衣物盛放在自家镀锌铁皮洗衣盆中送交洗衣房。[69]一些洗衣房也会雇用女裁缝或"缝补工"，负责修补破损衣物并缝缀脱落的纽扣。尽管商家将此标榜为贴心增值服务，实则这些缝补工同时承担着修补洗衣过程中造成的衣物损坏的责任。[70]

经过精心清洗过的衣物需要更为精美的包装。至少一些洗衣房业主相信，“一个好的家庭主妇会极其关注她的亚麻品，并且把她的衣橱看作奇珍异宝箱”。衣物因此被叠起来呈现出最好的状态或把绣有花色的一面显露出来。衬衣要固定在一起，或者用缎带捆好并用彩色的纸包裹起来，以此“展示衬衫之洁白如新”。[71] 洗衣房能提供各种获得专利的包装材料：衬衣盒、衣领加固物、印有洗衣房名字的纸条，这是完美的行为。在一些市场中，出于控制成本的需要可能要求包装要尽可能地简单：物品用绳子系起来，放回到先前被一同寄来的盒子里。经过包 93
装后放入洗衣房的货车中或架子上等着被取走。之后，这些衣物被送回到顾客手上，然后开始新一轮的循环。

*

洗衣行业的机械化并不以剧烈变化为特征。大体上，这一过程是逐步完成的。这一过程的基本程序，以及本章中所描述的机器的基本情况，到 20 世纪上半叶仍为许多该行业的受雇者所熟悉。然而，这些变革的总体效应最终引发了深远影响。洗衣房中的工作流程与家庭作业的相似性越来越少。旧式洗衣房的工人们发现他们丢掉了工作，或者需要学习如何使用这些不熟悉的机器。他们也发现自己面临着新的生命安全风险。具备充足资本购置新式机械的洗衣房业主发现，他们能实现规模化经营，更意识到这些机器既能创造富余产能，又可替代高强度体力劳动与昂贵技术工种。然而他们也不断遭遇行业特殊性的多重制约：顾客送洗的衣物并不总能适合机器，规模扩张又催生新的管理困境。进入 20 世纪后，洗衣房业主仍在与这些问题
94 持续作斗争。

第四章　女性工人和洗衣行业

1906年，伊利诺伊劳工统计局问洗衣房雇主雇用女性从事大部分洗衣工作的原因。一些人肯定对这种很少——如果有的话——讨论的问题感到迷惑不解。最后，受访者给出了五花八门但又能预料到的回答。他们的回答符合各个行业雇主常用的老一套说辞："适应性更强""成本更低""更细致""更稳定""更能干""女性专属工作""女性优先"。[1]

伊利诺伊调查中所用的语言暗示着一种更大的不确定性，这种不确定性恐非这个行业的历史及其在1906年时所处的环境所能解决。英国人和美国人都在洗衣房内建立了相似的性别劳动分工。这种分工一经确立就会得到严格遵守。极有可能的是，督查员问这个问题是因为一个几乎70%为女性的劳动力群体使得洗衣房在各种行业劳动场所中显得不同寻常。[2] 此外，在其他行业中，女性可在家中完成的工作并不必然要去工厂中做。[3] 尽管偶尔雇用一些男性作为试验，但是绝大多数的洗衣房依靠女性工人完成一切工作，除了送货、维护锅炉和维修洗衣机器。

广泛的文化观念有助于界定它对一名女性和一名洗衣工意味着什么，但是这种分类并非一成不变。年纪更大、更具独立性的熨衣工、十几岁的“工厂女孩”操作工，以及严谨又谦恭的文职工人代表的是不同的类型和期待，也代表着成为在一家
95 洗衣房内工作的女性的不同路径。工人们因为年龄、工作特质和种族或族裔的不同而在自己的阶层中形成了不同的特点。雇主们也使用这些分类方法来分配工作和发放薪资。甚至改革派人士也无法超脱固有的工作成见，据此解释某些行为或引起读者们的兴趣。

这些双重身份之间的关系随着时间变化而改变，也在机构和运行机制的发展中不断变化。这场变革的核心矛盾，聚焦于占手工熨烫主体地位的已婚年长女工的职业处境的变迁。她们的技能、工作文化和经验为家庭和行业之间搭起了桥梁，也让小型手工洗衣房和大型工厂洗衣房之间有了联系。一旦在实现这些妇女的工作的机械化道路上遇到了困难，雇主们对她们的独立性与高工资要求就会持宽容态度。不过，机械化所带来的机会不仅是节省资金，它还使雇主能够雇用更符合其对女性行为规训预期的工人。一些中产阶级改革家也欢迎更为机械化的工厂洗衣房。他们认为这是一种让以获利为目的的洗衣房工作从家庭环境中脱离出来的方法，并且也是规训工人或给工人带

来秩序感的方法。

传统的洗衣工作

小型手工洗衣房（在英国叫“茅舍洗衣房”）是离家最近的商业洗衣房。它们构成了历史和技术连续性发展的一端，而另一端则是高度机械化的工厂洗衣房。在机械化流行开来之前，工人——特别是手工熨烫工——在两种洗衣房之间来回穿梭，并随身带来了他们的技能和工作文化。[4]

小企业主经常在家里或租赁房屋中开办小型企业。地下室被改造成洗衣室，而湿衣物的水滴滴落到正在厨房或起居室中辛勤劳作的熨烫工的头上。家人们吃饭和睡觉的地方的周围是人们的脏衣物和床上用品。[5]一家芝加哥洗衣房宣传自己是由一位“普通的、干爽的且使用日光漂白法的洗衣妇”组建的公司。该公司还拥有三间房屋。“洗涤工作是在厨房的洗衣盆中完成的，”督查员指出，“厕所门已经拆除，朝着厨房洞门大开。衣 96
服在房屋中间头顶的绳子上晾晒，而屋中还有两张床并且在地板上还有一张肮脏的地毯。”[6]大型手工洗衣房会使用地下室和第一层楼的店铺，但通常也是条件恶劣。

比蒸汽洗衣房有过之而无不及的是，手工洗衣房是妇女的天下。查尔斯·布思注意到了洗衣房的差异："在有机器运转的地方，洗衣工通常是男性，而在手工洗衣房中，男性通常只做捣衣工，他们会拿着叫作搅拌棒的物件干些在大洗衣桶中锤打或捣搅衣服的工作。"[7] 在其他手工洗衣房中，就只有妇女在木桶旁辛勤劳作了。

手工洗衣房的工作主要属于成年已婚妇女。[8] 没有机器的地方，也就没有给年轻女孩的工作。在洗衣流程的一个终端，是对强大的体力和耐力的要求，要将无数浸满水的亚麻布从一个水槽搬到另一个水槽，反复搓洗和拧干。另一个终端，则是熨烫工作对技巧和强健体魄的要求，因为工人要在一天长达 12 个小时的劳作中操弄沉重的熨斗。

弹性工作时间有助于手工洗衣房招募工人，这对已婚妇女是有吸引力的。如果一位洗衣工人需要照顾生病的孩子或处理家庭突发事件，她们就可以晚点来上班。雇主们按件付费，所以晚到的员工可以加速工作以弥补损失的时间。另一方面，这些雇主也期待着工人们能在周五和周六加班，直到她们把一切都准备妥当为止。在拥有大量这类洗衣房的社区里，经常能看到妇女们在午夜甚至更晚些时候出现在街头。工作经常是季节性的。许多工人依靠周期性的洗衣房工作过活，恰好与男性失业率波动相吻合。[9]

尽管这种形式的洗衣房工作在大西洋两岸看起来都是再

普通不过的事情，但英国的改革家对其进行了更为详尽的检视，也使用了更具批判性的目光。[10] 他们把手工和“茅舍洗衣房”归类为血汗劳动（sweated labor）或家庭劳动。[11] 改革家们发现这种类型的工作对工人及其家庭的身心健康有着恶劣的影响。作为中产阶级消费者，他们质问一个以制造清洁为主要业务的行业是否可以在这种环境下进行。在他们的报告中，他们强调了工作场所的极度肮脏，工作和家庭生活的混杂，以及尽管有不少缺点却让妇女们不得不屈服的恶劣环境。一位妇女告 97
诉皇家劳工调查团（Royal Commission on Labor），在她所工作的“茅舍洗衣房”中，“洗涤工作在厨房完成，熨烫工作在前厅完成，烘干工作也是在那里”。虽然洗衣房中异常寒冷并且有生活在那里的六七只猫和两只狗散发出来的恶臭味，但她还是坚持留下来了——主要是因为洗衣房就在她家附近。[12]

洗衣女工也招致了其他的一些批评，只是不像争论血汗劳动那样典型。不少观察家都认为，她们性喜饮酒，经常养着无能的、言语粗鲁的且好动手打人的男人。一位评论家很好地将这些批评声总结为：“在阿克顿（一处有很多洗衣房的社区），妇女们都会饮酒，但是她们会工作；男人们也饮酒，但是不工作。”[13]

洗衣从业者喜欢将自己描述为这些妇女的不幸受害者。直到 19 世纪 90 年代中期，英国行业期刊还经常刊登不少关于女性洗衣工暴力犯罪的故事。许多故事情节都在 1887 年 8 月 15 日的一个传奇故事中得到映照。这一期的《洗衣杂志》讲述了一位“醉醺醺的女洗衣工”尝试攻击她的男性上司的故事。这位上司宣称在他拒绝了她要钱的请求后，这位妇人就拿着斧头追赶他。[14]1887 年，洗衣房业主用这种成见反对将洗衣工人纳入《工厂法》的保护范围。一本行业期刊的编辑提出 ：“《工厂法》是为了保护年轻人和弱者……洗衣工人不仅强壮，而且她们会毫不犹豫地、冷酷无情地用力气去做些能折磨她们的雇主的事情。”[15]

因为洗衣女工以供养无能的男人声名狼藉，所以其他人把她们的独立品质归为她们缺乏合适的男性监督和家庭性别倒置的结果。不过，一些评论家质疑了其中的因果关系。尽管认可许多妇女去工作是因为她们的丈夫在某种程度上的确丧失了
98 劳动能力，但这些观察家提出，游手好闲的男性依附于洗衣女工是因为他们知道，这些妇女跟女售货员和许多其他操作员不同——她们可以挣得足够的工资供养一个没有工作的丈夫。雇主和中产阶级改革家在谴责这样的男性操纵女性的情感时，经常反复做出一些评论，比如，“洗衣房这个地方……成了有着游手好闲、病恹恹、醉醺醺或好吃懒做的丈夫的妇女之地”。[16]

英国社会之所以格外强调洗衣女工的这些特征，或许是

13——————在手工洗衣房中，洗衣工作仍旧是在水中浸泡并且在架子上晾晒。这种 20 世纪早期波士顿地区洗衣房内宽敞的特征掩盖了这些企业在运行中所包含的令人痛苦的环境。Currier Photo, ca. 1905, courtesy of the Library of Congress Photo Collections. 99

因为它们深深植根于本土文化中早已存在关于洗衣妇的刻板印象。[17] 大众有时候把她们的特点简化成一种形象：与其说她们并不瘦削、矮小和虚弱——虽然这也是她们中许多人的特点，不如说她们是些身材魁梧、乳房高挺，比男人还高大的妇女——如果是母亲的样子，那就变成助弱扶小或厉行惩戒这种阴晴难定的形象了。

在 1893 年之后的一系列报告中，英国督查员指出，未机械化、手工或“茅舍洗衣房”的转型不仅标志着技术上的分化，也是洗衣工身份的一次转变。督查员欢迎机械化和工厂纪律的实施，相信这些新的工作场所将给家庭和工作带来更为清晰的分界线，消除工作室中工作时间的不规律性，并改变工人吃喝与睡觉的习惯。他们为酗酒成性、满嘴粗鄙的已婚洗衣妇这类产业工人形象的消亡而欢呼，却时常忽视这样一个事实：那些取而代之的规训有素的“工厂女孩”，往往薪酬微薄且未达到法定年龄。[18]

1907 年，海伦·博桑基特（Helen Bosanquet）发起了一场硬仗，要求将《工厂法》的适用范围延伸到洗衣房。她指出了机械化和社会管控之间的相似性，并对劳动力结构的转变表示欣慰。“许多旧式的工人反对在现代洗衣房中的诸种限制，”博桑基特写道，“但我认为，毫无疑问的是，目前这一代的洗衣工人更为稳定，更为节制，也更有效率，并且每个方面都比在旧式的、没有规矩的洗衣房中成长起来的那代人更值得信赖。”[19]

在《迷失在伦敦》（*Off the Track in London*）中，城市编年史学家乔治·西姆斯（George Sims）描述了当他在20世纪头十年中游荡在“洗衣房之地”时与这些场景相遇的情形。这一景观发生在洗衣妇的家中。这些洗衣妇在她们的地下室里工作，并且在屋子里挂满了洗涤的衣物——这是一个正在消失的“物种”。“在远离拉蒂默路的地方，”西姆斯写道，“巨大的蒸汽洗衣房雇用了一小群年轻女性。她们在午饭的时候会出现，并且让戴尔地区（Dale）的每一条街道都成为白色围裙之林。”[20]

随着蒸汽洗衣房向曾经被洗衣妇和手工洗衣房占据的社区推进，越来越多的女性要在新式洗衣房中找工作了。实际上，100
手工洗衣工和机械洗衣工人之间的差异要比博桑基特等人所暗示得更为模糊。那些在手工洗衣房中搅拌洗衣桶的妇人们基本消失了，剩下一些可怜的、年老之人被蒸汽洗衣房留在洗衣室的角落里处理精细衣物。[21]不过，在1910—1920年，许多蒸汽洗衣房只是部分地机械化了熨烫环节。它们还要雇用大量的手工熨烫工去处理那些不能在熨烫机器中加工的衣物。[22]

这些女性大部分是洗衣房内拿最高工资的工人。熨烫工的收入比抖衣工（shakers）和机器操作工的收入高得多。按大部分人的估算，后者的收入太低以致无法生活了。1911年参议院研究发现，在一些美国城市中，女性洗衣房雇员的收入每周只有 6 美元。这比人们广泛认可的维持生活的最低收入每周 8 美元还要低。与之相反，一些手工熨烫工每周收入多达 15 美元。[23]

洗衣房业主为她们和其他人所称作的技能——一种在工业背景下通常并不被归于其他女性工人所有的品质——偿付工资。跟被设定为“有技能的”男性工人一样，熨烫工能够通过专业化的训练而获得知识和能力，而这是未经训练的工人无法直接获得的。[24] 除了 6—12 磅的熨斗，她们还使用各种辅助设备，比如，摺缝机（crimpers）和烫皱褶熨斗。用唾液测试熨斗是一种程式化的行为，但对这些女工有实际作用，她们需要仔细判断熨斗的温度——太烫的话会烧伤衣物，而太凉的话就要经常回到炉子处去拿别的熨斗，时间就被浪费掉了。这份工作的问题在于因为许多物件在最终环节需要浆洗，有时候还要添加别的化学剂——操作不当还会烧坏衣物或造成衣物变色——而变得复杂起来。熨斗要经常用肥皂和石蜡混合物维护一下，以防止其生锈或产生黏性。火炉加热的熨斗不会散发有毒烟气，但会造成额外的工作量。一家采用混合方法的洗衣房在其年度报告中指出了其中的不足：“每一位妇女都被允许使用在铁罩保护下的单喷嘴熨斗。无论何时她要更换熨斗，她必须绕过熨烫台，通常要穿过半个房间去拿一个新的熨斗。这既耗时间，也费精力，并且它也导致了熨斗冷却过快。”[25]

14——————大型商业洗衣房中手工和机器熨烫工作同时进行。转自 G. Cadogan Rothery and H. O. Edmonds，*The Modern Laundry*，vol. 2（London，1902），351。感谢哈格利博物馆和图书馆。 101

这与许多妇女在家中所做的并没有什么太大的区别。不过，这些熨烫工是在一个非常闷热的房间里快节奏工作的。通常要10到12个小时才换一次班，而且在高峰时期，工人们要在洗衣房中待到后半夜。最受重视的是那些能够保持高度稳定产出的工人。受损衣物不能简单地被当作垃圾丢弃一旁。它们属于某个会对此要求解释并提出赔偿之人，甚至可能因此不再光顾这家洗衣房。

洗衣房业主一直在抱怨优秀熨烫工的短缺，以及为了留住
102 她们需要支付的高工资。有价值的工作技能让熨烫工有了跟雇主谈判的空间，这是操作工学不来的。伊丽莎白·巴特勒被告知，熨烫工“以不同寻常的独立性而闻名。她们在感到被冒犯时会立马走人，也很容易通过时而与这个雇主，时而与另一个雇主讨价还价的方式来增加她们的收入”。[26]

尽管在许多行业中，性别化的劳动分工对女性不利，但是洗衣房工作中严格的性别要求有利于女性熨烫工取得高工资。围绕着学习过程而展开的以性别为基础的边界是女性们保持对这种技能控制权的方式之一。无论在厨房还是在工作室中，女性都要从其他女性那里学习熨烫技能。正如男性可以学习锤子和凿子的使用方法，女性熨烫工则要学习使用各种熨斗——这些工具与她们的性别密切相关。机器操作工也可以说具备技能，但关于机器的知识主要源自男性管理者、机械销售员和设计师。

虽然熨烫工作被看作家庭活动，但许多妇女还是从正式或非正式的学徒身份中学习如何熨烫衣物。这个过程是她们有意识地效仿男性学习其他工作技能的方式。[27] 一些人要为她们的培训经历付费。收费者有可能是一位掌握技能的工人，也可能是某家店铺中的女领班。在一些洗衣房中，对这种学徒身份采取了严格的管理方式。一位洗衣房业主告诉一个英国议会调查团，所有在他的洗衣房中从事学徒工作的熨烫工都曾被分配给一个熨烫工，而后者每周会被给予 2 先令的教学费。这位教师也会先扣下一位在学徒期的女孩所挣得的收入，并且由这位教师本人负责安排再分配给她的学生多少钱。其他店铺的学徒期还会更长，而且教师会收下该学生交纳的长达三个月乃至更长时间内的费用的某些份额。[28]

为培训而付费并不能保证成功。1912 年，一位纽约曼哈顿西区的哈里森夫人因家庭境况而被迫出来找工作。按照一位了解她的情况的社会工作者所述，时年 37 岁的哈里森夫人得到了一份收入最低的洗衣房工作，并且“很高兴可以在家门口旁边的洗衣房里抖床单。这是一份每周 4.5 美元的工作”。[29] 哈里森夫人明显需要更多的钱，可能是为了维持家庭的开销。而慈善组织为她安排了一个长达三周的熨烫工培训，这样她就可以做更多的有技术的工作，获得更好的报酬。三周是在这家洗 103
衣房中最短的培训期了。[30] 哈里森夫人在两周的尝试后，认定自己“年龄太大而无法学习”，然后就又回去抖床单，拿旧工资了。[31]

与男性工人一样，技能不仅带来了更高的工资。而且在工作地点内外都赢得了独立、地位和尊敬。与此相反，一位“有技术的”女性工人则在19世纪后期的盎格鲁－美利坚文化中承担着内在冲突的角色。从文化角度理解女性和技能型工人所具有的性别角色时，有时候二者之间呈现直接的对立关系（在许多方面，二者今日依然如此）。她应当如何行事呢？她应当看起来像个男人吗？她能饮酒、骂骂咧咧对付老板的同时，还能维持她的社会地位吗？她应当为所拥有的技能感到骄傲吗？她能在准备做“第二份工作”时把这份骄傲带回家吗？管理层该如何应对这种工人？男性对男性，还是男性对女性？中产阶级对工人阶级？

最终，每位女性都找到了各自应对这些问题的方式。她们的抗争得到了某种工作文化的支持，这种文化强调在与雇主互动时保持尊严和反抗精神，车间女工之间依照技能水平形成等级秩序，并能策略性地协调家庭与工作的矛盾需求。

让许多改革家和雇主们感到苦恼的是，熨烫工和年龄更大的妇女看起来是将手工洗衣房中的工作文化引入蒸汽洗衣房的“罪魁祸首”（包括饮酒行为，以及对雇主所要求的准时性和其他工厂纪律的故意无视）。雇主们对这些态度和行为时而容忍，时而利用，时而又试图彻底扼杀。

在一些洗衣房中，技术型工人无视日程安排的问题非常严重，以致雇主需要用奖金作为激励手段。那些能规律地、准时地来上班的熨烫工会得到每周 1 先令的奖金。雇主在 12 月开始提高薪资，如果在来年的八月时仍在公司工作的话，就会一次性付清这笔费用。[32]

如果雇主想让这些工人听话，常见的手段是采取一种罚款体系。妇女工业理事会（Women Industrial Council）发现，“在一些没有罚金的洗衣房里，工人们如果不遵守规定，会直接被开除，但是在其他的一些洗衣房中，烧坏一块熨衣板会被扣 104
罚 6 便士。熨烫工们经常因为烧坏衣服或成双成对下楼梯而被罚款。”[33] 同一个调查还发现，其他的雇主并不会像对待转包商那样采取非法的手段来对付她们，以削弱这些妇女的独立性。熨烫工会因使用材料和工具而被收费：“人们抱怨因为使用煤气熨烫而按照每磅 1 先令的价格扣费，等等，甚至这周没有使用煤气也会被扣费。关于熨烫板使用扣费问题，在一些洗衣房中，每周扣 1 便士，其他一些店中是每周 6 便士。”[34] 对在做工时间磨洋工行为加以控制的一种办法就是按件付薪——在世纪之交时得到广泛应用的一种惯例。

洗衣女工更喜欢前工业时代的工作习惯。在机械化应用更少、更为传统的洗衣房中，工人们经常收到一桶啤酒作为部分工资的替代。这种啤酒是在闷热、沉重的工作中消渴用的。[35]伴随着机械化的引入，一些雇主努力在工作场所消除酒精饮品。其他一些雇主则继续提供桶装酒或瓶装酒，或者他们会直接对酒精饮品视而不见：这种适应性行为带来了平静，也减轻了他们提供新鲜凉水的责任。[36]那些反对在工作场所饮酒的人认为这是一种前工业时代的习惯。他们看到了醉酒与机械事故之间的联系，以及酒精的存在象征着对工厂纪律性的削弱。

许多年长的女工依然饮酒。一位美国督查员从“浆洗工头”那里得到了答案。她们的行为被督查员描述为“从容优雅”：“她们（工人们）并没有把这种行为看作背着老板饮酒，但是她们只是不想让他知道。”[37]在许多洗衣房里，代际之间出现了差异。同一个督查员访问了另一家洗衣房。在这里，自来水的味道馊臭难闻，无法饮用。年青一代的女工喝瓶装苏打水，而年纪更大的女工则喝啤酒。[38]

技能型工人也需要服从同伴雇工的要求。这一点在午餐时间最明显。在一些洗衣房中，高工资者与低工资者分开坐。克拉克和怀亚特描绘了另一家洗衣房中的场景。在这里，“高工资者虽然经常用沙丁鱼、蛋糕等吸引挣 5 美元工资的女孩，但她
105 们也习惯派年轻女孩去熟食店取午餐，或去酒吧拿啤酒……对于这些工作，女孩会每周因干这种跑腿杂事而从每一个获得好处的妇女那里得到 10 美分”。[39]

当许多督查员在观察手工熨烫工时，后者已经是一个濒临消亡的“物种”了。伊丽莎白·巴特勒描绘了这种新式机械化的工作场地：“当你进入一家洗衣房上层的熨烫室时，会听到皮带传动的声音，以及翻转滚筒发出的不规律的声音和金属压片急促、快速的按压声。”所有的工作都被分成可快速操作的部分。“没有女孩可以一个人完成熨烫工作，”巴特勒说，“反而，她会做的是熨烫一个袖口，或一个领口，或一条领带，甚至是衣领的一面。”[40]

正如在其他洗衣房中那样，机械化意味着工作的碎片化，技能型工人对非技能型工人的替代，以及前工业时代工作文化的逐渐消失。不过，因为这种模式在洗衣房中大显身手，男人们并没有期待会有显著作用——女人代替了女人。特别的是，年轻的、单身的操作工代替了中年的、技能型工人，并且拿最高工资的工作从做手艺工作（熨烫）的女工手中转到了从事文职工作（核验和标记）的女人那里。

机械化是一个渐进过程。随着技术变得唾手可得，一些洗衣房紧紧抓住了机会，而另一些则只是部分实现了机械化，甚至一些毫无机械化可言。这一过程的渐进性本质的原因是复杂的。技术本身并非没有问题。一个工作中发生严重失误的工人可以轻易被替换或解雇，但是一台有毛病的机器要想维修或替换，那代价就很大了。此外，熨烫机是为特定工作设计的，每一个都只适用于一种特别设计的服装：圆领、尖领、平褶、抽褶。当潮流变迁时，一个技能型工人可以轻松应对。对于机械化的熨烫室，潮流的变化意味着要添置一台新机器。

跟其他中小型企业一样，许多洗衣房都是薄利经营。在 1910 年左右，只用于工作步骤中的一个任务的机器需要花费数百美元。部分企业主根本无力承担此类投资，因此机械化进程的滞缓，某种程度上正是源于这些小业主等待二手市场出现
106 可用设备的被动观望。

雇主决定实现机械化不仅在根本上改变了工作完成的方式，也改变了劳动力的本质和洗衣房内工人之间的社会关系。尽管洗衣房的所有工序都能实现机械化，但引入减轻高强度体力劳动的机器，与取代熟练工人、分割生产流程的机器所产生的影响截然不同。第一次世界大战前，塞西尔·罗伯茨在安装一种新式熨烫机时发现了这种差异。他最终得出的结论是："尝试将有经验的手工熨烫工变为一名机器操作员是一个错误——最好是训练先前没有经验的年轻女孩。"[41]

让技能型劳动过程实现机械化的动力与结果是复杂的。进一步讲，在安装机器时，洗衣房业主不确定对其作用的期待与实际达成的结果是否相一致。某些证据显示，机器并不能显著降低成本。1920 年美国动力洗衣房普查显示了工资在整个成本中所占的比例。1909 年，工资构成运行一家洗衣

房成本的50.6%。到1919年，这一数字只是些微下降，达到48.9%。[42] 此外，购置新机械的成本抵消了劳动力成本节省的大部分收益。最终，洗衣房业主确实实现了人力成本的压缩，但机械化的动因远比这简单的经济账更为复杂。许多洗衣房业主并没有商业悟性能够计算出为他们的洗衣房配备机器所带来的准确的经济价值。但是，他们相信，机器能够给他们挣钱并且帮助解决劳动力问题。这就足够了。

机器所带来的最明显的益处就是工作完成的速度在加快。熨烫室长期以来都是洗衣房的瓶颈所在。R.W. 巴伯先生带着《洗衣杂志》的编辑进行了一次斯皮尔和庞德公司（Spier and Pond's，伦敦最大的一家洗衣房）之旅。"在离开前，"这位编辑说，"我看了看庞德先生为之骄傲的加工成品。'我们做出了很多这个级别的成果'，他骄傲地指着一件女士晚礼服上的真丝花边说道。'当然，我们收费公正——这个至少半克朗——但是这种做法令人担忧。你要是不能有足够的帮助的话，它就会阻碍所有其他工作的进行。我最喜欢衣领和袖口——我们能通过 107
机器完成。某一天，极有可能我的理想（全机械化）将要实现，但是——瞧瞧这景象'，他指着长廊两侧手工熨衣的工人们叹道，'手工熨烫的活计还多着呢，不是吗？'"[43]

洗衣房业主也发现机器是解决难以预料的过量工作这一长期存在问题的办法。大部分洗衣房无法控制每周都涌入的一捆

15——————手工熨烫在根本上是与衣领塑形器这样的机器熨烫不同类型的技术。彻尔特汉姆熨烫炉（Cheltenham ironing stoves）转自 W. Summerscales and Sons，Ltd.，Calalogue（1897），78。衣领塑形器转自 Troy Laundry Machinery Company，Catalogue，1915，n.p.。感谢哈格利博物馆和图书馆。

108

捆衣服，他们只能粗略地估计一下。特别是熨烫工要在周四和周五晚上待到很晚。尤其是在英国，十小时工作法和针对女性的晚间工作的限制规定有效地终结了这种惯例。机器提供了另一种创造额外生产力的途径。

机器也让管理者能够把工人调动起来，所以在一位技术型工人突然流失时不会造成工作的某一过程停滞下来。（人们通常认定的）专家就是机器。更准确地说，熨烫机器解决了人们委婉所说的“人事问题”。管理层不再需要为了雇用合适的技术型工人而面对无尽的麻烦，因为这些工人了解她们能力的价值，并且经常倚老卖老或充满自信地决定自己的工作流程以满足自己的需求。在购买了机器后，雇主能够用听话的、没有技能的青少年和单身女性来替代这些妇女。

颇有特点的是，美国人对机械化的热情要比他们的英国同伴大。比如，英国改革派人士对外国制造机器的崛起浪潮所带来的卫生问题感到焦虑。人们注意到，“新的、精巧的发明物不断出现，其中不少源自美国——这类机械的进口量着实可观”。[44] 在英国，传统洗衣妇的形象所具有的文化反响既沿袭了旧有的习惯，也增加了对机械化的热情。充满活力的、独立的洗衣妇成为英国大众文化中固有的形象。她最后的避难所就是蒸汽洗衣房的熨烫板。她激起了强烈的情感——既来自她的钦慕者，也来自她的贬低者——这在美国文化中没有等同者。英

109 国洗衣房业主不断地抱怨说，要是她能要得更少，产出更多，辞职更少，普遍行事温顺、谦恭的话，他们是愿意让她继续干下去的。[45]

《洗衣杂志》的这位编辑根据普查数据报告说，伦敦的洗衣房雇员的年龄由于机械化的引入而呈下降趋势：1891 年时，21% 的劳动力的年龄在 25 岁以下，到 1901 年时这一数字上升到 34%。[46] 接下来的 20 年将见证更大的变化。尽管无法在同一时期美国的洗衣房中获得类似的数据，一些零散的证据显示出美国具备类似的特点。[47] 在美国，就在白人女性在其他行业中找到了工资更高的工作时，非裔美国工人不断流入洗衣房行业也成为机械化趋势的标志。

随着洗衣房中操作员所占比例的提高，工资与生活成本相比，停滞不前。一个 1918 年对纽约洗衣房的调查显示，单身女性每周维持生活的最低工资为 11.7 美元。这个报告还显示，四分之一的工人挣得的工资在 6 美元以内，一半的工人挣得的工资在 8 美元以内，而五分之四的工人挣得的工资在 10 美元以内。只有 20% 的工人挣得了足够维持生活的工资。[48]

机械化直接的影响是工人所处店铺等级的变化。在大部分洗衣房中，机器操作员并没有进入社会等级或工资等级的最高级。尽管雇主认为，机器操作员在经验和能力方面具有“技能”是重要的，但他们更多是对其进行控制而不是索取。机器操作员并没有在她们母亲的厨房中学会这份工作。年轻和力气要比经验和技能更重要。

不过，如果认为技能是对工人内部进行区分，或是雇主和改革派人士对其进行区分的唯一方式，那就大错特错了。种族、族裔、阶级、年龄和行为举止都会影响雇用机会、工作的分配，以及工人之间和工人与管理层之间的关系。大部分英国洗衣房的劳动力在种族和文化上具有同质性。与之相反，建立在种族和族裔基础上的区分，又进一步让美国洗衣房中的情形变得复杂起来。许多美国雇主相信，在族裔、种族和技能之间存在着 110
某种联系。他们更喜欢北欧或东欧人——爱尔兰人、德意志人、波兰人和英格兰人——而不是南欧人或非裔美国人。在 1915 年前后，大部分在美国东北和中西部地区的洗衣工人都具有北方欧洲血统。尽管意大利人和俄国犹太人在服装贸易上具有优势，但他们在大型洗衣厂中的存在几乎微不足道。[49]

同样，在 20 世纪 20 年代之前，美国洗衣房业主非常不愿意雇用非裔美国妇女在洗衣房中工作，尽管这些妇女作为洗衣女工从事家庭劳动很是流行。纽约的慈善组织协会（Charity Organization Society）为非裔美国妇女和白人妇女提供洗衣工作培训，但没有为非裔美国妇女在商业洗衣房中找到一席之地而感到烦恼。洗衣房业主没有对此进行什么解释，即使人们可以猜到顾客的喜好和偏见，以及其他雇员的偏见都是其中的原因。

洗衣房业主同样存在对非裔美国工人的清洁性和可信赖度的成见。他们也担心他们的顾客会对非裔妇女处理自己的私人物件心存芥蒂。[50]

雇主在种族和族裔上的偏见也对洗衣房内某些任务的分配产生了影响。每一位经理、领班或女领班在决定什么样的群体最适合什么样的工作方面具有自行决定权。在一家匹兹堡洗衣房安装了熨烫机后，一位领班告诉伊丽莎白·巴特勒："没有美国人能站在这里。我们不得不使用匈牙利人或其他外国人。"（巴特勒指出，其他的洗衣房却发现美国人最适合这种机器）。[51]工资上的差异也反映了这些偏见。非裔美国工人和意大利工人在做同样的工作时得到的报酬通常要少于来自北欧的工人。[52]

那些经营着自己认为"高等级"的洗衣房的雇主也愿意为身处某种等级或具有某种社会特征的妇女支付更多的工资，而不在意她们能够提供什么样的工作成果。一位本地的白人妇女因为她丈夫的遗弃而被迫进入劳动力市场。这位妇女告诉参议院督查员，"更高水平的洗衣房会雇更高阶层的女孩，并且工资更高，也会干些比其他工作更轻松的活儿"。[53]隐藏在这种
111 说法背后的意思是，要成为"更高阶层的女孩"就意味着，即使不是本地人，也要成为白种的北欧人，并且还要受过某种教育。本地的妇女似乎特别反感在工作场所与其他族裔群体混在一起。

对于英国雇主来说，“更高阶层的女孩”字面上意味着来自工匠和中下产阶级的女性。她们的“教育、品位和精致感”让她们成为与阶层更低的工人阶级姐妹相比更具韧性、更为勤奋的雇员。[54]“以熨烫室为例，”一位洗衣房男工在为劳动妇女所办的期刊中说，“谁能比一位女士更适合这份工作呢？”在他所列举的理由中，他表示，一位阶层更高的女性会对工作有献身意识。他相信，她不会“在周中突然丢下工作。她也不会因为单纯的烦躁不安或与同事不和而对她的雇主造成严重的伤害。这绝对不是一位受过教育的女性会做的事情”。[55]在多数情况下，她也不愿接受洗衣工作所带来的微薄的薪资、社会的歧视与繁重的体力劳动。他的这种说辞很可能没有吸引到他想找的那类女性。

雇主也按照行为举止对女性进行了区分。在雇用操作员和熨烫工时，他们经常会略过那些符合中产阶级女性标准的妇女，而偏向于那些看起来能吃工作之苦的女性。凯瑟琳·安东尼反对这种雇用人的方式：“在其中，女人跟男人一样，经常是‘爱出风头之人’得到工作，而不是那种勤奋的、稳定的工人。”安东尼举了两位妇女的例子加以说明：卢登夫人“骨子里就没有懒惰的想法”，但是“具有易害羞，好认错的性格。这在找工作时是个很大的劣势。虽然申请了一家又一家的洗衣房，但她总是被拒绝”。另一方面，一位年轻的斯奈德夫人“行事鲁莽，但笑容迷人，这让她看起来‘即使被拒绝20次，也能够拿得起放得下’”。[56]

在伊丽莎白·巴特勒所造访的高度机械化的洗衣房里，“普遍来看，工资支付的对象是这个女孩，而不是其所处的职位。特定的工资数依申请者的形象，她的敏捷性、规律性以及议价
112 的能力而定”。[57]年龄看起来也是一个因素。同一个调查还发现，整体来看，超过三十岁的女性在每一个工作种类中的同一个任务里挣得比年轻些的女性要多。非常年轻的操作员是这个体系最大的受害者。雇主经常敲诈她们，让她们干几个月的活，却只支付“学徒工资”。这个现象把洗衣房与其他行业显著区分开来，因为在其他行业中实行计件工资并降低技术难度，这让年轻人的工作速度和忍耐力成为更高工资的保证。

与上述种种差异相比，英国洗衣房员工构成的更高同质性究竟对车间文化产生了何种影响，这很难下定论。在《英国洗衣女工》（*English Laundresses*）一书中，帕特丽夏·麦科姆森（Patricia Malcolmson）说，许多英国洗衣工将她们的工作地点描述为“似家一般”。然而，根据她们的自述与改革者报告中的描述来看，这种比喻并非指“温馨舒适”的特质，而是暗指厨房等女性劳作场所中工作关系的复现。在一定情况下，英国雇主与他们的美国同行相比，更明显地采纳了维多利亚时代家庭那种父权制传统。比如，英国行业期刊固定刊登雇主为他们的

职员举办聚会的新闻。《洗衣杂志》曾以热情洋溢的笔调，详尽描述了某大型洗衣企业老板之子诺曼·雷恩特里（Norman Raintree）成年礼上的盛况——所有员工都沉浸在显而易见的欢庆氛围中。[58]

英国洗衣房中父权制氛围最浓厚的展示之处是在公司的年会上。这些聚会通常在行业里被称为“豆宴”（bean feasts）。它构成了雇主、经理与雇佣劳工进行社交混融的特殊场域。这些庆典活动在大型洗衣房中都有。在 1907 年 1 月 19 日那期的《洗衣杂志》中，一批聚会活动得到报道，其中包括拉奇福德蒸汽洗衣房联谊会（Latchford Steam Laundry Social）和卫生洗衣房联谊会（Hygienic Laundry Social）。[59] 当许多英国洗衣房宣布由于爱德华八世国王的加冕礼而取消年会活动时，一位匿名作家在一篇为行业期刊写的文章中警告：“并不是每一个雇主都能意识到这些‘豆宴’的巨大商业价值。在雇主和雇员之间产生的良好情感将有利于公司的齿轮顺利运转一整年。”他用一种略 113
微带有维多利亚式一本正经的态度补充说：“如果管理得当，毫无理由会认为这些聚会会堕落成狂欢活动。”[60]

“如家一般”看起来并不是美国洗衣工人用来描述他们的工作场所的词语。毫无疑问，一些美国雇主会用郊外野餐或者是萝卜加大棒式的父权制身段“招待”他的雇员们，但是这些手段并非这个行业文化中成熟的做法。在这些洗衣厂及其他类似工作场所，族群差异——后来更升级为种族隔阂——形成了一道深刻的文化鸿沟。雇主们从未将这些工人视为自家人，而工人们对此种“家庭幻想”的抵触情绪，恐怕只会更为强烈。

在劳动力中的这种异质性和同质性互动所产生的效应中，最明确地表现在管理过程中所秉持的在性别上的区别对待。在英国洗衣房中，经理们通常是妇女，而大部分美国的经理则是男性。美国的女领班会负责对一个部门进行监督并经常与其他工人一起工作。与此不同的是，英国的女经理们通常会管理除了洗衣室和工程师负责的蒸汽车间以外的所有部门。[61] 这种不同说明了在文化上具有同质性的工作场所的本质：女经理是从她的阶级地位中获得权威性的。[62] 虽然美国洗衣房具有多语言性、文化多样性的氛围，但是许多工人在方言和举止上的微妙差异已然丧失。大多为男性的美国经理其权威建立在性别这一更显性、更易被社会认可的区分维度之上。

在英国，女性经理之所以被雇用是因为她们出现在洗衣房中对商业的运转有好处。她们工资远比男性同事少，却能与女性顾客和工人用她们都能明白的话术交涉。在某些情况下，某些洗衣房中，她们甚至能被期待着在极其忙碌的时候分担一些女工们的工作，而这些工作则被认为是与男性经理身份不符的。她们的管理方式很可能也有鲜明的性别特质——更依赖协商与隐性施压。1890 年 8 月，《洗衣杂志》要新时代洗衣房

的普伦斯女士（Miss Prince）说一下她作为女经理“成功的秘
密”。“首先，时刻警惕。”她回答，“其次，行事坚定。我的意 114
思并不是说待人严苛，但我总是直来直去地说话。”[63]“待人和善”的问题不太可能在男性经理的考虑范围，这不是因为他们与女经理相比本性不善良，而是因为他们通常把女性工人看作“他者”：一大群可替换之人，是让整个工厂有效运转的“分子”罢了。

女性经理也能承担守卫者的身份，防止出现某些美国洗衣房中常见的性骚扰和性偏袒现象。多萝西·理查森谈到了一位别名“女王”的受宠儿。这位“女王”在纽约的洗衣房工作，跟理查森是同事。身材高大且有着金色头发的“女王”成为男领班的心腹。在他不在时，她就“掌控大权”，也因此让其他工人们嫉恨不已。[64]

尽管她们具有权力，但是（男性和女性）经理们最终还只是雇员而已。甚至那些心怀善意者也只能在洗衣房里执行雇主的政策。无论是工资、工作时长还是工作条件，他们都改变不了什么。

女性经理与她们的男性同侪和监督者还有其他的矛盾。不管是不是经理，她们都是女性，并且生存在“洗衣从业者”构建的男性商业文化中，而她们的存在又让男性同事们焦虑不已。在 1899 年全国洗衣房行业保护协会（National Laundry

Trade Protective Association）的晚宴上，一位罗伯茨先生被要求向“女士们”致意。这位罗伯茨先生用“假意恭维”遮掩他的敌意。据他说：“洗衣房的女士们看起来极其严肃、极其公事公办，以致不知道是应该用严肃的方式，还是插科打诨的方式来对待这些人。不论如何，在洗衣行业，女士们是必要的存在，因为这个行业没有她们就不行，并且这个行业还存在着一个问题，即男士们或女士们谁更重要。”[65]

20 年之后，当女性经理们从洗衣行业委员会中被排斥出去时，洗衣房业主采取了一种更温和的策略。一位著名的洗衣房业主休·特伦查德“坦诚”地说：“如果我跟工人们发生矛盾，我会把自己锁起来，让我的经理们对付他们。”雇主们认
115 为，这些女性能够让工人们冷静下来，能够吸引政府代表，从而解除这个行业所面临的威胁，因为这篇文章的作者建议说：“我们随便哪个人，至少都能说出几十个女人——论经商能力之强、手腕之高，几乎能把联邦委员会里随便哪个男人打得落花流水。”[66]

关于“女经理”属于中产阶级还是工人阶级，洗衣房业主对二者之间微妙的界线并未达成一致。休·特伦查德表示，他喜欢的“女性应当来自这样的阶层：一位小商人的女儿或这个阶层之人……如果是淑女的话就不好使唤了——她身体力气不足，也没有在早年经历过长时间劳作的训练”。他接着又给自己

的评价做了限定："不过，用一个赛马中的术语来讲，比起一双粗糙的手，你需要的是更多的热血。"[67]其他人则直接从中下阶层中招募人手。简单来讲，这类人就是洗衣从业者用一种粗俗的话所说的"垃圾女孩"（waste girls）。[68]这些中产阶级女性经常地被称为"多余的妇女"。她们通常是被迫出来讨生活，因为她们由于合适的男性数量不够而无法结婚。[69]洗衣从业者和一些为女性出版物写作的专栏作家认为，洗衣房管理层为妇女提供了更高的工资，否则她们就要成为家庭教师、学校教师或护士了。一些贵妇甚至开办学校去教导这些女性。这类机构有时候也出现在行业文献中。比如，一位丽丝·怀特夫人就开办了"茅舍洗衣房学校"（Cottage Laundry School）。这所学校是教导"女学生"如何开展洗衣房的工作的。[70]

*

性别意义、性别关系以及性别身份充斥在洗衣房的工作中。它们影响着那些人做什么样的工作，她们应该以怎样的方式做这份工作，以及她们应该获得多少报酬。不过，性别上的要求既非一成不变，也不是单一的。工人和雇主对女性的差别对待最明显地通过年龄和技能的等级化完成。随着机械化在工作过

程中臻于完善，这些等级关系也随之变化。族裔、种族和阶级也给身份和人际关系带来了复杂的因素，造成了英国和美国劳
116 动场所明显的不同。

第五章　工会化与监管，1888—1914年

洗衣行业出现于工业改革和工人骚动的特殊时期。那些工会活动家和中产阶级改革家致力于消除女性就业顽疾，所以把洗衣房看作完全属于“女性的行业”。先前，洗衣工人主要依靠非正式的渠道改善她们所处的环境——个人与老板讨价还价、换工作、磨洋工——很少走组织化道路或搞罢工。19世纪末，大西洋两岸的改革家和组织者开始将工会和立法结合起来，使之成为一种更有效地重塑这个行业的方法。

代表女性改革的组织最初更喜欢把集体性的讨价还价作为改善女性工人命运的方式。其他可行的方案——保护性的立法——则限制了女性选择她们工作条件的自由。不过，从各种形式来看，工会主义一直都在让人失望。在美国，两性共享的美国劳工联合会（AFL）同意各地利用联盟的经济资源和专家群体，但是在一系列痛苦的罢工行动之后，女性工人在谈判桌上连续受到她们的男性同胞的背叛。在英国，单一性别组成的工

会避免了这种利益的冲突，却因会员数量少和不稳定而备受折磨。甚至在鼎盛时期，这两类洗衣房工会也只占两个国家潜在
117 成员数量的一小部分。

首先在英国，然后在美国，国家的干预提供了另一种充满可行性的选择。从 1891 年到 1907 年，英国的改革家要求将洗衣房完全纳入《工厂法》的管辖之下。他们并不期望能带来更高的工资，只是希望限制过长的工作时间并改善工作条件，因为这里面的妇女和低龄工人正遭受着摧残。在这个时代的氛围里，调查先于行动出现，于是产生了研究群体以及一批社会主义和自由主义的杂志文章。让许多洗衣房业主倍感烦恼的是，女性洗衣工被挑出来作为资本家剥削女性劳工的案例。

美国劳工立法进程要晚于英国，而失去了耐心的美国改革家们转而向英国寻求帮助和启迪。[1] 不过，美国立法体系的本质是把立法的权力委托给国家，却让这些法律面临着宪政上的挑战，这为它们发挥效力持续制造着障碍。[2]

雇主们承认，劳工的不安和国家的监管不单单是发展一个行业时的小问题。然而，他们对这些因素的潜在影响莫衷一是。因为洗衣房在规模和机械化程度上千差万别，不同的企业受到的影响也各不相同。洗衣房业主意识到，监管是有成本的，并且对所有企业的效力有阻滞作用，但是它对小企业的潜在伤害要大于对大企业。这些“小鱼小虾”——这是英国的说法——

缺乏资本，很难花高价改造机器和工作厂房以适应工厂督查员的要求。它们也更依赖超时工作和夜间工作，而这正是改革家所说的非法行径。工会化是把“双刃剑”，增加了成本，又降低了生产效率，但是也提供了一种额外的方式，因为通过这个方式，雇主们可以规训那些“不听话的”雇工。最后，即使普通的国家监管和工会协议有利于竞争，但洗衣房业主们担心更严厉的措施会导致支付更高的工资，从而让顾客们返回到洗衣盆或不受监管的个体洗衣妇那里。

洗衣房业主和行业期刊的作者们在将改革措施的意义从其
他改造这个行业的因素中剥离出来时遇到了困难。他们为了省 118
事，经常依赖商业共同体提供的判断，而不是更为“硬核”的数据。这些理念在大西洋两岸是不同的。英国洗衣房业主和行业期刊在公开场合经常对某种组织模式和监管方式表示青睐，认为它们是实现这个行业稳定并对“优秀”雇主进行回报的方式。[3] 同时，一种广泛存在的反工会、反监管的意识形态在美国的雇主中生成。直到 20 世纪 30 年代，雇主们都在严肃地考虑着这种关系是否合理。[4]

洗衣女工与国会成员

在1889年的早些时候，装潢师、彻尔西女裁缝联合会成员巴伯尔夫人开始在她的伦敦邻居中组织一个女洗衣工联合会。[5]与巴伯尔的姐妹装潢师和女裁缝不同，洗衣女工并不以“拉帮结派”而闻名。她们属于女性和半技术性工人群体。之前，在男性为主导的劳工联合大会（Trades Union Congress，英国的主要劳工联盟）和女性改革派群体眼中，这群人尚未组织起来。

不过，19世纪80年代末期是传统英国工会范围之外的工人充满希望的年代。在“新工会主义”（New Unionism）的旗帜下，码头工人和火柴制造女工在罢工中发出信号：无技能的工人和女性工人都可以成功组织起来。[6]巴伯尔夫人和数以百计的涌入新工会的伦敦洗衣女工受到了这些事件的鼓励。很快，洗衣女工联合社团宣称有了3000名成员并且在伦敦和布莱顿建立了八个分会。[7]

就像其他妇女工会那样，洗衣女工联合社团利用了妇女工会联盟（WTUL）的资源。这个妇女工会联盟是一个由女性工人及其中产及上层“同盟”所组成的组织。艾米莉亚·迪尔克女士在时尚的斯隆广场的住宅中指导着妇女工会联盟的工作。她为洗衣女工们招募了更多组织者，包括她的秘书梅·亚伯拉罕，并且她还出现在教堂和工会大厅中向地方分部发表演讲

（极有可能还给它们提供了资金支持）。[8]迪尔克也公开地支持洗衣女工向议会成员提出她们的职业应当被包括在《工厂法》的运动。这一举措标志着妇女工会联盟政策的重大转折，该组织 119
成员曾长期抵制保护性立法，认为那不过是男性工会主义者惯用的伎俩，用来剥夺女性的工作机会。[9]

在1890年的劳工联合大会上，妇女工会代表们首次要求男性代表们支持扩展《工厂法》适用范围。男人们的热烈欢迎让女士们大感意外。在大会上讲话时，洗衣女工的代表们生动地讲述了这个行业的恐怖景象。有位女性代表告诉听众，洗衣女工的“脚踝每天深深地浸泡在水中15或16个小时”，而在她们的头顶还挂着湿漉漉的帘子。当大会听众频频点头深表同情时，她又提出，劳工联合大会应当做出决议，“《工厂法》的修改让人并不满意，它没有将洗衣业包括在内”。她后来向妇女工会联盟报告说：“代表们一致投票表示认可，并且是在掌声中获得通过的。”[10]洗衣女工的事业给男人们提供了一个机遇，让他们可以支持一种看起来没有什么不可告人的动机，也不会影响他们经济利益的监管规定。[11]要是这个要求来自那些正逐渐渗入属于“男性”工作的女排字员，那结果可能就会截然不同了。

来自组织的支持以及男性工会主义者的祝福带来了惊人的结果。1891年6月1日是一个星期天。在这天，由2000

到3000人组成的人群聚集在海德公园，以示威游行的方式表明劳工运动对洗衣业修正案的全力支持。[12] 尽管这么一大群抗议者属于男性工会主义者的惯用手段，但代表女性工人来搞集会是罕见之事。[13] 由于不想跟洗衣女工及其支持者发生冲突，男性劳工领导人向人群讲话时强调了洗衣女工和男性工人之间在家庭和阶级上的互通性。一位演讲者提醒他的听众：“大多数的这些妇女是令人尊敬的机械工的遗孀，并且她们还需要养家糊口。”汤姆·曼和约翰·伯恩斯是最著名的两位新工会主义派人士。他们也登上了演讲的讲台。伯恩斯通过一番宣言与民众建立了深厚联结。正如《泰晤士报》后来报道时所说，他宣称：
120 “很荣幸成为一位洗衣妇的儿子，并且宁愿保有如此出身，也不愿意成为一个赌博成瘾的浑蛋的后代。”[14]

演讲台上的宣言也反映了这个行业仍留存的前工业社会的特征，无论是在现实中，还是在文化想象上皆是如此。这个联合社团既吸纳洗衣女工，也招募大型工厂洗衣房的雇员。在抗议者所处的草坪上有一辆大篷车。妇女们在车里展示“她们行业的工具”，同时有两个人展示她们的熨烫技术——这种表演响应了男性工会主义者在公共游行和抗议活动中类似的工具展示行为。[15]

联合社团和它的同盟直接向政治家游说，这与维多利亚时期的性别传统相背离，而新闻界以一种娱乐的心态关注着此事。

一个由洗衣女工、伦敦行业委员会（London Trade Council）和全国洗衣业协会（一个贸易群体）组成的代表团游说了内政部秘书亨利·梅休斯。[16] 实际上，男人们很可能在谈判中说得最多，但《笨拙》（*Punch*）杂志绘制了一幅亚马孙女战士般的洗衣女工与矮小的、畏畏缩缩的梅休斯相遇的场景。在漫画的解说文字中，梅休斯说："你们看不见吗？我在洗衣服——亲自洗。"[17]

随着利益各方选边站，这个问题也明显地生出了分歧，其复杂程度比资本与劳工的对立还要麻烦。不是所有的雇主都反对国家监管或工会化。1890 年，《洗衣杂志》甚至发出了一份公告，请求人们捐款（这份公告还送到了迪尔克女士的府上），好让工会代表们能够参加劳工联合大会。[18]"向前！"杂志编辑在 1890 年 10 月喊道，"如果秉持合理的精神，劳工工会和洗衣房业主协会是能够会面并在没有冲突或无须担忧斗争的情况下妥善解决所有的分歧的。"[19]

此外，不是所有的洗衣女工或中产阶级女性主义者都接纳国家监管。秉持自由放任理念的自由派，包括老一辈的女性改革派，坚定地反对这个法案。[20] 至少一些工人也担心会被男性或机器所替代。《洗衣杂志》注意到，一个敌对的"洗衣女工代表团"也拜访了畏畏缩缩的内政部秘书梅休斯，并宣称一旦这一法案获得通过，"一大批人将会从洗衣行业中被赶

121 出去”。[21]

即使这个行业中的每个人都同意国家监管，但要写出一个修正案对法律制定者来说也是一件可怕的事情。洗衣房在规模和机械化程度上各不相同，这让设计出简单的、同质化的规定看起来几乎是一件不可能的事情，而这在纺织制造业和采矿业中已经实行了。

在海德公园抗议集会后的星期五，议员大卫·兰德尔提议修订《工厂法》，把洗衣房纳入其中。兰德尔和其他几个议员列出了他们的纳入理由：在一些行业中将女性工人纳入法案中是虚伪的，但在有些行业中则不是；大量洗衣女工对修正案表示支持，从被征求意见的67506名妇女中有65939人签署了请愿书中可见一斑；许多雇主也欢迎国家监管。另一位成员坎宁汉姆·格拉汉姆更是直言不讳地要求议员们承担起父权制的、贵族式的责任。他把长时间劳作的女性洗衣工比作“白人奴隶制”，并且告诉议会：“轻视海德公园的抗议很容易，但是我认为，任何自诩不存偏见的议员要是看看那些参加洗衣妇女抗议活动中的成员——孤苦无依的、邋遢拖着长裙的造物，那些难以想象的戴着破烂绉布软帽之人，以及神情沮丧之人——那他就不会无动于衷了。”[22]

在为保守党发言时，梅休斯回应道，时间方面的规定会给消费者带来不便；洗衣女工并非真的想要监管；修正案很大程

16——————在这幅《笨拙周报》的漫画中，亚马孙式的洗衣女工正为《工厂法》下的保护制度而游说。她们来到了内政部秘书亨利·梅休斯的家门口。转自 *Punch*（10 June 1891），290。 122

度上是大型洗衣房业主的阴谋，他们想把小企业赶出去。之后，在跟议会的爱尔兰代表辩论时，他又打出了一张王牌：根据修正案初稿来看，它将会把那些由修道院和其他慈善组织运行的洗衣房包括进来。[23] 这些机构通常依靠洗衣房获得收入。为了运转这些洗衣房，它们使用了孤儿、精神病人和其他遭遇不幸之人作为劳工——这些很难通过工厂检查制度的审视。免除这些“慈善洗衣房”的责任在政治上也不是一个可行的选项，因为洗衣房业主会抗议这样的措施给教会带来的不公平的竞争优
123 势。[24] 没有爱尔兰人的支持就获得不了足够的投票数，所以洗衣房修正案失败了。[25]

妇女工会联盟及其盟友“包扎起了伤口”，并筹划了策略，希望在 1895 年能再次引入洗衣房修正案。格拉斯顿自由党当选是个好兆头。正如预期那般，新任内政大臣赫伯特·阿斯奎斯对这项事业表示同情。就在他任职后不久，他就组织了皇家劳工委员会（Royal Commission on Labor）。[26] 他还任命了梅·亚伯拉罕为首批两名女性工厂督查员之一，并派她在英格兰内搜集洗衣房状况的信息。不久之后，亚伯拉罕和其他妇女官员就向皇家委员会提供了证据，生动地描述了洗衣女工悲惨的生活和沉重的压力，并且提出了国家监管的必要性。[27]

1895 年法案通过了，除了保守党外没有群体庆祝这一结果。这部法案用词拙劣，充满了漏洞。一位评论家尖锐地点评

道，在“其他行业中，议会的行动一直是好雇主的标准，并迫使坏雇主也追赶上这一标准。而在洗衣房中，议员们采纳了坏雇主的标准，结果就是好雇主面临堕落的严重危险”。[28] 尽管规定了 10 小时工作制，但聪明的雇主仍能让雇员工作时长达到 16 小时，并且在繁忙时节榨取超时的工作量。甚至传统道德也为资本的需求和中产阶级的方便让路。法律制定者没能像其他受监管的行业那样规定周日为假日。他们也免除了小型洗衣房（那些雇用了两人或更多家庭成员的店铺）和宗教机构（为了获得爱尔兰人的投票而做出的妥协）的责任。[29] 该法案最具力度的条款跟工作环境有关。它要求雇主为机器安装防护装置，并注意维护年久失修的房屋。它还赋予工厂督查员强制执行这些规定的权力。

自由党的霸权地位和时间并不长。甚至在修正案实行前，投票者转而支持并产生了一系列的保守党政府，主导了此后英国的政治，直到 1906 年自由党重新崛起为止。与洗衣女工的痛苦一样，妇女工会联盟及其盟友们依然在为通过一个更为严格
的立法而徒劳地挣扎着。[30] 124

在等待新的光景到来的日子里，女性改革力量出现在了宣传手册上，她们在杂志的文章中宣扬着自己的观点，并争取同情自己的记者和政治家们的支持。女性工厂督查员的年度报告占据了话题的中心位置。这些报告可不是那种冷冰冰的官僚式

的总结，而是公开倡导进一步的立法改革，并且批评了现有的监管制度。就像许多美国进步主义改革家制作的档案那样，她们使用了在调查中搜集到的证据，讲述了一个个故事，并且特意引用工人和雇主们的话做进一步的证明。在作为“蓝皮书”传播开来的过程中，这些报告被人们转载、改写、引用，或者直接被美国和英国的改革派大段大段地摘抄作为案例使用。[31]

因为在这一时期的大部分女性督查员都与妇女改革家和改革组织有紧密的联系，所以信息也会以非正式的方式传播开来。比如，在梅·亚伯拉罕结婚前，她与迪尔克的侄女、妇女工会联盟秘书格特鲁德·塔克威尔共住一套公寓。露西·迪恩在女性督查员的年度报告中对洗衣房的描述得到了广泛引用。她在担任督查员职位后，依然是妇女工会联盟热心的、按时交纳会费的成员。[32]

作为先锋要想在一个男性主导的部门里立住脚的话，亚伯拉罕和其他“女督查员”也要考虑她们的职业情况。新近被监管起来的洗衣行业提供了一种专家得以成长起来的模式，这与纺织工厂和钢铁厂变成男性督查员的“封建采邑”模式并不相同。由于修正案规定的工作时长并不严格，也很难执行，洗衣房内的安全状况和工作环境就成为督查员们关注的重点了。必要机械设备的引入实施，最终为这些妇女带来了职业发展的良机。在工厂检查部，对工业机械的“工程学知识”是专业地位的重要标志。妇女们无法匹敌经验丰富的男性督查员在电力牵引机、纺织机和机器工具方面的专业技能。但是由于洗衣房立法近期才出现，男人们对洗衣设备了解甚少。妇女们很快就学着以权威性的口吻讲解熨平机、脱水机和洗衣机的情况了。[33] 125

妇女工会联盟花了一段时间才提出了利用好这种技术专长的方法。1902 年，联盟创建了工人法律咨询委员会（Worker’s Legal Advice Committe），与伦敦行业委员会合作。委员会雇用的一名律师代表工人们与雇主周旋。正如其所证明的那样，大多数工人的补偿金案件（在英国被称作“雇主的负债”）都跟洗衣工人有关。[34] 很可能的是，这些妇女之所以获得妇女工会联盟的注意是因为她们与女性督查员有着长期的交往，而女性督查员也是为了了解女性工人对雇主的不满所在，并挑出其中最有可能发起成功诉讼的案件。[35] 由于修正案的工时规定存在上述缺陷，大多数可起诉的案件都涉及违反安全规定。类似地，在后来的改革到来前，工人赔偿案的成功要求至少能证明雇主一方具有一定的责任。[36]

让律师发起赔偿案或写文章讨论洗衣房立法的必须性都是权宜之计，是因为自由党在困兽犹斗之际不愿意浪费政治资源到女性工人这种小事上。1906 年，随着自由党占据多数议会席位，风水轮流转，转到了劳工运动身上。一年之后，议会最终通过了洗衣房修正案，投票同意的各派都怀着公正之心，在深切同情之中投下了自己的一票。在接下来的几年里，法律制定者和改革派人士发起了战斗，针对先前不可侵犯之处以及工时问题。他们公开表示，在所谓的血汗行业中，国家监管是合情合理的，而这个血汗行业至少在某些人心中是包括洗衣房的。[37]

工会里发生了什么？

联合协会与1891年海德公园抗议是英国洗衣工有组织活动的高潮。1893年，克拉拉·柯莱特告诉皇家劳工委员会，她甚至怀疑最初的3000人是否存有60个人。[38]到1895年，洗衣女工工会已经完全消失了。后来，妇女工会联盟宣传说，议会未能通过1891年修正案让工人们丧失了信心。跟其他在19世纪80年代后期创建的类似工会一样，洗衣业工会更有可能落入
126 同样的命运中——经济萧条和劳工联合大会自身的保守信条是其原因。[39]如果为数不多的洗衣工人在此后的岁月中组织起来，他们的数量也是很少的。行业委员会的年度报告在谈到行业工会时，甚至都不把洗衣业作为一个类别，直到20世纪第二个10年时才有所改变，但这个报告却包括女性家庭仆人、理发师和纽扣制造工的工会。[40]

在意识到组织妇女过程中的问题后，妇女工会联盟在1906

年创办了全国妇女工人联合会（NFWW）。[41] 在该会的支持下，洗衣业工会在 1911 年左右又再次出现。各类工会也纷纷出现，因为英国政府开始利用它们来组织福利的分配和最低工资制度的设定。1913 年，《健康保险法》的一个修正案要求所有年收入不到 160 英镑的工人都要加入注册工会以接受福利，这让更多的洗衣工加入了全国妇女工人联合会。[42] 第一次世界大战提高了洗衣业工会的参与度，因为劳工短缺让仍在这个行业的妇女有了与雇主讨价还价的权利。[43]

在战前时期，1889 年到 1891 年这样为数不多的充满希望的年代成为英国洗衣工有组织活动的高潮。由于史料的缺乏，人们只能猜测这一时期之后各种活动迅速消失的原因了。总体来说，妇女们很难组织起来了（似乎纺织业的女性工人是例外的）。1898 年，在英国有接近 150 万名拿工资的劳工妇女。其中，116016 名——或者说 8% 的——工人加入了工会。同时，组织起来的纺织业妇女工人成为劳工运动中的大赢家。只有 9546 名，或 0.6% 的妇女工人属于非纺织业工会。[44]

比较分析只是令人更加疑惑了。美国工人要比他们的英国同仁更为活跃，尽管有来自雇主、法庭以及严重捣乱的、男性为主导的劳工运动的敌视。出现这种差异很可能是因为英国的女性工人把立法看作比无效的工会更好地解决她们所面临的问题的途径。[45]《工厂法》修改了美国大部分的保护性立法，并且

127 其覆盖范围比进步主义时期通过的大部分州一级的立法要更广泛。不过，该法案在规定工作时间上的缺陷意味着女性工人在一些不断进步的州——比如，伊利诺伊、加利福尼亚和马萨诸塞——在法律规定每周工作时长方面要比她们的英国同仁更短一些（尽管这些法律由于司法上的问题应用范围不大）。另外，直至第一次世界大战后英国洗衣业行业委员会成立之前，英国立法者始终未解决洗衣工人的最低工资问题——这个工人群体最关切的议题，恰恰是工会能够有所作为的领域。妇女工会联盟和其他改革群体坚信，行业组织与国家监管应当相辅相成、彼此促进。[46]

关于国家间的这些差异，一个更易引起争论的解释是与英国和美国工会不同的构成有关。19 世纪 90 年代早期的联合协会是单一性别的工会。这种策略保护了妇女免受那些男性工人将工会用于私人目的的问题。由于妇女工作环境的特点，单一性别工会通常难以持久存在。美国的混合型工会在 1903—1914 年要更为稳定，但是女性成员一直在谈判桌上被男性工会成员出卖。在英国，全国妇女工人联合会提出了由女性工人组成总工会来解决问题的想法。美国人拒绝了这种模式，因为它让美国劳工联合会感到难以理解。简单来说，工会化在理论上是解决女性工人所面临问题的最好的方法，但是在实践中，无论是英国还是美国的解决方案都无法真正让洗衣工获益。妇女们在每周工作了 60 个小时后回到家还要照顾婴儿、打理家务。在这种情况下，当她们周日和晚上不愿意在一件没什么好处的事情上浪费精力时，谁还好意思再去批评她们呢？

美国的情况

美国在努力改革它的工业时就像英国那样强调将立法与组织建设交织在一起。不过，这些相似之处遮掩了由于背景和时间上的不同而带来的国家之间深度的差异。与美国劳工联合会有关系的工会比其他类似的工会开始得更晚。在它们所处的政治环境中，许多雇主和行业协会都强烈地（有时候还暴力地） 128
反对工会化和监管。立法活动不得不一个州一个州地进行，而且它们还要应对来自宪法的挑战。正如在英国那样，美国的妇女工会联盟（以英国妇女工会联盟为样板建立的）将在组织洗衣工过程中起到中心作用，尤其是其强大的纽约和芝加哥分部。不过，这个组织到 1903 年才成立，这让它成为组织洗衣工事业中的一个相对的后来者。

19 世纪 80 年代末期，劳工骑士团（Knights of Labor）将妇女和缺乏技能的工人组织起来的行动与英国的新工会主义同时进行。除了特洛伊衣领洗衣女工（纽约的特洛伊工厂刚制造出来的硬衣领交由这些妇女做最后的精加工）的特殊案例外，这些运动只带来了一些短期的地方影响。[47] 骑士团的崩溃、新兴的美国劳工联合会中的保守主义性别政治、雇主们的反抗，以及从 1893 年开始的经济困难期等因素综合在一起让洗衣工工会在 19 世纪 90 年代消失了。亚特兰大地区的洗衣女工曾组织过引人注目的抗争，但此类集中努力似乎收效甚微——对未来数十年间的家庭洗衣工或商业洗衣工皆是如此。[48]

美国劳工联合会在美国劳工运动中的力量主导着 20 世纪早期洗衣业工会的进程。中产阶级改革家感到有必要与联盟的政策——认可那些优先满足男性工人需求的混合性别的工会的存在——相协调。改革派不太愿意质疑这些政策，因为他们担心给人留下破坏团结和损害全国性联盟所提供的资源的印象。从 19 世纪 80 年代劳工骑士团的消亡到 20 世纪 30 年代产业工会联合会（Congress of Industrial Organizations）崛起的这段时间里，除了美国劳工联合会批准的地方协会外，没有其他组织存在。

衬衣工、背心工和洗衣工国际工会（The Shirt, Waist and Laundryworkers' International Union）是美国劳工联合会成立的全国性组织。该组织最初在 1898 年于纽约特洛伊创办，一开始是个地方性工会，但是在 1900 年变成了全国性工会。这个组织比较保守，以男性为主导，而它的根基和发展策略针对的是忙于浣洗新产出衣领的工人。[49] 从早期留存下来的史料来看，该组织致力于创建一个全国性的行业工会，确保一个“不会遭遇 129 罢工的、具有普遍平等性的、公正性的利润率”，并且为所有成员提供死亡抚恤金。最后一条让该工会对妇女没了吸引力。妇女们交不起评估费，而且她们认为这不是一笔合算的投资，因为她们的工作年限相对较短，不太可能以一个（骨灰）盒的方式离开洗衣房。[50]

洗衣工国际工会通过参与美国劳工联合会的活动而扩大了会员基础，但是该组织一直认为它的身份首先是一个由制造业洗衣房中男性工人组成的工会。对管辖范围的限制似乎在一定程度上是为了避免工会参与到成功可能性很小的情况中。

男性工会成员的存在、美国劳工联合会和其他组织的支持，以及美国劳工运动的对抗性本质让美国的工会比它们的英国同仁更愿意使用立场鲜明、遍布全城的罢工的方式从它们的雇主手中赢得妥协。从 1903 年到 1912 年，数以千计的工人因为一系列大大小小的罢工从他们的工作岗位上离开了。亚麻布在洗衣机中腐烂了，绝望的顾客们冲进了洗衣房打算将他们的包裹“救”出。或者，正如《纽约时报》卡通漫画编辑所设想的那样，那些富足的单身汉也不得不拿起刷子将衣领和袖口刷得干干净净了。[51]

洗衣业罢工

洗衣业的第一场大罢工发生在芝加哥。因为这座城市拥有这个国家数量位居第二的洗衣房，大型工厂式洗衣房在这里集聚并服务于酒店业和旅行业，并且当地的劳工运动也很活跃，所以芝加哥成为罢工的首选地。

1903 年 4 月 23 日的早晨，75 位来自普尔曼公司洗衣房的妇女和女孩来到芝加哥的郊外。她们发出了事先安排好的信号并在洗衣房举行罢工。她们的行动可能并没有让这家大型卧铺列车公司的管理层——这家公司控制了所在市镇——感到惊讶。这家洗衣房创建于 1892 年，是为了给汽车司机的女性亲属提供
130 一份工作。但是，这里也无法避免劳工的焦虑。在过去的 10 年里，这里一直动乱不安。普尔曼的洗衣女工在 1894 年也曾作为美国铁路工会的成员而参与罢工行动。[52]

就在她们还在罢工时，《芝加哥论坛报》（*Chicago Tribune*）表示，她们是为了“每天工作九小时但希望获得十小时工资”而罢工的。四天之后，还是这家报纸报道说，“在普尔曼豪华卧铺车（Pullman Palace Car）上的洗衣房罢工的女孩们今天将会造访芝加哥洗衣业。她们打算看看哪家店在给这家公司提供毛巾和亚麻制品。要是她们能成功发现，就会要求这家公司的雇员加入罢工行动。”[53] 这样的努力对于普尔曼的妇女们来说有点

晚了，因为该公司已经把这家洗衣房改造成一家机器商店，并且把洗衣工作交付给了圣路易斯、奥马哈和其他城市的洗衣房了。[54]

即使她们没能与这家大型卧铺列车公司达成协议，但女人们的某些勇敢行动还是引起了其他行业工人们的响应。几个月以来，洗衣房业主们已经听到了组织起来的威胁声，现在他们屈服了。[55]报纸纷纷报道说，超过2000名洗衣工人来到位于拉萨勒大街122号的工会总部，表示拒绝接受她们的雇主关于提高工资和改善工作环境的提议。[56]雇主们也聚集起来并关掉了店铺。到了5月4日，该城170家大型蒸汽洗衣房中的146家已经关门歇业了，不管他们的工人是否参加了罢工。[57]

当报纸详细报道了罢工的每日进展后，它们的记录揭示了这一时期芝加哥劳工运动所面临的分歧和政治问题。我们并不清楚工会的明确目标，但是美国劳工联合会在罢工前几个月时就已经明显参与到组织工人的活动中来了。[58]尽管有这些联系，芝加哥劳工联盟（CFL）在罢工进行了近三周时才认可了这一行动。一个原因就是，洗衣工人的行动并没有获得芝加哥劳工联盟的批准。因为它最近通过了一个决议，要求各个工会在罢工前要服从中央执行委员会的命令。[59]该工会的代表没有参加5月3日联盟的会议，而且这个会议也没有提到这家工会或这场罢工。芝加哥劳工联盟后来接受了汽车司机联合会

17——————一位《纽约时报》的漫画家想象着丢掉了洗衣工作的绝望的男性在 1912 年全市大罢工中所做出的回应。*New York Times* (7 January 1912).

131

（Teamsters）的加入并且采纳了提议，让芝加哥仲裁委员会——汽车司机工会的协调机构——解决罢工问题。[60]

相关材料和最终的结果都显示，洗衣工人和芝加哥劳工联盟对于手段和目的无法达成一致，因此，芝加哥劳工联盟选择等待时机。因为他们知道，没有大量的罢工资金或其他工人支持的话，洗衣工人们还是要妥协的。安·梅茨赫尔作为工会的秘书在报纸上发表的言论展示了更为自信的一面。她对记者表示，洗衣房业主逐渐示弱："它（关店行为）不会持续很久。每一个老板都在祈祷着机会好跟我们签署那小小的协议。"[61]

同时，这座城市也开始受到影响。餐馆不得不用纸质餐巾勉强应对，而酒店也要费力劝说它们的顾客在不干净的床单上
再多睡一晚。《芝加哥先驱纪事报》报道说，芝加哥洗衣业雇 132
主协会执委会主席巴基在参加 5 月 8 日的会议时穿着针织套衫，里面的衬衣却皱皱巴巴。几位他的同事也被发现戴着宽大的领带好遮住他们那已经脏了的衬衣前襟。[62] 洗衣房业主说道："洗衣业罢工之所以这么严重，从芝加哥没有熨斗大厦这一事实就可以看出来。"[63]《芝加哥论坛报》5 月 6 日头条新闻报道了这场罢工："矛盾解决并回去工作？"一位罢工者问道："我猜不会。我们正享受人生呢。"[64]

洗衣工也成功地切断了来自外部的帮助。那些送出城的衣

物送回来时并没有被清洗，还顺带着收到了密尔沃基、朱利叶、拉辛和埃尔金几位洗衣工拒绝接受任务的通知。[65]《国家洗衣杂志》报道："华人洗衣房最近几天生意兴隆起来，但是罢工者阻止了它们突然的热闹。在每一个华人洗衣房门前都有一个身材高大的男子站着，并盯着'拿着衣服包裹'进去的'约翰'。"这本杂志还描述，柜台服务员非常害怕，也不敢接受包裹了，并说"没有洗衣工处理衣服"。[66]约翰·亚历山大·道伊是在芝加哥外的一个恶意反对工会的宗教团体的领导人。他说道："锡安城在一家大型的、装备良好的洗衣房的保护下，并且自从芝加哥发生亚麻布'饥荒'后，它就夜以继日地工作着。"[67]

罢工行动持续了一整个月。随着资金耗尽，这家地方工会的领导层逐渐受控于芝加哥的劳工联盟、国际工会和汽车司机联合会。《国家洗衣杂志》的编辑后来对这一事件的发展揶揄了一番。他指出，国际工会没有资金："情况就是这样。我们不明白为什么洗衣工如此急于将自己与这个国际组织搭在一起。"[68]

最后，地方洗衣工工会主席 T. E. 威尔森先生通过谈判达成了妥协。在与芝加哥洗衣雇主联合会主席普林尼·F. 芒格和伊利诺伊制造业者协会成员闭门谈判时，威尔森提出的解决方案让女性洗衣工如此愤怒，以致她们威胁要回去罢工。[69]除了反感威尔森无力在谈判过程中对女性雇工的工资、工作时长或工作条件进行改善外，还让妇女们感到愤怒的是，这一协定并没有包括对工会的认可，这让她们处于比罢工刚开始时还不如的尴尬境地。男性雇工在工资等级上更优越一点，但是真正获益的群体是洗衣房的货车司机，而他们又在罢工中没怎么出力。司机们通过汽车司机联合会第 22 号分部制定了一份单独的协议，这又让罢工协定的签订多耽搁了一周时间。[70] 133

在经过了一个月的阵痛后，洗衣房业主看到罢工趋于结束时开始扬扬得意起来。他们把自己的成功归于其决心的坚定上。《国家洗衣杂志》的编辑发表了一份对构成此次罢工主体的女性洗衣工表示同情的通告。该编辑建议说，她们表现之稚嫩是可以理解的，被贪婪的工会主义者误导、苛待，倒不如寄望于雇主那点微薄的善意！[71]

旧金山是一战前洗衣业相关组织在劳工运动上取得巨大成功的地方。工会的官员们骄傲地说出了他们的经历，即旧金山蒸汽洗衣房已经从这个国家剥削程度最重的行业转变为只雇用某一工会会员且有相对高工资的行业了。正如在伦敦那样，旧金山工会的起源与对保护性立法的目标掺杂在一起。1900 年夏天，加利福尼亚州劳工委员会和几份报纸开始收到要求调查旧金山洗衣业的信件。其中许多封信都是匿名的，并且看起来似乎是来自那些害怕丢掉他们工作的工人所写。

在回复这些信件时，《旧金山问询报》（*San Francisco*

Examiner）派了一位女记者来到该城一家洗衣房做卧底。[72] 她的调查显示，与这个国家其他地方的蒸汽洗衣工人相比，旧金山的工人工作环境极其恶劣。洗衣房业主为女工人安排了集体宿舍，但宿舍的屋子很脏，供应的食物也很差。在扣除了食宿费后，这套体系给工人付的工资也少得可怜，每个月只有 8 到 10 美元。在家中工作的妇女还能挣得更多一些——每月 17.5 美
134 元。[73] 在反映这些问题时，郡监督员委员会（County Board of Supervisors）限制了夜间工作，并将每天工作时长限制在 13 小时内（之前一直限制在 16 小时内），理由就是这样长时间工作对工人的健康有害。

所有这些工作启迪了男性洗衣工，他们向国际工会申请成立新的地方组织。他们希望新组织的成员只限于男性，但是（值得赞扬的是）国际工会拒绝了给予其成员身份，除非女性被包括在内。一位女性负责人被雇用来在接下来几个月招募会员，直到该组织认为签名加入的工人已经足够为止。1901 年，洗衣房业主在该工会的要求面前退步了，取消了食宿制度并提高了工资。[74]

在接下来的几年里，工会静静地运行着，把工人组织起来，积累了罢工资金，并且在 1906 年地震时通过提供救济而获得了公众的信任。1907 年 4 月，工会成员利用当地洗衣房业主群龙无首的时机再次发动罢工。他们的要求包括每天八小时工

作制以及大幅度提高工资。当这些要求被拒绝时，14 家洗衣房的 1100 名工人罢工了。

这是一个受到全国洗衣工协会重视的策略。《国家洗衣杂志》发表了一篇怒气冲冲的文章。在这篇文章里，作者质疑罢工者通过利用他们雇主的不幸遭遇而发动罢工是缺乏市民意识和团队精神的表现。这篇文章也提出了常见的见解：工会成员是被他们的领导给带偏的。[75] 罢工持续了 11 周。最终的协定是在一个三年期中逐渐将工作时长降低到每天 8 小时。其他的妥协内容还包括确定最低工资制度，安装安全设施以保护工人免于受伤，以及只雇用单一工会成员的商店制度的达成。

该工会协定得到了严格遵守，工会组织也得以存续壮大。不过，这个简单讲述的成功的故事遮蔽了两个并不干净的秘密：第一，雇主们对工会的存在的宽容是因为工会的领导人同意帮助他们把来自亚洲和法国的竞争者驱赶出去，用的方法是骚扰和恐吓。种族主义构建了一种黏合剂，战胜了性别和阶级敌视所带来的分歧。[76] 第二，正如在芝加哥那样，男性工会成员经过谈判获得了一份协议。该协议让男性工人获得的好处远大于 135
他们的女性伙伴。在工会的工资等级上，收入最高的工人不是熨烫工，而是标记工和洗涤工。在这个国家其他地方的洗衣房里，男性洗涤工很少占据工资等级表的顶部，而且大部分的标记工是妇女。但是在旧金山，罢工之后，男性工人成功地垄断了标记工作——部分原因是这个工会的规章明确表示，“女性标记工和分拣工的支付工资必须与做同等工作的男性一致”。[77]

当莉莉安·马修斯研究1912年左右的旧金山工会时，工会的领导人解释了他们对工资等级所做的合理化改革。洗涤工之所以是技能型工人是因为这份工作要求“技术和良好的判断能力”，需要避免给洗衣机添加太多或太少的水。在工会内，马修斯发现“男女之间关于行为规范多有冲突……现在是这样的，男人们喜欢拿出一副说教的神情，这让妇女们因为无法自由发表意见而感到不适，并且男人们还打击那些女孩，而女孩们本来就因为天生胆怯而不敢随便发表意见”。[78]

在实行自由雇佣制度的城镇，妇女们是可以离开工会的。不过，根据协议形成的只雇用单一工会会员的制度让妇女们不得不为了保住工作而待在某一工会里。马修斯尝试解释为什么数量更多的妇女未能掌控工会：“尽管工会里妇女的数量超过男性，几乎达到5：1，但是男人们总是能被选为州劳工联盟的代表。”她认为这种情况是“因为妇女们没有站在一起支持一位妇女候选人。在一家洗衣房工作的妇女不愿意给另外一家的妇女投票，每一个洗衣房集团都形成了自己的派系。由于不愿意看着这份荣誉落到其他派系中，妇女们也就转而投票给男性了”。[79]

旧金山的情况与众不同。总体的情况是，女性工人更愿意加入某一特定的行动中（比如罢工），而不是老老实实地待在一个工会里。1908 年，美国劳工部对洗衣业工会做了一次专项人口普查。整个伊利诺伊州只有 200 名女性工会会员——根据第二年制造商人口普查的数据，这大约占伊利诺伊州蒸汽洗衣业全部工人的 2%。纽约的这一数字也只有可怜的 3%。甚至刚刚 136
在旧金山大罢工中获得胜利的加利福尼亚也只有 21%。[80]

在 1912 年之前，纽约这个全国洗衣房数量最多的城市一直没有遭遇洗衣工人大规模的（罢工）行动。但是在 1912 年 1 月 1 日，纽约洗衣工开始了他们的第一次全城大罢工。这次罢工及罢工者的特点都彰显着，在过去的 10 年里，这个行业和行业的组织模式正面临着巨大的变化。这次罢工是由洗衣工联合会第 126 号分会的 650 名工人离场行动引发的。多达 25 家大型工厂因此受到影响。这些罢工者不是技能型工人，而是操作员。她们承担着小型洗衣房通过转包业务所给予的晾干衣物的工作。尽管其中近 450 人是女性，但罢工者的要求却反映了男性主导工会的优先事项。在所要求的工资列表的开头就是令人咋舌的每周 25 美元的工作。这份工作由负责操作清洗衣领和袖口机器的洗衣男工承担。与之相反，负责熨平工作的女孩只能拿每周 6 美元的最低工资——这个数额甚至低于当时纽约多家洗衣房普遍支付的工资水平。[81]

《纽约时报》报道说，这场罢工是对当时正在进行的成立一个基金会的谈判而做出的回应。这个基金会是为了能够控制在布朗克斯（Bronx）、布鲁克林、曼哈顿和新泽西地区的部分企业。基金会通过收购公司、发行股票，以及最终替换掉管理层的方式来完成这一任务。工会领导人感到——极有可能是正确的感知——一旦基金会成立，工会是不太可能从如此强势的一个组织里榨出任何的好处，甚至这个组织可能都不会认可工会的存在。在跟《泰晤士报》的记者谈话时，工会发言人威廉·阿尔莫比较了纽约跟旧金山的情况，表示罢工者把旧金山工会的胜利看作他们的榜样。[82]

在这场难分胜负的对决中，本来对立的、边界清晰的两派开始形成更复杂、更模糊的乱局。到罢工第二天，虽然罢工破坏者膨胀到了 2000 人，但其他的工人则涌入了工会。其他地方分会也因同情罢工而同意其加入进来。像东区的第 34 号分会不但
137 有雇员加入进来，而且一些小型洗衣房的雇主也加入了。一个手工洗衣工委员会也与罢工者会面并同意关闭 1600 家手工洗衣房，让那些需要晾干衣服之人“不得不屈服”。[83]

尽管罢工是在响应男性主导的工会所秉持的策略时轰轰烈烈地展开的，但那些热衷于将女性组织起来的人也开始规划如何才能在他们的选区里搞点事情。特别是妇女工会联盟（它在纽约组织女性洗衣工的过程中经历过一系列的失败）把这场罢工看作一次实现它们先前无法实现的梦想的机会。[84] 自从 1906

年联盟解散了它的洗衣工委员会后，巨变发生了。人们本来认为联盟的组织能力没有什么进展，但是在成功参与衬衫女工的一系列罢工后，联盟成员的自信心又回来了。他们认为，纽约的妇女们是可以成功组织起来的。此外，洗衣行业一直都受到公众的极大关注，成为新闻报道的“常客”，这说明公众舆论对罢工者多抱有同情。

1月6日，妇女工会联盟开始将那些没有加入工会的女性工人组织起来。她们举行了一场“女孩罢工者游行”（parade for girl strikers）。纽约妇女工会联盟主席玛丽·德雷尔（Mary Dreier）和著名的英国女性主义者西尔维娅·潘克赫斯特（Sylvia Pankhurst）的讲话成为这场游行活动的高潮。[85]之后不久，中产阶级女性主义改革派的关注点转变为宣传这些女性工人的不幸遭遇。妇女工会联盟宣布，帮助女性洗衣工是道德问题，而政府管理层应当站在道德的高地上更加努力地促进这项事业的发展。纽约妇女工会联盟（NYWTUL）的秘书海伦·马洛特夫人将两位工人带到升天圣公会（Episcopal Church of the Ascension）描述了她们的苦难。一位15岁的女孩告诉州仲裁委员会她在洗衣房中遭受的“奴隶般”的待遇。她要步行32个街区去工作，并且她的一根手指在一次熨平机事故中被压碎了。[86]时代已经发生了变化。女性工人对她们雇主的影响力虽然更弱了，但是她们现在有了更多的同情者。改革派利用公众舆论搭上了男性工会主义者的便车。

不过，纽约罢工的结果让所有参与的工人都失望了。当罢工在 1 月 31 日结束时，只有六家洗衣房认可了工会的存在并支付更高的工资——其余的店家则雇用那些没加入工会的劳工以
138 替换掉罢工者。[87] 那些加入工会并涌到街头听潘克赫斯特和德雷尔演讲的女性工人群体消失了，并又返回到熨平机和衬衫熨斗前老老实实地工作了。

纽约罢工与这一时期英国和美国的其他罢工行动并不相同，因为它发生在一个对自己进步主义的劳工立法倍感骄傲的城市中。许多公众相信，立法者已经解决了洗衣工人所呼吁的问题。在此之后，有公众要求对罢工的原因进行调查。四天的公开听证会得出的结论是，太多的洗衣工在忍受着可怕的工作环境以及低工资。不过，该委员会最终并没有对消除洗衣房的这种环境做出什么贡献。[88]

穆勒诉俄勒冈案

召开公共听证会可不仅仅是为了让洗衣房业主因羞赧而接受工会或对他们的工人更人道一些。进步主义人士希望使用这种方式让现行法律得以执行，或者给这个行业带来新的监管。

受到最高法院 1908 年在穆勒诉俄勒冈案（*Muller v. Oregon*）[89] 中所做的决定的鼓舞，他们相信创造有效的、永久的妇女权益保护法（即使还没有男性保护法）是一件概率很大的事情了。

在 20 世纪的历程中，穆勒诉俄勒冈案已经成为宪法中最著名的案件了。在支持各州有权监管女性工作时长的过程中，大多数人的观点都奉建立在阶级基础上的立法为圭臬——在这种情况下，对女性或真实的或潜在的作为母亲的角色的规定践踏了她们在宪法上的权利，因为宪法允许她们决定个体的工作时长，以及在什么样的条件下工作。正因如此，穆勒诉俄勒冈案为保护性立法和法律中的性别区分提供了争论的素材。这个案件也在人们的脑海里成为使用“社会学”观点支撑社会立法的开山之案。在所谓的《布兰代斯意见书》（*Brandeis Brief*）中，只有一小部分内容援引了法律先例。相反，这份意见书大量使用了女性工业劳动研究专家的意见。这些专家描述了女性工作的环境以及在那种环境下劳动在社会学和生物学意义上的影响。[90]

穆勒诉俄勒冈案跟一家洗衣房有关。所以，该案件让我们进一步认识到洗衣房和洗衣工人在改革并监管女性工业劳动条件过程中所起的作用。从严格的法律视角来看，一个判例 139
案件可能是建立在其他行业多个违规事件基础之上的。不过，到 1908 年，高等法院解释得很清楚，它不支持男性工人保护性立法的合宪性。在 1905 年的洛克纳诉纽约州案（*Lochner v. New York*）中，法院宣布，如果它给男性面包工制定专门的法律的话，从事危险的或不卫生的职业的其他人也可以要求受到法律保护——这是法院不愿迈出的一步。[91] 在接下来的日子里，保护性立法几乎成了专门面向女性工人的法律的代名词。人们无须解释的是，一个关于洗衣房的案件就是关于女性的案件。此外，对女性工作（特别是洗衣房工作）进行调查的那一代人的报告提供了大量详细的文献并阐释了性别关系下这种劳动所造成的身体和社会方面的影响。《布兰代斯意见书》就是直接采纳了英国女性督查员和她们在欧洲大陆同事们的作品。

将穆勒诉俄勒冈案送到最高法院是集体努力的结果，但是弗伦罗萨·凯利（Florence Kelley）是其中的主要推动者。凯利是前伊利诺伊州首席工厂督查员，而且自 1899 年以来就是全国消费者联盟（National Consumer's League）的秘书长。凯利亲历了在工厂监察工作的无力感，也深切体会到女工权益倡导之路的艰难，正是这些推动她发起了一场旨在完善劳工保护立法的改革运动。[92] 先前人们就曾努力创建并维系住（保护性）立法，但都功亏一篑。凯利一直想找到机会可以解决这一问题。1907 年，她终于找到了一个契机。

在那一年的某个时间，俄勒冈州波特兰市的洗衣房业主库尔特·穆勒（Curt Muller）遭遇了一次并不愉快的拜访。拜访者是一位工厂督查员。这次拜访导致了法庭相见的局面。这个案件看起来是因为这位雇主让他的女性雇员每年工作时长超过 10 个小时，所以他违背了州劳工法令的规定。按照规定，督查员自己就超时工作了，所以穆勒可能并没有预料到他会因为没有执行法律条例而被拎出来，而这个条例多年以来不过是一纸空文。穆勒向穆特诺玛斯郡（Multnomath County）巡回法庭的法官阿尔弗雷德·希尔斯抗议。他的律师引用了洛克纳尔诉纽约州案的判决结果，认为俄勒冈的法律否定了穆勒先生受到法律平等保护的权利，而该权利超越了州警察的执法权，并且这部法律限制了他作为美国公民的特权和豁免权。[93] 140

希尔斯法官无视穆勒对先例的援引，并让他在 10 美元罚款或郡监狱监禁 5 天之间做出选择。他认为，洛克纳尔案并不适用，因为它涉及的是男性面包工，而俄勒冈案针对的是保护女性工人健康的问题。尽管人们对穆勒了解不多，但脾气倔强却是他的性格之一。他拒绝上交微不足道的 10 美元并就此了事。他转而向俄勒冈最高法院提起上诉，但遇到了同样的结局。穆勒仍旧不愿屈服，他又向美国最高法院上诉，要求举行听证会。[94]

就在此时，穆勒的委屈感已经不是这个案件的关键问题了，两个强势集团因为涉及自己的利益而注意到了这个案件。一方面，俄勒冈制造业者协会（Oregon Manufacturer’s Association）为穆勒提供了支持。另一方面，中产阶级改革派力量也行动起来了。俄勒冈消费者联盟（Oregon Consumer's League，其成员是凯利在 1906 年穿越西北地区旅行时培育起来的）通知了全国总部：穆勒诉俄勒冈案将成为一件杰出的判例案件。[95]

事后来看，在这场关于女性的保护性立法的战斗中聚焦到洗衣工人身上的意图明显。不过，凯利很快就发现了英国改革家早就知道的事情——那些年轻的、易于管教的、亟须帮助的洗衣操作工恰恰与另一类人形成鲜明对比：在某些人眼中，那些如亚马孙女战士般强悍的洗衣妇完全能够自立自强。在凯利的传记中，约瑟芬·戈德马克（Josephine Goldmark，她在编纂意见书时起到了重要的作用，并且她还是布兰代斯的弟媳）讲述了凯利第一次尝试请一位律师来为这个案件进行辩护时的失败经过。根据戈德马克的记载，消费者联盟的男性执委会成员打算聘请纽约律师界明星人物约瑟夫·乔特（Joseph Choate）。乔特对这个案件的背景一头雾水。戈德马克描述了他的反应："一个禁止在洗衣房中每天工作超过 10 小时的法案，"他用洪亮的声音说道，"身材高大、体格强健的洗衣妇。为什么她们每天工作时间不更长一点？"[96] 只有戈德马克提到了乔特说了什么，而且戈德马克是在事情发生了四十年后才写的，但这里面所包含的情感却是整个旧秩序的象征。这种情感没有意识到，或者没有理解戈德马克和最终接受这个案件的律师路易斯·布兰代
141 斯（Louis Brandeis）究竟在做什么。在超过 100 页的《布兰代

斯意见书》中，他们将洗衣女工的文化形象从传统中壮硕强悍的爱尔兰女工——宛如亚马孙女战士般的存在——彻底颠覆为柔弱无助、懵懂无知的待产母亲形象。

在约瑟芬·戈德马克的带领下，这份法律意见书由消费者联盟的女性团队调研撰写。该意见书显示了这一时期改革运动的跨大西洋特征。在哥伦比亚大学图书馆，戈德马克直接参阅了议会卷档。“正是在这里看到的英国工厂督查员和英国医学委员会连续的报告——这些报告始于 1833 年的第一届儿童委员会——我们才发现我们一直以来孜孜以求的东西。”她后来写道。[97] 就跟那一长串的英国专家一样，戈德马克和她的团队引用了露西·迪恩对这个行业机械化所做的评论以及督查员们细心收集到的关于事故和长时间劳动的事实。[98]

为了辩护成功，路易斯·布兰代斯不得不对保护性立法所面临的明显的边界进行一番拓展。尽管他围绕两性之间在生物学上的差异所提出的论点始终是一个难题，但他也小心翼翼地尝试着描述性别之间在非体力方面的差异。布兰代斯警告说，长时间的劳动会损害女性的道德判断力；过度工作的母亲会忽视她们的孩子以及她们在家中的责任。[99]

围绕保护性立法与《工厂法》的争论，乃至工会内部的讨论，始终局限于特权阶层——这实质上将最应享有话语权的劳工群体排除在议席之外。[100] 在某些方面，穆勒诉俄勒冈案是一个极端案例，因为这个案件不仅在法律语言中进行表述（凯利不得不雇用专家参与到辩论中，虽然她也具有丰富的经验），也是通过布兰代斯的天才之作，在“科学”的语言中进行表述的。

布兰代斯向法庭提起上诉。正如我们在意见书中所见，他的上诉采取了善恶对立的语言（并且偶尔还会提到无助的妇女与强壮的洗衣女工之间的对立）。戈德马克后来用“赫准斯托斯与萨提尔”（Hyperion to a Satyr）来形容这种话语模式。[101] 在判决书中，布里斯特法官的说法成为予妇女保护性立法的经典理由：

> 即使所有对政治、人事和契约权利的限制都被取消，并
> 且从法律的角度她也处于与他绝对平等的地位，但可以确定
> 142 的是，她的身体构造确实如此，以致她还是依赖于、仰仗于
> 他的保护。她的身体结构以及合理地承担母亲的功能——不
> 仅要看她自己的健康程度，还有种族的健康程度——才是让
> 她免于男性贪婪和激情影响的立法理由。[102]

穆勒诉俄勒冈案的重要性逐渐为工人、改革家和洗衣房业主认识到。在此之后不久，它主要被看作已经在几个州记录在案的法律的具体化。《国家洗衣杂志》的编辑只是简单地说了一下该案的决议，警告洗衣房业主应当避免挑战现行法律，要把他们的精力投入保持竞争力领先的其他方式中去。[103] 工人和改

革家平静地庆祝着，并开始游说州立法者通过新法且将当下的法律执行下去。

露露·霍利加入工会

一群陌生的游说者在1909年6月来到伊利诺伊州政府要求为女性工人通过八小时工作法案。这群人里包括女服务生工会第484号分会（芝加哥）的秘书伊丽莎白·马洛尼和主席安娜·威拉德，手套工人工会国际秘书艾格妮丝·奈斯特和露露·霍利。在后来的记录中，这位露露·霍利被称为“洗衣工人”和“洗衣工工会成员”。女服务生在那里是因为她们的工会准备了法案并与芝加哥妇女工会联盟和一位非常年轻的哈罗德·伊克斯展开合作。[104]奈斯特是芝加哥女性工人劳工领导层中最为知名者。露露·霍利之所以成为这四人中的一位是因为在最高法院对穆勒诉俄勒冈案做出判决后，洗衣工人已经成为女性工作需要国家监管的象征。

先前伊利诺伊州的十小时法案在1895年被州最高法庭判定为违宪，这正是弗罗伦萨·凯利担任州首席工厂督查员的时期。这次努力的失败促使她参与到穆勒诉俄勒冈案中。[105]同时，芝加哥妇女工会联盟和其他的改革者一直在细心地做着规

划。他们打算将妇女的工作时长限制在十小时的法案引入伊利
143 诺伊州的立法机关中。为了促成这部法律得以通过，布兰代斯和戈德马克依照穆勒诉俄勒冈案的模式准备了一份意见书。但是，他们决定要求立法机关限制工人工作时长为十小时，而不是像妇女工会联盟的工人阶级成员所要求的八小时。露露以及她的同伴一开始是独自前往斯普林菲尔德，希望推动一部八小时法案通过，但是她们发现自己很难靠近立法者。最后，中产阶级改革派重新入场，并最终让一部更为保守的十小时法案通过。[106]

几年之后，霍利的同胞伊丽莎白·马洛尼给芝加哥妇女工会联盟的双年报告写了一篇简短的文章："工厂检查部被上一届立法机关授予了更多的权力，增添了五名督查员。"妇女工会联盟要求"增添的督查员中至少有一人应当是妇女，并且建议这个职位给露露·霍利小姐"。露露通过了针对普通督查员的考试，成为新增督查员群体中排名第一者。她因此参加了弗洛伦萨·凯利参与建立的工作，并成为露西·迪恩和梅·亚伯拉罕的同行。[107]

*

在英国和美国，改善女性洗衣工人工作环境的努力聚焦于组织和监管上，表明存在着一种跨大西洋的改革文化。在美国，这些努力构筑在英国改革者所创造的运动和机构基础之上。不过，在这一时期，无论是工会化的尝试还是国家监管改革都不能被认为取得了巨大的成功。工厂立法的确改善了一些工人工作环境的舒适度和安全度，特别是英国工人。直到 1907 年，限定工作时间的规定是如此模糊以致对英国的雇主产生不了什么影响。在美国，虽然一些州的法律更为严格，但是面临着宪法的挑战并亟须有效的执行能力。工会活动起起落落。讽刺的是，144
美国的工会看起来比他们的英国同仁更为兴盛，尽管在美国雇主那里抵抗工会化的势力更为强大。

很难评估监管和工会化对这个行业的影响。在政治方面，改革者乐于看到这个行业任何积极的变化，同时又要求更加严格的监管。如果洗衣房业主谈论到监管和工会化的影响，他们的结论就很复杂了。战前时期，在促进快速机械化和规模增长方面的经济动机和监管动机难以分割。在 20 世纪 20 年代的英国和 30 年代的美国，这种模糊关系消失了，而更加严格的法律和更加强大的工会以不可抵挡之势改变着单个行业运行的方式，也改变着整个行业的人口统计结果。

可能更重要的是，洗衣行业的工作对于公众来说不再具有神秘感。改革者和黑幕揭发者确信，最恶劣的劳动要求和最令人发指的工作环境已经在报纸和杂志上一一得到揭露。不过，人们一如既往地需要稳定，也正是在这种稳定倾向中，他们思考着如何促进他们的成长。洗衣房业主开始控制开支，相信下
145 一个 10 年将会带来不断增长的业务。

第二部分

进入成熟期，1920—1940 年

第六章　两次世界大战期间的生产与消费

到20世纪20年代，动力洗衣房早已不是新产业了。在一些成功的企业里，第二代已经继承了父辈的洗衣房。[1]曾经以水洗童（hydro-boys）、洗衣工或司机进入这个行业的男士们现在作为领班正度过他们的最后岁月。甚至那些从未被期待着会长久待在这里的女性工人也因变得年岁太大而操作不了机器了。当年她们在青春少女时期就遇到了这些机器。洗衣房共同体的制度变得越发牢固。年度晚宴和会议开了一次又一次。堆放的行业期刊变得越来越高，不过却陈放在办公室的角落里生灰。中产阶级家庭主妇和单身男士继续将待洗衣物寄送出去，一如当年他们的父母那样。

伴随着成熟期而来的是永恒的感觉，以及越来越明显的行业技术与组织的极限感。在技术上，这个时期标志着快速机械化的终结。所有能机械化的主要流程都已经机械化了。新式机器越来越多地只能解决增量问题。这种技术上的停滞让洗衣房业主在解决不断升高的劳动力成本问题时可选择的方法不多了。最低工资法和工会的要求提高了英国以及像纽约和加利福尼亚这样追求进步主义的州的工资。美国洗衣房业主发现他们给工人偿付的工资不断增多，并且随着移民法的收紧，移民劳工资源的减少，对新雇工资源的期待也越来越强烈。在英国，通过
149 在 1918 年成立洗衣行业委员会的方式执行最低工资制度。这很有效地让许多工人的工资翻倍。几乎在每一处地方，保护性立法和不断变化的工作类型逐渐结束了 16 小时工作制和夜间工作。这些曾是这个行业的特点。

甚至那些躲在小城镇并且稳定发展的洗衣房业主也不禁注意到他们周围的世界自战前时代就已经发生了改变。一些人看到在标记员打开的包裹里，衣物的构成发生了变化。那需要独立浆洗的白色硬领，作为近一个世纪以来体面男性着装的核心元素，正逐渐退出历史舞台。软领衬衣取而代之。这种衣领在家中就可以轻松清洗并熨烫整洁。[2] 包裹的大小也在“缩水”，因为顾客们也想着怎么节约一下。一些人只寄出部分待洗的衣物。其他人则采纳更为复杂的策略。一位英国人寄出了同样数量的包裹，但是每一个都更小一些：洗衣房对长条亚麻布收费更低，所以她将原来的桌布换掉了；客人用的小毛巾也比她过去使用的更大的毛巾清洗费更便宜。她告诉一位采访者，她已经穿上了普通款的女士内衣，因为这种内衣不需要熨烫而且可

以在家里洗涤。[3] 一些老顾客在战争期间停止寄送衣物，而且此后再也没有寄过了。

一份由一家美国洗衣房主导的电话调查揭示出消费类型在统计层面的变化。在那些没有持续利用洗衣房服务的人中，35% 的人表示他们这样做是因为他们新近购置了电力洗衣机。其余人要么无力承担洗衣费，要么对洗衣工作的质量和缓慢的洗衣房五天寄送计划表示不满。[4]

与当时的商业意识形态一脉相承，洗衣业的公共话语经常将社会变革和技术进步描述为经济增长的先兆。特别是美国洗衣房业主坚持大肆鼓吹这个行业的无限未来。“到 20 世纪 30 年代十亿美元的事业”是全国洗衣工协会在 1924 年时喊出的口号。工业界代表也高唱着这是一个具有现实可能性的目标，因为按照他们的估计，洗衣业目前只开发了 10% 的潜在顾客。他 150
们希望新式服务，更高的营销手段，以及新式的、节约成本的技术能将剩下 90% 的顾客也拉进来。他们的办法是利用“现代企业发展方法”让美国洗衣房业主的收入在接下来增长四倍。[5] 持续存在的经济问题以及不断增长的工资让许多英国洗衣房业主感到前景不容乐观。不过，跟他们的美国同事一样，他们也相信新技术能带来稳定的增长。

现实要复杂得多。创新和系统性管理明显有助于洗衣业的存活和繁荣，甚至在经济萧条时期也不例外。不过，没有一项策略能够阻止这个行业在20世纪30年明显显现出衰落之势。只要替代这个行业的仍是洗衣妇或洗衣盆时，这个行业还会继续繁荣。但是，到了20世纪20年代中期，电力洗衣机的广泛传播不仅威胁着新顾客群的扩大，而且老顾客也被吸引走了。一旦消费者可以选择购买一台洗衣机，他们就对丢失或损毁衣物、需要一周时间等待清洁的衣物，以及因不守时的洗衣房司机造成的各种耽搁等情况的容忍度大为下降。大萧条恶化了这一情形，并加速了向洗衣机行业的转换。

不断上升的工资、机械化的技术极限，以及来自洗衣机的竞争，产生了一个令人感到迷茫的问题。为了鼓励增长并解决这个行业的内在困境，个体洗衣房业主、行业期刊和行业协会探索了一系列社会和技术策略。在20世纪20年代，美国大型企业的技术通常能提供榜样。“进步主义时代的洗衣房业主”尝试模仿大规模生产过程中所采纳的策略，因为这些大规模生产在提供服务过程中无须一个个处理物件。[6]

伴随着大众营销革命出现的（新式）广告技术以及更好地去理解消费者的努力也成为新的销售观念和理念的来源。除了
151 分享信息和控制竞争等更为传统的功能，洗衣房行业协会学习
了大型企业的组织能力。他们也开展研究、广告宣传以及与国家谈判等活动。这些技术的采纳不仅仅涉及经济理性。通过模仿这个时代的商业大亨并拥抱那些被整个商业共同体认可为现

代的、进步的策略和态度，洗衣房业主的脆弱性和落后性意识得以减轻。

进步主义时代的洗衣房业主设想的洗衣业未来以高度机械化工厂、标准化程序和洗衣房与洗衣房之间、城市与城市之间服务及价格的同质化为特征。他们希望消费者在从洗衣房拿回包裹并打开时会跟打开 A&P 超市售卖的惊奇面包（Wonderbread）[7] 那样是可预期的。

事情变糟了

1924 年，爱达荷大学推广部的家政指导员乔治亚娜·斯默斯－韦特在犹他州和爱达荷州洗衣房业主举办的会议上说，她发现家庭主妇们正“迫切需要洗衣服务”。作为四个州女性消费者调查会的负责人，她还发现，这些妇女已经厌倦了光顾当地的洗衣房。一些妇女完全不去洗衣房了，因为“花费很高，损失很大，彩色衣物褪色并且衣服变得更易破碎，而且经常把破了洞的衣服还给主人，这些衣物看起来就像被撕咬了一番”。其他的女性还会把衣物寄出去，但是她们表示自己处于两难之中，她们对把贵重物件或其他不太容易修复的衣物送出去感到犹豫不决。[8]

《洗衣时代》为广大读者刊登了斯默斯－韦特的演讲。它代表了行业期刊的文章中一种全新的跨大西洋类型，提示着洗衣房业主们要关注“家庭主妇们需要什么”。这些文章提出，这个行业的持续繁荣有赖于更好的服务，消费者一方不断增长的“善意”，以及对现有服务具有领悟力的营销手段。因为这些讨论聚焦于当人们将自己的衣物送到洗衣房后所有可能会变糟的因素，这些杂志上的文章有助于历史学家理解为什么消费者可
152 能“迫切需要洗衣服务”，却仍选择其他替代方案——即便这意味着更多劳作。

尽管洗衣房从不同消费者那里吸纳了大量的衣物，包括一直以来的主要业务“单身汉衣物送洗包裹”，但是在英国和美国的话语中认定，这个行业的代表是男性，而消费者是女性。重要的是，大部分这些文章并没有就衣物褪色和桌布上的破洞问题给出明确的技术解决方案——尽管在其他地方可以发现一些建议。这种文类宣称要解决的核心问题是在男性洗衣房业主和女性消费者（经常被描述为“家庭主妇”）之间所感知到的交流失败的问题。

性别上的固有偏见强化了这种对立：女性消费者被描绘为无知的、被误导的，亟须关于商业洗衣服务业工作方法和行业道德的教育。同时，洗衣房业主也缺乏对顾客想法的同情心并且经常被发现忙于打台球，而不是在监督他们的女性雇

员。[9]“在当时的女性看来，现代洗衣房是一个可怕的地方，”一篇文章解释说，“它由一座大型建筑构成，里面是一些神秘兮兮的机器，用某种神秘的方法清理着她的亚麻制品——以一种毫无补救希望的方式毁灭着她精心挑选的亚麻布。每一个洗衣业从业者都有责任驱走这种无知，并在顾客心中构建更美好的印象。”[10]

为了了解在洗衣服务业方面“女性的观点”（正如全国洗衣工协会所说），洗衣从业者请求俱乐部女会员、妻子、姐妹和母亲们在大会上发言或写文章，说一说她们在洗衣房中的经历。职业女性，特别是家政经济学家也被雇来作为女性顾客和洗衣从业者之间的协调人。[11]这一策略部分基于一种文化上的假设，即女性参与的日常经验与私密谈话，是男性既无法理解也无权窥探的领域。多少有点反常的是，洗衣房业主们看起来相信，洗衣业落入了这一行列中。

家政经济学家的职业信用让她们不仅能向女士们做出解释，也能将女士们的抱怨传递出去，而在另一群人看来，这些抱怨不过是无知的、女性式的唠叨病，是在指挥洗衣房业主该如何办企业。[12]这个行业的领袖们认识到，许多洗衣房业主处理顾 153
客抱怨的方式是敌意的主要来源。洗衣房业主意识到，一定量的耗损和破损是洗衣过程中不可避免的，但是他们狂妄地认定，大部分的抱怨要么是顾客犯错的结果，要么是一种故意欺瞒的行为。其他人则无视这些抱怨，指望着它们会自己走开。还有些人则把顾客分成会发出值得尊重的抱怨声的人和可以忽视其抱怨声的人这两类。[13]一篇英国的文章建议，许多洗衣房业主对耗损和破损问题心怀一种扭曲的认识，因为他们自己的洗衣房总是能够摆脱困境。“所有人都要注意并关注衣服上大的污点。对于那些有污点的衣物，要万分小心并且没有差错地将其送达包装室。”[14]

洗衣房业主经常从生产的角度考虑洗衣问题，从总体上衡量成功与否。一件丢失的桌布不会让洗衣房陷入亏空状态。完美的服务并不必然带来利润。进一步讲，即使洗衣房业主尝试着将他们的注意力转移到女性顾客的关心所在，性别的差异又会带来误解的可能性。洗衣从业者对那些抱怨着浆洗过度的衣领所带来的切肤之痛的女性会深表同情，但是妇女们看起来在判断洗衣成果时的标准也是神秘莫测。在男性洗衣从业者的世界中，这样的错误是生产过程中不可避免的组成部分。他们发现很难同情那些对已经造成的损失或耗损问题发表夸大言论的女性。

行业期刊有时候也会用嘲讽或批评的语气表示对顾客抱怨声的同情。比如，一份英国杂志就用虚构的“专制洗衣房”（Autocratic Laundry）之名发表了一系列仿造的信件。其中的一封信对洗衣后仍存在的污点做了一番说明：

亲爱的夫人，

……我们未能看到您所抱怨的问题。对于您内衣上的标记，（我们）完全不收费，因为它能在您记忆消退或遇到事故后证明您的身份。如果您寄给我们的衣物时间足够久，那您的手巾上就会布满特别的污点——这是可以起到装饰性作用或保证快速上色的东西。[15] 154

女性报告者的证词为在洗衣房业主中制造同情提供了另一条路径。在波士顿洗衣房业主办事处（Boston Laundryowners' Bureau）的演讲中，记者海伦·霍普金斯重述了可怜的洗衣营销和差劲的服务是如何毁了她的婚姻，并让她患上甲状腺病进了医院。这次的演讲刊登在了《洗衣时代》（*Laundry Age*）上，标题为“浪漫在洗衣桶边死去”（Romance Does beside the Wash Tube）。在这篇演讲前面，编辑还加了一段前言，劝说“这个国家的每一位洗衣房业主，每一位洗衣房广告商，每一位销售员（以及所有其他有动力洗衣房的国家）都应当读读这个故事。这样做并不难，因为它讲述得足够坦率真诚，如同百老汇的专栏那样”。[16]

洗衣房业主可能对一些女性顾客心生同情，但是他们也需要免受一些不合常理的说法的骚扰。有些文章就对如何让抱怨声终结在萌芽状态提出了建议。一位洗衣房业主发现顾客经常将表填错，所以他就雇了一位妇女专门给顾客打电话，告诉她们表格内容与实际的包裹并不一致。他说，大部分人都会承认错误。在谈到工作程序的要求与为顾客服务之间的紧张状态时更有启发性的是，他坦率地表示，他愿意偿付合理的赔偿要求，大约占经手货物数量的 0.3%。换句话说，他承认，他的洗衣房平均损毁或丢失千分之三的衬衫或床单。他也认为，把“多出来的”没人认领的物件放到丢失物件的包裹中是个不错的选择。[17]

期刊也对如何接触并教育女性顾客提出了建议。洗衣房业主期待着利用面向特定性别的广告策略在这一时期很常见。一家生意兴隆的堪萨斯城洗衣房在当地一家报纸的女性版面上开办了一个假的建议栏。在这个专栏中，一位虚构的“玛丽·斯图亚特”对洗衣房和生活发表着喋喋不休的建议。这个斯图亚特专栏的上面就是多萝西娅·迪克斯那广受欢迎的报业集团专栏。[18]

其他的洗衣房业主则想方设法利用女性对电台和电影的喜爱。在一篇叫作《进入绝境！他们看，听且买！》的文章中，《洗衣时代》建议“舞台的老顾客是无法逃脱你们在地方电影屏幕上的广告的”。洗衣房业主可以从一处中央联合代理机构
155 （central syndication agency）那里租到宣传洗衣房业务的简短的影片并在正片开始前播放。[19] 一家好莱坞洗衣房甚至走得更远。

它利用了电影的魅力赚钱。29 位“非常知名的”动作影星成为该公司的股东。洗衣房盛大的开幕式请到了“最年轻的电影界股东”——杰基·库根，以此来说明他在运作洗衣房机器的能力。[20]

全国洗衣工协会举行了一次额外的广告和宣传运动。这场运动为女性顾客开创了洗衣房之旅的业务。在一次受到全国洗衣工协会资助的美国广告运动中，像《好家政》（*Good Housekeeping*）这样的女性杂志特别宣传了“爱丽丝梦游洗衣之地”活动。一份 1928 年的广告中的文本和配图说明了在取悦女性顾客时，维护洗衣房业主在性别上的权威性所面临的复杂境况。时尚的爱丽丝戴着钟形女帽，穿着毛皮大衣。在一位被称作“亲切的向导”的男性带领下穿过洗衣房。背景处则是工人们正给待洗涤的衣物分类。“这是我们的‘原材料’，因为它来自家中。”向导说着，他在用工厂作类比。这里的工作方式和技术被凸显出来了。图片中的女性工人没有说话。还有一段文字则引用了洗衣，从业者的另一个主题：“无论你是监督着家中的洗衣女工，还是将衣服送到有问题的角落，你将会发现现代洗衣房在提供工作和焦虑的同时，也给予了自由。”最后，在该页底部的一个小方框中写道：“跟爱丽丝一起去洗衣之地——这本会给人带来快乐的旅程小册子可能会出现在任何一家现代洗衣房中。这些洗衣房会在其卡车上展示着这幅爱丽丝梦游洗衣之地。”[21]

英国洗衣房业主也给女性顾客提供了游览机会。不过，一篇英国文章的作者认为向各个家庭发出邀请做这种访问纯属浪费时间。他宣称，公众“从未，也几乎不太会”做出回应。“我们怀疑那些邀请顾客前来一游的洗衣房每年是否能招揽来超过半打人，并且这些来访通常发生在顾客要发出抱怨声时。”他认为这样的访问者“并不具备理解洗衣房之美的头脑”。[22]

整个两次世界大战期间，对女性顾客的采访显示了抱怨与需求同在。一些洗衣房业主做出了回应，而另一些则没有。根
156 本的原因是，这些社交措施无法解决这个行业的一些基本问题。它们无法消除损耗率和丢失率，而这又给整个行业带来了不好的声誉。的确，缺乏竞争力的洗衣房业主继续做生意。这些广告和游览活动实际上提高了人们的期望，让不良的洗衣服务给整个行业带来了更大的破坏。另外，洗衣房业主一直依赖着社会和技术给他们带来的生意。

寻找亨利·福特

除了消费者关系，洗衣房业主还要寻找技术解决方案以增加他们的顾客群，并在不断改变的环境中维护好老顾客。更低

18——————《好家政》杂志为洗衣业打出的这幅广告是洗衣工全国协会资助的宣传运动中的一部分。*Good Housekeeping* 87 (December 1928), 183. 感谢国际制造业协会。 157

的劳动成本是他们最紧迫的问题。尽管熨烫机器和其他实现工作机械化的设备日益传播，洗衣房的工作仍旧需要耗费大量人力。进入洗衣房的每一件衣物不仅要由工人进行标记、分类，而且在流程结束，还要在打包前再次核查数量并分类整理。在此期间，当洗涤工作结束后，每一块手帕和衣领，每一件内衣都要由专人抖开，然后装入熨烫机中，或者用其他设备按压平整。

老派的人经常说，这种生产过程说明在这个世纪早期就已经发生了显著的变化。1935 年，在乔治五世登基 25 周年纪念日时，英国洗衣工 J. J. 斯塔克回顾了国王刚开始执政时的情景。在当时的许多洗衣房中，全部雇员中有 20% 的人是手工熨烫工。[23]

美国洗衣工不会按照长命国王的统治期测算进步。相反，他们把工业巨人亨利・福特（Henry Ford）作为模范。以他为标准，可以比较出他们在技术和组织上的短板。“肥皂水哲学家”赛拉斯・基德与读者分享了他妻子的观点：洗衣房的价格太贵了。“糟糕的是，如果数据不会说谎的话，我妻子购买那种带绿色钢环的不锈钢双动洗衣机就很合理了。”赛拉斯感慨起来。他认为，模仿亨利・福特是必要的：“如果亨利是一位洗衣从业
158 者，他会制定另一种规划。我敢打赌，他会让他的价格降下来，直到城里的每一个洗衣机都积满了蜘蛛网、灰尘和脏物为止。”

基德的办法就是："你必须拥有不断扩大的市场，并且数量是洗衣行业挣钱的唯一办法。"[24]

对于那些建立已久、服务良好的洗衣房，持续地更新现有工作流程是应对不断变化的公众品位和不断升高的工资水平的"法宝"。其他的革新手段也有助于降低成本。到 20 世纪 20 年代早期，造访英国和美国洗衣房的人会发现传送带已经广泛应用。在这些大型洗衣房中，司机不再需要将他们的货物带到标记室了（这妨碍了调情和性骚扰——既是一大缺点，也有好处，这要看相关人士的立场了）。滚筒式烘干机（tumble dryers）也实现广泛利用，代替了在烘干柜上挂衣物这类繁重的工作。一些洗衣房将新旧设施合一，将衣物挂在传送带上送入烘干柜里。[25]

这种技术上的发展不断前进。平板熨烫机运行速度更快，熨烫机经过重新设计后减轻了操作员的工作压力，但是没有机器可以自动添加，也没有机器可以将刚熨烫好的床单或餐巾舒展开来。一点点的进步追赶不上劳动成本的升高，也解决不了技能型操作员人员不足的问题。由于每周的洗衣循环，工厂不得不在周末时集中人力做好收尾工作，这就让各种机器，尤其是洗衣机和脱水机处于闲置状态。洗衣房业主没有办法利用起这种被浪费的工作效能，与制造商不同，他们没有多余的存货以待后期销售出去。

全套服务价格的增长速度要快于中产阶级收入的提高速度。

一再出现的是，老顾客抱怨说，购买全套服务让家庭支出吃紧。此外，为了扩大他们的顾客群，洗衣房业主需要提供足够低的价格以吸引新顾客，特别是公寓的住户和中低收入阶层的家庭主妇。在尝试扩展市场的过程中，越来越多的洗衣房开始提供各种价格便宜的“替代服务”。这些“替代服务”不再做标记、分类和熨烫等需要高工资工人的劳动密集型工作。

初洗（bagwash）、漂洗（bobwash）和湿洗（wet–wash）
159 都是基本概念的变种。顾客会将她的（在洗衣房业主心中，这位顾客总是为女性）衣物放到袋子中。在许多情况下，洗衣房并不会分类整理，而是将它们混作一团丢进洗衣机中（通常用网状分隔物跟其他人的衣服分开），然后将衣物放入脱水机，再之后则放入滚筒式烘干机。做完这些，又会将衣物放回顾客的袋子或盒子里以待熨烫和折叠。

在这个基本框架中，具有革新意识的洗衣房业主使用了一系列的花招和手法。顾客如果选择在英国被叫作漂洗的方式，那她会得到一个网兜。她们给洗衣房付一“漂”（一先令），然后在网兜中装入尽可能多的衣物让洗衣房来洗；整个网兜都会被扔进洗衣机中。这样清洗的衣物送回洗衣房时仍然湿漉漉并且也不太干净。勤俭节约的家庭主妇也愿意将网兜尽可能填满，让送货员沉沉地背回去。其他的洗衣房业主使用新买的浮动式熨平机（float ironer），这种熨平机只是部分地按压衬衣、裙子和内衣。这些衣物拿回家后还要再次熨烫。特别是在美国，具有想象力的洗衣房业主看起来一直在寻找新的方法。比如，一家密苏里州的洗衣房提供“半完成的衬衣服务”。工人们浆洗并用机器熨烫衣领和袖口。衬衣的其余部分则只是弄湿，待拿回家后再进行熨烫。[26]

在回顾 1935 年往事时，J. J. 斯塔克赞扬这种发明“是美国先锋人物的成就。正是他们让洗衣行为得以实现大规模生产”。他认为，美国人在发掘具有创造性、更廉价的服务潜力方面反应更快。他们早在 1910 年时就开始引入这种服务了。英国是直到 20 世纪 20 年代才引入替代性服务的。到这时，这种服务模式已经在美国广泛应用，以致全国洗衣工协会要将整个洗衣服务标准化为六种类型，包括从实现清洗全过程的“整洁版”到花钱最少的“湿洗版”。[27]

可替代型服务离不开顾客的某种假设：她会认为洗衣过程中的清洗部分太麻烦，所以要付钱让别人来做；不过，她愿意花时间熨烫；而且她能容忍某些因洗涤时未分类而造成的意
外——比如染色或遗留的污点。1929 年，一位英国洗衣房主建 160
议，可替代型服务“应当标准化，不让变种出现”。这位作者从技术和社会意义上分析了他抛弃传统型服务标准的原因。他认为，可替代型服务对低收入阶层顾客有吸引力。洗衣房业主们先前已经提供了特别服务，就是为了创造口口相传的广告，特

别针对的是上层社会。这位洗衣房业主坚信，这种宣传在面对新式顾客时带来的麻烦要比好处大。此外，可替代型服务的成功依靠的是全工作流程单一化后所带来的“大规模生产”。[28]

这些服务到20世纪30年代时仍很流行。斯塔克估计，在英国，可替代型服务在该行业1926年时占到7%，而到1933年时已经增加到超过30%。[29]在这一时期，针对费城洗衣房的一份调查发现，几乎40%的顾客选择了“半成品式”服务，比如，“浸湿洗”和“装包洗”（“pak-a-bag”）。这份调查还按收入层级细分了统计数据，证实年收入不到2000美元的家庭最常用可替代型服务。[30]洗衣房业主对专营廉价服务的经济可行性表现出更深层的矛盾心态。多数人承认，只有当廉价服务作为多元选项之一时才能实现最大盈利。洗衣房使用这种策略吸引新的顾客——这些顾客可能后面会在全套服务上花更多的钱。他们也用这种办法让老顾客在困难时期依然光顾，同时，还能让他们的机器和工人一直有活儿可干。[31]

作为现代企业的洗衣房

技术上的策略与一系列方法紧密交织在一起。这些方法就是洗衣房业主有时候所称的“现代企业实践”。对于洗衣房业主来说，成为现代企业要求采纳各种技术——精准的会计程序、对市场的关注以及对消费者需求和渴求的了解，还有对广告的利用。[32] 成为“现代的”或“进步的”让一系列更为混杂的文化实践成为必需。这让洗衣房业主自认与其他企业平等——不管真实情况是如此，还只是想象的。采纳进步的方法并参与到行业协会的活动中不仅有助于洗衣房获得更多的好处，而且让 161
某些洗衣房业主将自己与其他更不幸的同行区别开来了。洗衣房业主经常宣称利润是这些技术的终极价值标准。实际上，洗衣房业主是无法让经济策略与回报跟文化策略脱钩的。

英国的成员们比他们的美国同伴更多地表达了对进步主义行为的困惑。不同的经济环境肯定是其中的一个原因。不断的经济衰退在 20 世纪 20 年代打击了英国，削弱了洗衣房业主对进步与增长的乐观心态和期待。与之相反，美国的商人（包括洗衣房业主）在 20 世纪 20 年代处于企业友好型的文化中，并且美国正快速成长为世界经济领导力量的意识也萦绕着他们。甚至 1929 年股票市场崩盘所带来的冲击也没有让这种观念烟消云散，即使美国遭受的毁灭性影响要大于英国。

这一时期英国企业话语中的主导性话题是国际竞争所带来的广泛的焦虑感。[33] 尽管洗衣房并不参与国际或全国性市场的竞争，但是英国洗衣房业主仍旧在与美国同行进行比较时采用这种措辞。在 20 世纪 20 年代早期，查尔斯・罗伯茨前往美国观察美国的方法。他返回时得出结论："美国洗衣房开在更好的建筑里，有着我在英格兰不曾见过的更好的装备，并且它们在建筑、规划和机器上投资的方式让我惊讶不已。"[34]罗伯茨表示，美国洗衣房业主能够这样做是因为他们可以因设备折旧而享受大量的税收抵扣——这一说法暗含着对英国政府不关心企业的批评。英国洗衣房主也经常说美国洗衣房业主诱使更多的人到洗衣房去。英国洗衣房主 A. J. 弗罗斯特用一种耿直的，也可以说是特别具有逻辑性的话评价了这种想法："我们必须改变我们才好超越他们。"[35]

英国洗衣房主还喜欢说英国人缺乏美国企业家那样的态度，
162 即用当时的俚语所说的"活力"（pep）或"干劲"（hustle）。弗罗斯特注意到"两个国家的脾性并不相同。我们行动缓慢；美国人总是能想出新点子，并且总是想着试试新机器"。[36]在他造访美国后，J. J. 斯塔克用讽刺的语调指出更简练的英国态度所隐含的好处："看到那些老的、少的总是急匆匆地是一件令人心动的事情，直到他们走进坟墓为止。"斯塔克总结道："他们中的一些人宁可走得更早，也不愿意跟我们在英格兰的人那样。"[37]

英国的行业期刊还愿意从洗衣房对普通人的贡献上讨论进步问题。英国人在这方面比美国人说得要多。英国人认为洗衣房的技术变迁既带来了利润，也促进了工作条件的改善。在同样的观念下，斯塔克和其他人认为，它们提供了公共服务——

现在甚至工人阶级也能享用，这要感谢生活条件的提高以及“湿洗”。[38] 与之相反，美国的期刊最常见的只是从特定的经济获益和技术变迁的角度来判定进步的程度。

在英国洗衣房群体中，查尔斯·罗伯茨被看作“进步洗衣房主”的代表。他与大西洋两岸的同道者们共享诸多特质：例如，始终致力于为米尔湾洗衣房引进能创造价值的新设备与新服务。在布莱顿年会上，他听到了关于“干洗系统”的演讲。一回到家，他就在家族的洗衣房中采用了这套系统，尽管它不过是一次失败的金融投资。他后来又去美国时向英美洗衣机器公司下单订购了一批新式、快速的离心脱水机。[39]

在英国的环境下，罗伯茨的对立面是一群洗衣房业余爱好者。这些人如同不理智的贵族农场主那样给后来者“挖了坑”。《动力洗衣房》杂志中的一篇文章给这群可怜的人画了一幅很苛刻的图像，说这些人“手里拿着钱，将一两千镑扔进了洗衣房”，因为“他的姑妈的外甥有一个朋友”在这个行业里干得很好。这些爱好者一开始对洗衣房行业知之甚少；他“可能只是路过一家洗衣房，但对其如何运作一无所知。然而，他干起来却很勇敢，并且确信他在世上的使命就是给他所在地区的洗衣群体提供一两件可供模仿的事情”。关于专家的建议，他“咨询 163
的是他的妻子和其他女性亲属，并且她们给他起草了一张价格表，这是她们愿意给洗衣房偿付的钱数”。缺乏经验的洗衣房业主的“企业能够勉力维持着，直到这一财年末，当清算日期到来并且审计师给他的生活带来猛然一击为止”。[40]

洗衣房业余爱好者的形象看起来并没有出现在美国企业故事集中。相反，美国洗衣房业主却以缺乏职业化而闻名。“一位企业家不管用什么样的语言来说都是一位商务人士。”一位作者在一篇叫作《企业家 VS. 所谓的企业家》中如是说。在提到“鼓足干劲”的必要性时，他又表示：“经营一家成功的洗衣房，唯有亲力亲为——从开工铃响到收工铃歇，日日如此……而我所谓的‘亲力亲为’，是指扎根车间实干，而非躲在台球厅后间消磨时光。”[41]

这些文章到 20 世纪 20 年代变得更为常见了，因为这个行业的文献开始在业余人士和专业人士之间画出了越发明显的隔离线了。无论是美国还是英国的洗衣房业主都关注到了两次世界大战期间无处不在进行的职业化讨论，并且他们也认为这个概念是有用的。职业化促进了标准化并且能让洗衣房业主更好地筛选经理和其他工人，改善雇员和雇主的地位。“为什么效仿医学专业？”一位美国洗衣房主说道。“数年以前，要想成为一名医生，几乎所有人会做的就是在一位医生边上待得足够久，想着从中学到他需掌握的知识。你可能这样就成了一名医生。如果你的病人患的病是其他医生从未见过的，那他就会死去。”[42]

行业协会认识到培训计划与认证体系为实现职业化提供了最明确的标准。培训计划在世纪之交的大西洋两岸增多起来。[43]不过，实际上，在职业化过程中的这种医学模式并不可行，也不受人追捧。洗衣房业主一直坚决反对特许证和正式的培训课程，因为它们并不能经常提供投资所需的足额回报。[44]跟先前的医生一样，大部分洗衣房男主人或女主人都是从行业中的某 164
个参与者那里学来了经营经验，并且他们还在继续这样做。职业素养不过是旁观者眼中的主观评判。

行业协会和行业期刊继续占据着洗衣业社群的中心，并且成为这个行业进行改革和实现现代化背后的动力。早期的协会主要是为了举办会议并促进会员之间交流。到了 20 世纪 20 年代，它们的业务已经扩展到教育、游说、研究和标准设定等方面。1911 年，全国洗衣工协会的领导层意识到，在协会现有的组织体系下，它"永远不会超越社会问题层面"。就在那一年，他们大幅修改协会章程，要求每一个附属于全国协会的州级组织都要上缴一部分会费。[45]这笔钱成为全国协会开展研究、教育和宣传活动的基础。在与英国政府就最低工资制度谈判的过程中，两个英国的全国性协会是各自群体的代表，有着共同的利益。这两个协会在 20 世纪 20 年代合并了，组成了洗衣工全国联盟（National Federation of Launderers）。[46]特别是大城市的洗衣房业主也会加入大量的地方协会，从社交俱乐部到高度活跃的政治组织都有可能。[47]

这种组织化和再组织化热潮的背后是这一时期行业协会的普遍成长。洗衣房业主一直以来都是先锋行业。他们在 19 世纪 80 年代就成立了行业协会，但是到了 20 世纪 20 年代，屠户、面包师和烛台制造商都利用起协会所带来的好处了。[48] 洗衣房业主也加入各种地方的和全国性的组织，包括服务业俱乐部和商会（在美国），因为在那里他们可以遇到其他商人。[49]

让竞争变得更可预计、更稳定是行业协会长期以来的功能之一。在一个按周计算收入的行业中，损失的收入是永远无法补救回来的。洗衣房业主没有“存货清单”，他们没法在市场繁荣时备货和销售，而价格战不过是在敲响丧钟。在特定城市
165 或地区建立最低价格的垄断机制是解决价格战危机显而易见的方法。

在 20 世纪 20 年代，美国和英国的协会要是与它们的会员签订限价协定的话，那它们就站在违法的边缘了。议会在 1920 年对洗衣房的暴利问题展开调查，但是调查结果认为，这个行业很特殊，对顾客的要求非常敏感，并且由于缺乏组织力而无法让竞争充分开展。[50] 总体来说，英国政府相比于美国联邦政府，对垄断活动的关注少得多。全国协会只是向它的会员提出“建议”价格，而地方协会却能经常在会员间达成契约协议。[51] 各种形式的政府监管措施在颁布时参考了行业协会的意见，所

以最终只是部分地解决了问题。同时，行业协会也尝试着鼓励洗衣房业主学习初级的会计和企业经济学知识，这样他们才能理解他们所提供服务的实际价格。[52]

相较于强制手段，行业协会更倾向于通过公开推广特定操作规范与技术标准，以此劝导后进的洗衣房业主遵循行业统一准则。“我们知道，管理规范的洗衣房在市场竞争中更具优势，而那些不规范的，不仅自损声誉，更会拖累整个行业。”一份美国洗衣杂志如此说道。[53] 还有文章从另一个角度解释：“方法和品质要求标准化，以致公众可以知道该期待着什么。在经历了无数的痛苦之后，顾客才能找到符合其胃口的那家洗衣房。在她搬到另一个城镇时，她有权利期待着得到类似的服务。”[54]

行业协会一直在倡导更好的经营理念。在过去，它们主要作为一个论坛而运作着，一个个的洗衣房业主可以在这里分享他们的观点。在 20 世纪 20 年代，各领域纷纷建立此类行业机构的风潮，标志着标准化理念的全球转向——这些标准通常由专业研究局制定，并逐渐成为普适性规范。资源整合成为小企业主模仿杜邦和福特这样的工业巨头的技术方法的一条路
径。1000 位洗衣房业主聚在一起就能够拿出资金进行持续的研 166
究并不断发展，或者可以雇用一位麦迪逊大街的事务所的设计师设计出一个适用全国的广告。

到 20 世纪 20 年代，全国洗衣工协会成立了部门负责研

究并给会员提供关于会计、成本计算、工程、广告和人际关系的指导信息。该协会还资助了两位梅伦工业研究所（Mellon Institute of Industrial Research）的化学家开展工作。H.G. 埃利奇博士和一位“研究生化学家”爱丽丝·L. 韦克菲尔德一起测试了各种肥皂和其他洗衣化学剂的效果，为协会会员出版了标准操作手册。全国洗衣工协会的会计和成本计算部门则为洗衣房开发了会计程序。这个协会也在《周六晚邮报》（*Saturday Evening Post*）和其他大众杂志上发起了声势浩大的宣传活动。[55]捐款和会员费为这些活动提供了资金。

英国洗衣业主联盟（British Federation of Launderers）也采纳了这种模式，但是它并没有像全国洗衣工协会那样创建内部部门。该联盟在 20 世纪 20 年代早期创建了科学研究协会（Scientific Research Association）这样的实验室。这个实验室由政府资助（明显受到改善英国竞争力的误导而拨付了款项）建立，而不是由联盟自己出钱。有人指责说联盟的某些会员将研究数据秘不示人，只为了自己获利使用。[56]到 1935 年，联盟已经成功建立了一个永久性机构——英国洗衣研究协会（British Laundry Research Association）。就在 1935 年，在五六百名洗衣房业主的支持下，该协会一年的研究经费接近 5000 英镑。[57]

不断推陈出新的商业活动、良好的宣传能力以及各种新建协会，不仅成为洗衣房业主改善自己企业经济能力的工具，也提供了一些保护，让那些主要面向家庭主妇的小规模服务店免于对自身地位的焦虑。正如前文所说，洗衣房行业的企业活动中所包含的理念并非在真空中形成。就跟其他企业主一样，洗衣房业主也要阅读报纸和杂志，还要在社群中与人交流。

这种自我意识不需要仔细审视就能知道别人是如何看待他们的。他们在阅读辛克莱·刘易斯（Sinclair Lewis）1922 年的
小说《巴比特》（*Babbitt*）时可能会感到很挫败。在这部描述小 167
城镇企业文化的小说中，乔治·巴比特这位平庸的地产经理人与他的妻子争论着是否要邀请当地洗衣房业主奥维尔·琼斯参加一场晚宴。巴比特愿意邀请琼斯：

“奥维尔是一位精明强干很有前途的伙计！”

“是的，我知道，但是——那可是一家洗衣房！”

“我承认，洗衣房还没有进入诗人或地产人的阶级，但是没什么不同，奥维尔非常有能力。难道不是他开启了对园艺学的高谈阔论吗？”[58]

当全国洗衣工协会 1921 年会议在玫瑰城（City of Roses）召开时，从波特兰市长虚伪的致辞中可以读出一种类似的、但更为微妙的信息。根据《洗衣时代》的说法，这位市长在开幕演讲中表示，所有全国洗衣工协会的会员都“面露富裕之色”。在他看来，他们“在外表上跟普通企业家并无二致。银行家、商人、木材商和制造商尚不如洗衣房业主……他们的下巴抬得

高高的，跟其他的企业主一样对自己的事业倍感骄傲”。[59]

对于许多美国洗衣房业主来说，全国洗衣工协会既给这些问题提供了避难所，也给出了解决办法。《洗衣时代》的编辑非常明确地表示了这点。全国洗衣工协会的“主要目标”，他写道：“是帮助洗衣房业主提升这个行业的整体地位，让其具有跟其他重要的、有根本性影响的行业一样的崇高地位。”[60]“让我们停止道歉，”另一篇文章表示，并指出洗衣房业主“总是在他们应当骄傲的地方歉意连连，在他们应当义愤填膺时低三下四。”[61]

一位言辞犀利的英国观察家指出，组织程度高的一系列会议，再加上大量的技术文献和志得意满的演讲实际上是在浪费时间和金钱，主要是让参加者感到自己比行业的前辈们有优越性。他表示：“除了它具有令人亢奋的氛围外，现代的会议并不总是比老式的酒馆集会要好。”会员们讨论的是“气候的湿度，而不是洗衣房中的蒸汽”。[62]

英国洗衣房业主通常使用更加特定的词语来界定自己的地位，而这是他们的美国同行所没有做到的。他们认为这个行业的地位因为经营不善的企业和跟工作过程相关的消极宣传而被削弱。在争取社会地位的过程中，他们没有利用好英国的王权
168 地位认定机制——而这是美国人所无法享有的。在 20 世纪 30 年代，洗衣行业的领导者决定，洗衣业主全国联盟应当改名为

英国洗衣业主协会（Institution of British Launderers），这样他们就可以要求获得皇家特许状了。一位英国洗衣业主对美国听众解释说，他希望最后“能看到一两位洗衣业主进入国王寿辰的授勋名单中。可以是爵士（Knight Bachelor）勋章，或至少也要是个官佐（Officer of the Order of the British Empire）勋章吧”。[63]

女性管理者的出现逐渐改变了英国协会的社交形态和组织文化，使其坚决地转向了异性共融模式。在大战后，这些女性开始公开质疑她们参加会议的权力，并且对联盟和地方协会领导层中男性的主导地位提出了挑战。1919 年，《动力洗衣房》刊登了一份女性洗衣房经理的演讲。这份演讲最初是在哈罗盖特的一次会议上发表的。这位女经理认为，协会从她这样的女性专家身上获益颇多。“我可以提倡一个更全面、与会员交流更密切的协会吗？可以让经受了考验的并富有经验的我们行业的妇女进入公共管理生活中吗？”她向在场的听众提出了这个颇为激烈的问题。[64]英国女性最终在联盟内部创立的替代性机构中找到了立足之地。1924 年，青年洗衣房业主协会（Young Launderers Association）创建起来了。妇女们很快就在其中取得了主导地位。[65]一些女性也建立了自己的组织，比如妇女洗衣业主社交俱乐部（Women Launderers' Social Club）。到 20 世纪 30 年代，联盟已经有了它的第一位女性主席了。[66]

一些英国洗衣业从业者还使用社交集会中的“为女士干杯”形式来表达对房间中的女性的敌视态度。在一份行业期刊上，《在沙滩农庄的快乐聚会》一文中出现了一些这样的言论。这篇文章的作者解释说，T. H. 科尔伯特将房间中的妻子与女性经理人混为一谈。他告诉聚会的群众：“女士们对她们的事业很感兴趣，并且他能说出许多她们对我们的生活所产生的影响。谁不曾感受过那双清凉的手抚慰自己滚烫的额头？谁不曾体会过俱乐部或兄弟会激烈活动后，那带着沉甸甸惩戒意味的手掌？又是谁不曾在发薪日急切地摊开双手呢？”面对着台下的听众，他说：“他可以确定，他们会同意他的观点的，即女士们具有相当重要的意义，特别是在洗衣业中，但是他希望她们能回
169 到 20 年前的样子。”据说法雷尔夫人这位某个部门主席的妻子回应道，她“更愿意被称为‘妇女（women）’，却不愿意被叫作‘女士（ladies）’”。她注意到，“过去的几年对女性们具有划时代的意义，但是她们还没有完全获得解放”。[67]

在美国的协会里，为数不多的女性经理和业主始终没有发出什么声音。在整个 20 世纪 20 年代，《国家洗衣杂志》有一个叫“这个行业中的男人们”的专栏。这个专栏会空出两个段落的篇幅认认真真地介绍男性洗衣从业者的爱好和商业成就。妇女们参加了地区或全国的会议，但是经常在开幕式演讲后就被赶出了房间。行业期刊主要从她们给会议带来的“装饰作用”

和道德激励的角度做出评论。[68]“新式女性”可能一直在进入这个行业的道路上前进，但是美国的洗衣房业主们不顾一切地忽视着她，除非她可以告诉他们女性消费者需要哪种有用的东西。

*

在 20 世纪 20 年代，洗衣房业主发明了一些方法以吸引新顾客，维系老顾客。由于他们所处行业的技术限制，他们既对那些能更有效利用机器的新式服务饱含期待，也力图通过宣传自己所采用的技术以改善公众对自己行业的看法。通过行业协会，他们还找到了方法改善这个行业的内部组织结构，并且提升了他们在社群中的社会地位。

这些活动的结果一言难尽。同时，来自内部和外部的压力一直存在——压力是由工人和改革挑动起来的。全球经济萧条和新消费文化的崛起将带来进一步的挑战。 170

第七章　“黑白之间”的洗衣房

两次世界大战期间，美国洗衣房的劳动力人口逐渐发生变化，越来越多的非裔美国女性（以及熟练程度更低的非裔美国男性）开始取代长期以来垄断了洗衣房工作的欧洲移民和本土出生的白人女性。这种变化在多个方面改变了这个行业。在工作场所，它创造了一种分级为两层的劳动力群体，主要按照种族界限划分。工资、劳动分工以及工厂文化都受到了影响。种族也成为塑造凝聚力和通过立法改革这个行业过程中的核心因素。这种美国类型在英国没有出现，后者在种族上和文化上仍旧呈同质性。在英国环境中的种族差异只呈现在象征和意识形态层面，而没有体现在日常关系中。

长期以来人们认为第一次世界大战是非裔美国人进入北方城市工厂工作的分水岭。大量的南方黑人迁徙而来，越来越多的白人不愿意适应这种最低收入的工资和最苦的工厂工作，以及 1924 年之后对移民所做的诸多限制，这些都是越来越多的雇主寻求非裔美国人填补职位空缺的原因。[1]洗衣房也不例外。1919 年，芝加哥种族关系委员会（Chicago Commission on Race Relationship）发现，“洗衣房中的工作机会实际上是向黑人女性关闭的，除非劳动力短缺迫使洗衣房业主转而利用这些劳动力资源”。[2] 171

黑人妇女特别喜欢进入洗衣房工作，从而逃离家庭劳动和南方的农业工作。芝加哥委员会表示，“黑人妇女急切地抛弃了家庭服务员的工作，以及‘家庭’洗衣女工的工作，因为这类工作带有社会污名并且限制了人际接触”。尽管这份工作闷热且艰难，但商业化洗衣房的工作比家庭洗衣工作仍有更大的吸引力。跟其他的工厂工作类似的是，“更大的独立性成为可能，工作时长也更好了，并且与其他工人的合作让工作日更有生气了”。[3]

世纪之交后，人口普查员开始追踪这些变化，准确度各不相同。1910 年时，他们发现，在认定自己属于“洗衣房操作员”（针对的是洗衣女工）的女性中有 16% 的人是非裔美国人。到 1920 年时，这一数字增加到 26%。尽管黑人工人在 1929 年股票市场崩盘后成为第一批失去工作的人群，但这一比例在之后的 20 世纪 30 年代持续增长。[4]

这些统计数据掩饰了地区性的差异。洗衣房工作在西部地区、波士顿和中西部小城市中主要还是白人女性在做。因为许多南方的白人妇女并不愿意跟非裔美国人一起工作，或者不愿意参与到被看作“有色人种”的工作中去，所以在南方的都市洗衣房中，黑人妇女占到劳动力的 80% 到 90%。南方洗衣房业主以种族原因为由的极低工资进一步强化了这种模式。

当然，洗衣房的种族人口中的最大变化出现在那些受北向劳动移民潮影响最大的城市中。底特律、克利夫兰、纽约和费城都经历了南方移民前来找工作的潮流。当时的人经常把芝加哥作为特别突出的例子拿来说事。1910 年，非裔美国人在芝加哥洗衣房操作员中只占很小的比例。到 1930 年，人口普查员确认 55% 的人是黑人。

洗衣房的工作对新来的南方移民和长期居住在城市、正处于从家庭服务业转型到工厂工作的非裔美国妇女都很重要。农业工人和家庭仆人通常发现他们的第一份工厂工作就是在洗衣房中。在 1910 年到 1920 年间，除了理发师和美容师行业外，
172 商业洗衣房中非裔美国工人人数的增长速度要比其他行业更快。[5] 20 世纪 20 年代末期，在接受妇女局（Women's Bureau）调查的 536 名黑人洗衣房操作员中，不到一半的人（233 人，占 43.5%）把家庭服务业列为她们仅有的前一份工作。紧随其后的是，有 26% 的人只在洗衣房中工作过。[6] 虽然有 6% 的黑人妇女曾经在其他类型的工厂工作过，但白人妇女在这一方面达到 21%。[7]

洗衣房工作长期以来都是将女性新人改造成工资劳动者的重要渠道。不过，移民妇女已经在很多行业中站稳脚跟。在洗衣房工作的黑人妇女要比她们的白人移民前辈多得多。为什么这些非裔美国妇女主要在洗衣房中找工作？为什么雇主们愿意雇用她们？尽管愿意在洗衣房中工作的白人妇女明显越来越少，并在劳动力市场中留下了不少空缺的职位，但是黑人妇女并没能直接填补别人留下的空缺。她们积极地寻求洗衣房工作，而没有进入其他种类的工作（其中一些工作让白人妇女感到更难接受）。雇主们大批量地将她们吸纳进来了。

在解释为什么如此多的黑人妇女通过洗衣房进入工业劳动力市场时，一个特别的解释是人们把洗衣房工作看作家庭劳动的范畴。尽管机械化让商业洗衣房与家庭洗衣工作有了很大的区别，但其与家庭劳动的联系还是有助于让雇主安心地雇用起非裔美国妇女来。一直到20世纪，黑人洗衣女工不仅成为一种普遍的文化偏见，而且是一种社会现实。无论在北方还是南方，人口普查员发现把自己认定为“洗衣妇”（washerwomen）的非裔美国妇女人数非常多。1920年，几乎20%的非裔美国妇女在调查中认为自己是（不属于洗衣房的）“洗衣女工”（laundress）。[8] 甚至在北方诸州，非裔美国洗衣妇的人数要比她们在洗衣房中工作的姐妹们人数多，几乎达到2：1。在南方， 173
这一差距更大。在城市化水平相对高的佐治亚州，36775名黑人妇女从事家庭洗衣工作，而只有 2094 名在洗衣房中工作。[9]

先前从事家庭洗衣工作的经历可能也是引导黑人妇女去洗衣房而不是在制造业中找工作的原因之一。大部分南方移民要么自己亲自参与，要么曾帮助女性亲属“在庭院中”（on the yard）工作。西尔维娅·伍兹这位非裔美国洗衣工后来成了一名劳工组织者和活动家。伍兹在 1924 年左右获得她的第一份工作就是在洗衣房中。这位新近到芝加哥的南方移民一直没能得到工作。她每天早晨都会来到邻近街区的洗衣房，直到该店经理心软下来并雇用了她。很明显，她根本就没打算到其他地方找工作。尽管她没有明确指出她为何去洗衣房，但她解释说，她的母亲曾经在新奥尔良的一个白人家庭洗过衣服。[10]

一旦受雇，非裔美国洗衣工就进入了一张由种族、阶级和性别编织而成的复杂关系网中。这些关系规定了她们能做什么，她们能获得多少报酬，以及她们与同事和雇主之间的关系如何。

作为一个群体，非裔美国妇女在洗衣工人中的报酬是最低的。不过，各个地区之间差异很大。非裔美国妇女人数比例越大、越靠近南部，工资差距也就越大。1927 年，妇女局的调查发现，在美国东部的黑人妇女收入中位数是白人妇女的 88%，而在南方则是 53%。[11] 督查员在 1934 年再次对这群劳动人口进行调查时发现，地区差异未发生变化。他们还发现，在洛杉矶的少数黑人洗衣工实际上比白人同事挣得稍微多一点儿。[12]

19——————许多来自南方的非裔美国妇女的工作生涯是从“在庭院中”洗衣服开始的。Photograph by Jack Delano, 1941. Farm Security Administration Collection, Library of Congress Prints and Photographs. 174

20——在两次世界大战期间，甚至一些亚裔美国人的洗衣房也会雇用非裔美国妇女。农业安全部（Farm Security Administration）的摄影师戈登·帕克斯（Gordon Parks）给这幅1942年的照片命名为“周一早上约翰尼·卢的华人洗衣房”。Farm Security Administration Collection, Library of Congress Prints and Photographs.

175

造成工资收入差异的因素很多。北方和南方的洗衣房都坚持技能和工资差异相对照的分类法。非裔美国妇女最可能干的活是捣衣工或机器操作员。先前的家庭工作经历也让她们得以胜任硕果仅存的手工熨烫工作。妇女局的督查员发现在北方洗衣房每个部门中都有黑人妇女——包括核验员和标记员这类地位较高的工作。不过，在南方洗衣房中，非裔美国妇女受到的约束更大。她们几乎从未接触过高等级的工作。跟她们的移民前辈一样，非裔美国妇女很少在“高端”（carriage trade）洗衣房中找到工作。在南方，这些洗衣工人最可能是在这个行业的最低收入的部门中被发现，特别是在毛巾和亚麻品储藏室中。

此外，南方的种族潜规则让亚特兰大、伯明翰和休斯敦等城市的洗衣房业主严格按照种族类别分配工作。尽管北方洗衣房业主也会在一定程度上依据种族情况分配工作，但他们更愿意奖励有技术娴熟者以及具备薪资谈判能力的工人。在某些情况下，北方更高的工资待遇也是因为这个时期变幻不定的最低工资制度造成的。[13]

雇佣的模式进一步影响到了工资收入。黑人妇女工作时间更长，但是她们获得报酬的次数也更多。即便黑人妇女可能出现在洗衣房的每一个职位上（除了监工职位），但她们更多是在捣衣工作和机器操作工作中一显身手，而白人妇女则主要承担标记员、分拣员和高档衣物熨烫工（fancy ironers）的工作。这

个现象在南方尤其明显。在那里，白人妇女垄断了对衣物进行
176 标记和分拣的工作。[14]

尽管这些统计数据说明了雇佣和工资的总体模式，但它们也只是间接地揭示了单个工人和雇主的态度和经历。总体来说，历史学家对女性工人之间或非裔美国妇女和她们的白人雇主之间的种族关系研究尚少。[15]我们并不清楚是否性别减弱了通常所说的男性工人之间的这种激烈敌对关系；我们也不清楚种族区别是否对女性工人阶级的意义不同于对男性或雇主的意义。

虽然我们想把洗衣工人的例子作为解释种族关系趋势的标准案例，但留存下来的证据不多。不过，各种故事的确说明了车间中的种族关系，特别是北方地区车间中关系的复杂性。即便南方雇主针对非裔美国工人的态度和政策通常是可以想见的，但是在北方地区，通过新式工人的融入而产生的关系类型却对工人和雇主来说都颇为新奇。1910 年，非裔美国工人对北方洗衣房业主来说还是很神秘的。《国家洗衣杂志》刊登的一篇叫作“如何在蒸汽洗衣房里利用黑人帮手？”就向未来的雇主们提供了相关的建议。[16]

影响洗衣房中种族关系的一个重要因素来自经理和洗衣房业主的态度。一些雇主把种族看作在工人中制造分歧的手段。一位非裔美国妇女告诉一位督查员：“一位有色人种女孩进来时，老板会说‘我们不能要你。白人女孩不想跟你们一起工

作’。这位有色人种女孩就要离开时，他又会说‘我想把你留下来，但是工资要比白人女孩低’。”这位雇主接着会开除白人工人，用黑人代替。这种做法进一步加深了工人之间的种族对立。非裔美国工人也经常抱怨，她们被迫接受最低工资的工作，但晋升机会总是给了白人妇女。[17]

西尔维娅·伍兹所说的白人工人的经历进一步说明了工厂中种族关系的复杂性。伍兹首先发现，在洗衣房中织物熨烫的工作普遍按照种族界限进行区分。白人妇女操作熨平机，而黑 177
人妇女则负责将衣物舒展开来。伍兹让白人妇女教她怎样添衣物，怎样叠衣物——这是获得报酬更高的“白人工作”（white jobs）所必需的技能。她还打探了白人同事的薪资水平，并借此要求加薪。一位白人工人提醒她不要这样做：“伙计，不要这样做，你会被开除的。”伍兹成功加了薪，却被要求不要告诉其他工人。当她没有这样做时，老板把她调到夜班去了，在这里都是黑人劳工在工作。当她随后发现这些工人都在偷窃被单作为对低工资的报复时，这位老板想任命一名白人妇女为监工。黑人工人则拒绝为她工作。[18]伍兹的案例之所以耐人寻味，部分在于它暗示了种族间的协作可能，以及所谓“黑人工作”与“白人工作”之间看似流动的界限。

与在她们之前到的移民工人一样，来自乡村和家庭服务业的非裔美国妇女不得不学习工业工作的方法。雇主们很明确地表示，他们更喜欢在北方出生的女性，而不是那些新移民，因为这些本地妇女已经明白她们需要做什么了。南方移民不仅不清楚怎么操作机器和做时间安排，而且这些工人带来了一种抵抗文化，这是她们当初在南方时与雇主之间斗智斗勇的结果。[19]在习惯了极低的工资和恶劣的工作环境后，这些工人尝试着让自己平静下来。南方的雇主对反抗行为睁一只眼闭一只眼，将其总结为黑人的“本性如此”，甚至以此作为自己付给黑人工人低工资的理由。南方劳工制度中种族偏见与低薪的恶性循环，既固化了雇主的歧视心态，也加剧了工人的反抗情绪。[20]

许多北方雇主对交替使用白人和黑人毫无心理障碍。他们对所有种族群体都有一定程度的期待，并且他们对不能胜任者会直接予以开除。经验老到的北方工人理解这一点。他们还明白的是，跟南方雇主不同，许多北方洗衣房业主会用相对高的工资奖赏掌握高技能、肯吃苦的妇女——即使她是一名黑人。像西尔维娅·伍兹这样的工人就采取了其他的抵抗和谈判手段，
178 这让她们无须以拖沓和磨洋工的方式就能达到自己的目的。

这些不断变化的招聘模式并没有逃脱改革派的目光。他们长期以来对洗衣工人抱有很大的兴趣，特别是对那些妇女工人。这些组织的成员创造了一个进步主义时代，还创办了州级和联邦级的机构，比如，美国劳工部妇女局（Women's Bureau of the United States Department of Labor）。改革派的这些努力使非裔

美国妇女和种族关系成为两次世界大战期间改革议程中显而易见的部分。

这些妇女改革家从各个民权组织中获得灵感，也与它们缔结了同盟关系。她们共同为黑人妇女在劳工运动中找到了一席之地。但是，她们反对新政劳工与救济计划中种族歧视的抗争却收效甚微。尽管她们的努力影响到了很多工人，但这些改革家为洗衣工人做出了特别的贡献。跟她们的前辈一样，她们把洗衣工人所面临的问题和成功之处看作美国工业化各种病症的体现。在两次世界大战期间，这些问题不仅包括阶级和性别问题，还包括种族关系问题。

随着南方移民在世纪之交后不断增加，参与到社会工作、慈善中心和劳工组织的妇女自然会感知到非裔美国妇女的特别需求和面临的问题。简·亚当斯与多位知名进步女性，早在 1909 年便成为全美有色人种协进会（NAACP）的早期支持者，同时还助力于两次世界大战期间研究并援助城市黑人的主要组织——全国城市联盟（National Urban League）。在第一次世界大战期间，劳工群体中的妇女因战时动员而获得了更多的经历，许多黑人妇女由此第一次进入工厂工作。[21] 就在战争结束后不久，消费者联盟（Consumers' League）、妇女工会联盟（Women's Trade Union League）和新成立的妇女局都开始实施特别的政策，力图了解并消除妇女所面临的困境。

大部分改革家的工作针对的是洗衣房的雇主。他们与妇女工会联盟及其纽约分会（NYWTUL）有着直接或间接的联系。
179 正如之前所说，纽约分会及其全国性总部长期以来致力于将洗衣工人组织起来，并且在推动保护性立法上功劳甚大。到20世纪20年代，妇女工会联盟的领导权已经从精英派妇女转到工人阶级妇女手中。洗衣工人的故事与罗斯·施奈德曼（Rose Schneiderman）的职业生涯尤其密切相关。这位施奈德曼原先是一位服装工人，后来在20世纪20年代成为妇女工会联盟纽约分会的主席，而且在1933年成为国家工业复兴管理局劳动咨询委员会中唯一的女性成员。

在20世纪20年代，妇女工会联盟纽约分会与城市联盟和其他非裔美国劳工组织者合作，共同实现了洗衣工人的工会化。在这一系列互动过程中，施奈德曼和数名联盟的组织者以及各种其他组织加深了对黑人社群的了解。到20世纪30年代，这些努力已经习以为常，以致种族不再是联盟中需要明确讨论的问题了。在同一时期，虽然非裔美国劳工社群与女性改革家共同组建了盟友关系，但这个组织的领导权看起来为男性独自掌握。吸引这些组织参与洗衣工人动员的部分原因，在于此举对非裔美国男性的好处，他们在毛巾与布草类洗衣厂的洗衣房劳动力中占据很大比例。

在某些方面，妇女改革家在将女性工人组织起来过程中积累的长期经验可能也让她们具备对黑人工人更深切的理解。许多男性劳工领导人对那些不了解其所说的“工会原则”的工人特别没有耐心，对那些不适应工会文化的工人不屑一顾。其实这些工人不理解的是这些本质上属于白种男性工匠世界的仪式和语言罢了。这些妇女改革家却理解工人们所遇到的麻烦，理解他们对学徒制经验的匮乏。她们中的许多人就来自乡村或者先前曾从事过家庭服务业。在各种课程和会议中，联盟教给了这些工人劳工文化中的形式要求和行为要求。从她们与移民妇女打交道的过程中，施奈德曼和其他人也了解到，针对白人男性主流之外的劳工群体，必须重塑动员策略以切合其需求。否则，等待她们的只会是空空如也的大厅和失败的工会。 180

劳工部妇女局同样发挥了关键作用：既为改革者提供了洗衣工人的翔实数据，又在两次世界大战间深刻影响了联邦政策的走向。妇女工会联盟也成为一批批深刻影响着联邦政策的妇女群体中的纽带。从这个组织建立之初，也就是第一次世界大战的末期，妇女局的领导层就对非裔美国妇女和洗衣房中的妇女有着特别的兴趣。1919 年，妇女局局长玛丽·安德森雇用了非裔美国经济学家海伦·布鲁克斯·欧文（Helen Brooks Irvin）就非裔美国妇女工人的地位和需求向妇女局提供建议。[22] 她们促进该局形成了对洗衣工人和非裔美国妇女的特别关注。这种种族意识也在妇女局的报告里所创造的分析类别中得到明显体现。虽然大部分进步主义时代的报告将工人分成了一个个的种族类别，并且分为“外国出生” *v.* “本国出生”，但是到 20 世纪 30 年代时，大部分的工人仍按照他们的性别和种族归类。

要理解妇女改革家和民权群体的行动，就必须了解他们各自对自身激进主义所带来的局限性。许多白人改革家在无意识中将他们文化中的种族态度带到了工作中。比如，在报告和其他出版物中，他们使用固有的种族偏见对工人进行绘声绘色的描述。在妇女工会联盟杂志《生活与劳动》（*Life and Labor*）的一篇关于洗衣房的文章中，一位白人大学生描述了她伪装成一名洗衣工人后的经历，但是她也反复地将一位同事称为“老嬷嬷”（old Mammy）。[23]

妇女改革家们理解黑人妇女是她们研究对象的组成部分，但是她们对性别的重视大于种族问题。当必须做出政治上的选择时，她们放弃了种族平等至上的理念。[24]

*

在一定程度上，非裔美国工人进入洗衣行业反映了更早期的移民妇女群体把洗衣房工作作为进入其他类型工厂工作的传

统。不过，在美国，种族（race）与族裔（ethnicity）的意义并 181
不相同。其中的意义又随着地区的差异而进一步碎片化，并且
会因阶级和性别的不同而发生改变。种族在两次世界大战期间
推动监管和工会形成过程中具有出人意料的重要性。 182

第八章　国家的介入

1948 年，塞西尔·罗伯茨（Cecil Roberts）为其家族在普利茅斯洗衣房的历史撰写了一部私人作品。在这本书中，他回忆了从一战战场返回时发现这个曾经安宁的、简朴的米尔湾天堂正被困难萦绕着。经济萧条、劳工骚动和不断变化的消费习惯威胁着洗衣房的生意。此外，英国政府告知罗伯茨，洗衣业很快就要面临新的监管。议会刚刚扩大了《行业委员会法》的管辖范围，而米尔湾洗衣房需要在 1919 年 11 月开始服从监管规定。罗伯茨表示，该法案有效地让他家族的女性雇员工资翻倍。[1]

米尔湾经受住了《行业委员会法》、经济萧条，以及最艰难的近 50 次的德军空袭——将普利茅斯市中心炸平并将米尔湾洗衣厂部分烧毁——的考验。罗伯茨成为这个行业的显赫人物，积极参与到行业协会中，并且热衷于参观外国的洗衣房。因此，他对国家规定最低工资制度的长期影响未出恶言也就情有可原了。他写道，为了回应行业协会的派系立场，尽管《行业委员会法》中规定“在施行后引发了巨大的困难，但人们普遍认识到，这个行业在长期发展过程中是会受益的”。[2]

1933 年，《国家工业复兴法》（NIRA）规定，各州可对价格和工资进行广泛监管，面对这种可能性，许多美国洗衣房业主起初对各州通过监管不良竞争来稳定行业的努力表示欢迎。这 183
种合作精神并未持续多久。若干因素让美国人的努力变得一言难尽，而这些因素也不在英国的罗伯茨经验范围之内。工资和种族的关系显示出特别的争议性。许多南方洗衣房业主宣称，他们绝不反对某种形式的最低工资制度，但是他们认为，一个华盛顿的委员会提出的每周 14 美元的最低工资太高了，不足以支付他们以非裔美国人为主的劳动力。

《国家工业复兴法》和《行业委员会法》与早先的立法不同。现在的法案关注到了原先神圣不可侵犯的工资领域。这个行业的工资单几乎占据了成本的 50%。对于这样的行业来说，明确规定的最低工资制度有着深刻的影响。[3] 通过确保给甚至是最年轻的、技能匮乏的工人以一定的最低工资，这些法案阻碍了机械化的进程，并且也削弱了廉价女性劳工的优势。不过，作为回报，英国政府向雇主允诺，这样的法律将会把不良的竞争者赶走。在美国，全国复兴署（NRA）允诺通过建立面向服务业的最低价格来补偿企业。这给洗衣房业主提供了安慰剂，因为这些业主相信，他们主要的竞争对手是那些不受监管的家庭主妇和洗衣妇。

这些面向工人的表面上的胜利隐藏了监管中更复杂的一面。《国家工业复兴法》和《行业委员会法》给企业和劳工都提供了通过立法重塑行业的机会。[4]它们也给相关利益派别提供了政策机遇，而不是像先前那样把重任交给专家。这些举措力图从受影响的派系那里获得一致的意见。它们通过创办咨询委员会的方式将政策制定权向工人、雇主和公众开放。[5]

这种策略有意为每个人都提供某种东西：为工人提供更高的工资，为雇主提供某种稳定性以及在不良的竞争者威胁下的某种保护机制。不过，妥协并没有给大企业带来直接的胜利，这跟其他行业所遇到的情况一样。另外，在英国和美国，已有的基于种族、阶级和性别基础上的差异被镌刻在了法律被书
184 写和执行的过程中，这又削弱了其对工人群体来说更为激进的潜力。[6]

这些计划的实施对洗衣行业有着切实的影响。尽管行业协会的宣传中有时候喜欢把洗衣业的衰落归罪于国家监管，但是并没有确凿的证据可以证明这点。相反，带来的结果却更加微妙，影响到了洗衣房业主对技术和劳动力的选择；决定了哪种企业能够生存下来，并且更重要的是，影响到了洗衣工人组织起来的能力。英国洗衣房业主普遍认为，《行业委员会法》是两

次世界大战期间对该行业影响最大的法律。全国复兴署的遗产则更为模糊，但是它无疑为洗衣工人打开了建立有效劳动组织的大门。

对于那些熟悉大西洋两岸社会政策史的历史学家来说，《全国工业复兴法》和行业委员会可能初看起来不太一样。创建于 1909 年的行业委员会系统成为按行业建立最低工资制度的基础。这一制度直到今天仍然存在。与之相反，新政期间制定的《全国工业复兴法》是作为大萧条期间为了维护美国经济的稳定而推出的紧急手段。按照这部法律的规定，美国工业将组织起半私立的监管型组织，并授权在全行业内制定有约束力的工资和物价标准。尽管它为“第二次新政”期间劳工立法革命奠定了基础，但是全国复兴署本身存在的时间不长，并且最后也不太成功，只是在 1933 年到 1935 年期间存续着。[7]

即使有这些不同，通过行业委员会和全国复兴署对洗衣业 185
进行监管的努力中包含着值得比较的因素。二者都是国家级的。行业委员会在英国活动了很久，而在美国，全国复兴署则代表着第一次在联邦政府层面推动劳动标准和其他监管形式制定的广泛努力。尽管全国复兴署的监管范围不仅涵盖劳工标准，还包括价格水平与竞争条件，但最低工资标准最终成为制定《洗衣业规范》的核心争议点。这些条款直接或间接地推动了雇主与工人的组织化进程。

行业委员会和全国复兴署之间的相似性并非偶然出现。二者都是对跨大西洋世界关于如何以“民主的”方式和干预国家经济繁荣的方式消除工业资本主义中所存在问题的回应。跟之前所描述的许多改革活动一样，观念的流动主要是自东向西。[8]从其组成结构和诸多目标来看，全国复兴署可以被看作一次伟大的努力。全国复兴署力求模仿欧洲的模式，而它的创办者和运作者对欧洲人的所作所为是非常熟悉的。[9]

行业委员会

英国的行业委员会体系诞生于1909年议会的一道法令。这部法令明确了，在“血汗制”或工资非常低的行业中，应当在行业分类的基础上制定最低工资比例。[10]实际的工资等级是由工人和雇主组成的代表决定的。他们与公众一同又组建了委员会。一旦得到议会的确认，工资等级将具备法律的力量，并且由劳工部的代表负责实施。[11]

行业委员会法案一开始并未覆盖到洗衣业。不过，许多改革家参与到法案最初的起草工作中，而这些人长期以来对洗衣工作甚为关注。女性督查员和各种妇女改革组织的代表在游说将洗衣业纳入法案覆盖范围过程中发挥了强有力的作用，但是劳工部的官员在负责为将该行业纳入进来而收集观点时却发现，要想证明洗衣工人普遍属于低收入行列是很难的。他们的调查揭示出在这个行业中其他人已经知晓的一面——与其他女性工人相比，手工熨烫工收入相对较好并且实际上无法被归为“血汗劳工”。[12]

1913 年，劳工部的代表向议会提交了另一种举措。他们提议只能针对（织物）轧光机和熨烫机操作员——这是一个由于机械化发展而产生的日益壮大的低工资工人群体——设定工资水平。由于在法律推理和技术困扰方面存在某些问题，最初所提出的法律扩展排斥了手工洗衣房以及使用电力（而不是蒸汽动力）驱动机器的洗衣房。英国洗衣房业主坚决反对提议中的 186
法令。他们跟 20 世纪 30 年代时的美国同行所持观点类似，认为政府的行为以一种不公正的方式让他们的竞争对手——在这个法案中，指的是未机械化的洗衣房——从中获益。下院认可了这种观点并在 1913 年拒绝扩展该法案。[13] 这个问题一直搁置到一战末期。

在停战协定签订以后，改革派代表们再次急切地要将法案的覆盖面予以扩大。1918 年，这部法律覆盖范围发生改变，包括了工人缺乏组织的行业，以及工人工资很低的行业。改革派希望将他们包括进来不仅能改善这些工人无力实现集体谈判的困境，还能够消弭罢工。在这样的目的下，洗衣业明显适合被纳入法案的覆盖面。这一次法案的撰写者在将洗衣业纳入时也保证了洗衣业法案将适用于小微洗衣房以外的所有店面，这是为了满足洗衣房业主对竞争问题的关注——这种安排最终有利于更大型的、机械化水平更高的而且劳动成本占总成本更小的洗衣房。[14] 尽管法案并未建立在性别关系的基础之上（这跟同时期美国最低工资法案不同），但它依然在一开始就只适用于女性工人。不过，到了 1920 年时，修订版的法案将大部分男性工人纳入其中了。[15]

行业委员会法案将洗衣业纳入其中之时正值雇主和工人关系特别紧张时期。即便英国从未有过像美国大萧条时那种极度的危机感，但第一次世界大战的结束仍旧带来了经济的急剧衰退（如当时所称的“滑坡”）。不断延长的战争税进一步加重了洗衣业的负担，让价格居高不下。一份行业期刊就当时的情形揶揄道，人们看到洗过的衣物一直挂在公园巷（Park Lane）的某些大别墅外，这成为伦敦社区最独一无二的景致，因为甚至是最富有的消费者也能感受到物价之高和艰难时期的苦楚了。[16]

战争的结束给工人们带来各种各样的担忧。许多战时女
性工人随着武器生产的停滞和男性工人的归来而被挤出了收
187 入良好的职业。这些“流离失所”的妇女又再次涌入“女性
工作”的行列中，比如，洗衣行业。这些妇女一方面极力渴
求工作，但在另一方面又因战时的经历萌生了新的政治意识。

雪上加霜的是，政府制定了一项政策。这项政策要求向任何拒绝工作的女性取消她们的失业补助金，不论这份工作多么不合适，或者薪资多么微薄——甚至包括她们避之不及的家政服务领域。[17]包括妇女工人联盟在内的工会自战前就积极将洗衣工人组织起来，因此吸纳了大量急切的应征者。就在停战协定签订后不久，洗衣业就遭遇了由联盟的成员组织的一连串的罢工潮。[18]

1919 年 2 月 5 日，洗衣业委员会（Laundry board）召开了第一次会议，也开启了此后数年的一系列的会议。在历次的闭门会议中，整个委员会有 10—15 名代表出席。每一方都提出论点，然后为最终的妥协而讨价还价。这些会议亲密无间的氛围，是将行业委员会与全国复兴署的公开听证会的戏剧化场面区分开来的特征之一。

全国复兴署和行业委员会的支持者都愿意把这样的会议描述为民主的论坛。在这里，普普通通的工人和雇主（以及在美国的消费者）开会见面以实现互相的理解。英国改革家多萝西·塞尔斯（Dorothy Sells）对一位美国听众描述说，一位来自多塞特（Dorset）的家庭雇工“在一天的大部分时间里坐在农舍的台阶上织网，并注视着毫无变化的大海”。塞尔斯甚至说，当这位织网匠去伦敦参加行业委员会会议时，“她了解到了关于织网业的某些信息，也了解了人类发展的某些现状，以及关于互利合作活动的一些情况，而她把这些带回给了其他坐在多塞特台阶上的邻居”。[19]

塞尔斯夸大了普通工人和雇主所起到的作用。这些法案号召雇主、雇工和公众“提交请求”。不过，实际上，这只是意味着那些让行业协会运作起来的工会领导者和大型洗衣房业主能做到这点而已。在洗衣业委员会中，全国洗衣业合作联盟
188 和全国洗衣业协会联盟的领导人代表的是“雇主的一方”。来自六个不同工会的代表则为工人说话。其中包括两个接纳女性工人的大型综合工会：合作和商业雇工与联合工人联合工会（Amalgamated Union of Co-operative and Commercial Employees and Allied Workers）以及全国妇女工人联盟（National Federation of Women Workers）。[20] 由于英国的跨行业工会模式，一批劳工代表从未做过洗衣工，但又常年担任组织者，其中的许多人都是中产阶级或精英阶层的妇女改革家。“公众”则并不打算同美国那样去代表消费者，而是成为具有新思想的中产阶级，并在费边社会主义理念的指引下工作。塞尔斯将这些代表描述为典型的“一个律师，一位经济学或社会学教授，以及因工作杰出而闻名的女士”。[21] 就洗衣业委员会而言，它的许多代表占据这个位置超过 20 年。

在经过漫长的考量后，该委员会制定了一份工资等级表并传给劳工部让其在行业内分发。按照该委员会的设计，“最低工

资”制度与美国人现在所熟悉的简约风格的最低工资体系并无相似之处。它所说的最低的意思是实行最低工资的雇主在没有豁免的情况下能够合情合理地付给工人的工资。[22] 英国行业委员会为洗衣业中的每一项工作都设定了工资，从床单甩水工到添煤工都包括在内。最低工资额依据的是时薪，尽管督查员们还发展出了物价——工资等级表。这部法律并未将某些工人包括进来，比如学习工和年长者。该委员会还免除了两个地区的义务：因为持续贫困而处于动荡不安之中的北方苏格兰地区；由于锡矿业的崩溃而造成工资缩水的康沃尔地区。[23]

这份工资列表中所包含的结构特征以及工厂督查员对其所做的解释反映了在英国社会中工资劳动者所面临的复杂文化和经济价值观。该委员会的存在预示着一种信念，即工资水平是能够人为设定的，但它要在为工人提供一份生活收入的同时，还要反映出一位工人对雇主的价值。无论是英国还是美国的最低工资立法都认为，国家不能将工资水平设定到会给企业主造成灾难的程度上。官方的等级应当反映的是“好”或“最好” 189
的雇主所能支付的工资，而不应当是公务员创造的抽象公式的结果。

这种推论对于一个规模、机械化水平、企业间劳动分工都差异极大的行业来说，只是一种轻率的假设。在形成这种共识时，全国复兴署和行业委员会依靠的是原先的习惯。在这两国中，政策在设定工资时是根据行业平均水平还是根据“好”雇主的习惯之间摇摆不定，而对后者的青睐又经常意味着那些大型洗衣房的业主能够凭借自身企业的规模而在行业协会中起着主导作用，也能够承受得起一个更高的工资等级。英国人可能会把两种习惯混为一谈，而对于许多美国人来说，这二者之间的差异包含着一个关于制定法律目的的根本性问题。

虽然最终责任都将落在组成委员会的各个机构身上，但政府仍需一套基准数据来确定哪些工人应被纳入保障范围，并确保谈判各方在行业陈述中保持诚信。英国劳工部缺乏美国所掌握的统计和人口普查数据，这严重阻碍了其工作进展。在 1914 年首次尝试将洗衣行业纳入法案保障范围时，该部门不得不派出一名督查员前往伦敦六家劳工介绍所（labor exchanges）收集工资数据。而她所能提供的最新数据仅截至 1906 年。尽管她辩称 1906 年至 1914 年间该行业状况几无变化，但这个说法显然难以令人信服。[24]

在第一次世界大战之后，洗衣业委员会的成员仍旧缺乏关于工资等级的充分的数据。实际情况是，1919 年的工资标准是由仲裁委员会在经历妇女工人联盟（Federation of Women Workers）发起的一系列罢工后最终裁定的。[25] 之后发生更多的罢工威胁可能是造成这一妥协成果的原因。妇女工人联盟的代表玛丽·麦克阿瑟在仲裁委员会的第一次会议上就发表了精妙的威胁言论："就我所代表的女性劳动者而言，她们坚决要求通过劳资协商委员会或类似机制来确定工资标准。"之后，她又提醒雇主代表，"停止工作"是一个备选项。[26]

即便有这些问题，但洗衣业委员会的成员实际上能够让大部分的雇主认可并确信委员会的方案是公正的。他们严格遵循 190 既有的年龄、性别和技能分类体系，并未试图借助法律手段解决深层次的社会不平等问题（这是一个美国的改革派人士很难抵制的诱惑）。

在美国全国复兴署围绕工资标准的争论聚焦于黑人工人与白人工人的价值和需求差异时，英国体系展现的是一套涉及年龄、性别和技能等多重因素的复杂价值理念。这个体系还包括一种"想象的"标准工人，用以衡量他们在心理上和身体上的不足。该行业委员会在设立最低工资和赢得雇主对其服从上的成功说明，英国社会相对的同质化让其在达成某种标准范式上具备了某种可能性。

行业委员会体系下所需支付的最低工资涉及儿童。与全国复兴署的建设不同，英国的改革家并没有使用该法案消除童工问题（《工厂法》已经设定了最低工资）。工资等级针对女孩和男孩设定了通用工资水平，并逐渐增加工资额，直到他们 18 岁。工资等级的设计者认为，工人阶级女孩通常的人生轨迹是在 16 岁之前就进入劳动力市场。儿童被认为应当从各类"学徒”岗位逐步做起，直至最终退出劳动力市场或晋升至技术含量较高、薪酬优厚的岗位。至少在某些情况下，这一体系为雇主提供了雇用非常年幼的工人的依据。一方面，青少年也愿意就他们的年龄撒一下谎：有的是为了获得工作（说得比他们的实际年龄要小），有的是为了获得更高的工资（说得比实际年龄要大）。[27] 由于这些规范性假设，工人以“较晚的”年龄（在 16 岁之后）进入劳动力市场成为一个令人迷惑的问题。甚至到 1937 年，该委员会还在为 16 岁之后作为学徒的“晚入学者”制定特别的规定。这些妇女拿到的是收入更低的初学者的工资。另一方面，委员会的成员担心雇主可能根本不会雇用他们。[28]

工资等级化也将性别差异和性别上的劳动分工传统合法化了。大部分的行业委员会都认为，男人应当比女人挣得多。塞
191 尔斯表示，总体的经验法则是一位男士要挣得足够多才能支撑起一个家庭，而一位女士则只需挣到自己花的就行。[29]

除了认可了年龄和性别传统，工资等级化还通过采纳技能传统将洗衣业中的工作阶层具体化了。关于技能意味着什么的争论说明了关于技能的概念中通常所包含的武断的本质。在最初就将该法案适用于轧光工人而进行斗争时，洗衣房业主认为，轧光工作属于技能型工种。劳工部的科雷特小姐则指出，洗衣房业主先前一直都在宣称，轧光工作不需要技能。她又做了进

一步的区分，表示轧光工作中“不需要技能”，而是“需要持续的细心”。[30]

无论是当时之人还是历史学家都在谴责行业委员会设定的等级之低是不公正的。[31] 不过，对这种说法做出公正的评判是很难的。的确，委员会一开始设定的一小时 28 先令的工资看起来太微薄了。但是对于那些类似于米尔湾洗衣房的拿最低工资的工人来说，这项政策实际上使工资翻了一番。改革者们期望，最低工资标准能为工人提供基本保障，而有效的工会组织则能赋予工人争取远高于该标准的薪资议价能力。在洗衣业中，这种策略只取得了不尽如人意的成果。工会成员数在 20 世纪 20 年代飙涨，但是由于接连的萧条局面而崩溃。进一步讲，地方工会政治系统有时候会削弱该法律的能量。在米尔湾，罗伯茨同意了地方工会所坚持的要求，即如果已婚女性有丈夫可以养家糊口，就必须被解雇，这样未婚妇女才能得到工作。这样的政策实际上将许多最富经验、收入最高的工人排除出去了。[32]

全国复兴署

与英国的《行业委员会法》类似的是，美国的全国复兴署也是靠着早先的经验建立起来的。在全国复兴署委员会创建前，行业委员会体系最为直接引入美国的方式是通过州一级完成的。美国引入行业委员会体系是为妇女建立合理的最低工资制度。[33]在《公平劳动标准法》（Fair Labor Standards Act）执行以前，共有 17 个州尝试过建立最低工资法，其中大部分的州都采纳了英国体系中的某些元素，包括负责制定分行业工资比率的行业委
192 员会。洗衣业就在加利福尼亚、俄亥俄和新泽西等州中被特地挑选出来采纳这一体系。[34]早先州一级采用英国体系对后来这些州在全国复兴署的领导下取得更大成功是有作用的。

到 1933 年时，半官方性质的顾问委员会已成为许多美国人熟悉的政策制定参与方。一批洗衣房业主给全国复兴署写信，将章程委员会（code boards）与他们记忆中一战时期的战时工业委员会（War Industrial Board）相提并论。还有一些北方的洗衣房业主对各种州一级的劳工咨询委员会也甚为熟悉。

尽管全国复兴署的创立带有临时性特征，但是它的许多机制源自新政支持者所熟悉的一些计划。推动全国复兴署得以形成的那些人之前对最低工资委员会或战时工业委员会有所涉足。[35]罗斯福任命的劳工秘书弗朗西斯·珀金斯深入地参与到了创建纽约州的最低工资委员会的活动中。她既是妇女工会联盟的成员，又在罗斯福政府时期担任纽约州的工业专员。第二次世界大战之后，珀金斯继续认为如果美国采取行业委员会体

系的话结果会更好一些，坚持《公平劳动标准法》所建立的跨委员会的最低工资制度是一个错误。[36]

其他那些在新政初创时建言献策的女性改革家也参与到了几个北方州的最低工资委员会中。[37] 1933 年 8 月，即将被召到全国复兴署劳工咨询委员会工作的罗斯·施奈德曼获得了纽约最低工资洗衣业委员会（New York Minimum Wage Laundry Board）中的一个职位。纽约人模仿了英国行业委员会的模式，甚至包括“吸纳一位工作业绩突出的女士”这一要求——纽约的委员会任命了丹尼尔·奥戴夫人为“俱乐部女士”。[38] 全国复兴署主任休·约翰逊在第一次世界大战期间作为战争部代表在战时工业委员会中就已经接触过英国的委员会体系了。[39]

虽然全国复兴署和行业委员会具有某种结构和战略上的相似性，但它们具有不同的（尽管非对立的）目标，也是在极为不同的历史背景下被创建起来的。1919 年，扩大行业委员会法覆盖范围的倡导者把该法案描述为是对英国长期以来的社会和 193
经济问题的回应，特别是对加剧阶级斗争的潜在的地方贫困问题的一种回答。它是在一种令人惊讶的广泛认同中诞生的，这种认同感强调英国社会应当变得更为公正、更为人道——按照当时的说法就是，要成为一种恰如其分的“英雄之家”。尽管许多新政支持者（既有政策制定者，也有选民）怀有同样的期待，但是全国复兴署是作为一种临时性措施出现的。它的出现是对美国资本主义处于极大危机状态的一种回应。它明确的基础是建立在这样的一种假设之上，即对一场“造成全面的失业和工业失序的国家紧急状态”的反应。[40]《国家工业复兴法》所建立的经济理性要求劳工条款既要有利于雇主，也要给工人阶级带来好处。行业委员会体系的倡导者却没有明确做出如此的允诺。

全国复兴署的管理者一直想将服务业纳入自身的章程中来。对于全国复兴署来说，洗衣业看起来是纳入自身组织章程的一个良好的对象。这个行业雇用了接近 250000 名工人，并且雇主组织良好（既有全国性组织，也有地方性的行业组织），这与其他许多服务业截然不同。无论全国复兴署是否相信他们自己的说辞，他们常向洗衣房业主宣称这个行业正在被当作创建服务业规章的模范。一位愤世嫉俗的洗衣业从业者对此的看法略有不同，他说，洗衣行业之所以被选中，纯粹是因为“规模太大而无法被忽视”。[41]

全国复兴署也明白洗衣房业主的绝望之情。经济萧条给该行业造成了灭顶之灾。营业额的总体下滑影响到了每一个人，但是受损最大的是那些专营家庭洗衣业务的洗衣房。在 20 世纪 20 年代，这是洗衣房业主心心念念扩张业务的方向。他们中的许多人都背负着巨大的债务，就是为了通过投资新式机器提供初洗和晾干这样廉价的、技术密集型服务。现在，钱包日益干瘪的顾客通过自己洗衣服而节约下了几美元，同时，那些收入较高的顾客购买了洗衣机或把家政的钱给了那些提供服务近乎免费的洗衣妇，还有些人则把洗衣任务交给了朋友和邻居，因为这些人为了补贴家用不得不重操旧业。正如在许多其 194
他行业中那样，这一情形由于“残忍的竞争”——为了将竞争者赶出该行业，以成本较低的价格或低于成本的价格来做营销活动——而进一步恶化了。即使全国复兴署在不断努力，这一现象在 20 世纪 20 年代迅速传播。到大萧条早年，它已然风行，尤其是在城市地区。[42]

在总统宣布建立全国复兴署而引发的一阵骚动之后，官员们推动着行业协会快速制定出特定行业的规章制度。在他们弄清楚这些规章在其他行业如何运行之前，全国复兴署的领导层有意决定推迟做出任何保证。[43] 他们还要求企业主不要签署所谓的“一揽子”协议，因为这种协议会使企业主承诺给他们“行业的”雇员提供每小时 40 美分的收入。由于担心这种立场会遭到公众的谴责，全国复兴署很快就起草并提交了一份临时章程。不过，总统的洗衣业复工协议（Re-employment Agreement）要比一揽子协议更能为人所接受——在复工协议中，最低工资要求每小时 14 美分。1933 年夏末，公众对全国复兴署的热情走高，许多洗衣业主也签署了临时协议。[44]

与英国行业委员会由利益相关方提出主张并通过协商达成协议的模式不同，美国洗衣行业法规的制定程序始于行业协会的主导。1933 年春，在伊利诺伊州乔利埃特（Joliet）的洗衣房业主全国协会总部，人们开始研究并撰写规章草案。有三个咨询委员会在编订规章时咨询了全国复兴署，涉及企业、工人和消费者三方。

全国复兴署提议，避免（像其他行业那样）制定单一的、全国性的标准，这个国家应当被分为六个地区，而且在大都市区和小城市之间要有所区分。这一体系带来的一个结果是南方地区的工资比率显著更低。在那里，提议中的每小时 14 美分的最低工资是所有规章委员会曾提出过的最低的。[45]

全国复兴署的律师最初认为，这样独特的安排是必要的，因为这个行业的竞争是地区性的，并且在南方的生活成本要更
195 低。因此，南方的消费者无法承受更高的洗衣费用，而南方的工人也就无须更高的工资了。这样的观点与那种认为为北方苏格兰和康沃尔地区制定更低工资比率的逻辑并无太大不同。不过，美国的情况总是与种族有关。许多南方的洗衣房业主并不愿意按照拟议的规章给大部分非裔美国工人提供超过每小时 14 美分的工资。这些洗衣房在美国南部地区的市场根基同样薄弱，因为当地的传统习俗和劳动力市场的种族格局使非裔洗衣妇成为极具竞争力的存在。

不过，许多南方洗衣房业主认为，工资标准并不算太低；即使低至每小时 14 美分的最低工资也意味着洗衣房业主无法与

洗衣妇和家庭主妇相抗衡。对于华盛顿特区的政策制定者而言，南方洗衣从业者接连寄来的露骨信件，更加佐证了全国洗衣工协会的种族主义立场。一位业主在致休·约翰逊的信中直言不讳："您或许不了解，但在洗衣房雇用这些迟钝愚笨的有色人种劳工，意味着我们几乎无利可图。"[46]

一旦全国洗衣工协会拟定了提议中的规章，全国复兴署明确要求，该草案须在利益相关方中传阅，并刊登于报刊以便公众知悉。随着全国洗衣工协会在伊利诺伊州的总部制定的文件问世，它和劳工支持者之间的良好关系开始消解了。怀着对全国洗衣工协会建立在种族基础上的策略的戒备心，那些认为全国复兴署应当成为实现社会正义和经济复苏的工具的各个团体开始动员起来了。在 11 月按期举行的关于洗衣房规章的公众听证会上，他们计划着将全国洗衣工协会的种族主义政策暴露于公众的审视之下，并且让劳工部和劳工咨询委员会确信要将提高南方的最低工资作为优先事项。内政部"黑人经济地位顾问"克拉克·福尔曼和他的助理——也是最终的继任者查尔斯·韦弗为这些活动提供了幕后支持。福尔曼和韦弗给弗朗西斯·珀金斯写了一系列的信件，提醒她全国洗衣工协会内在的目的。[47]由于不确定她是否接受，他们还给其他单位写信。通过福尔曼和韦弗的恳求，黑人妇女俱乐部、教师工会和基督教女青年会 196
（YWCA）的地方机构也给规章制定委员会（code board）发出

了信件和请愿书。[48]他们发现罗斯·施奈德曼是他们中最积极的代言人。一位劳工部的职员 M. J. 伯德为施奈德曼准备了一份内容广泛的备忘录，提供了关于南方非裔美国洗衣工人地位的统计数据和各种观点。[49]

随着听证会日期渐近，全国复兴署也准备了一份包括代表工人、雇主和消费者的各种组织和个人的备忘录。最终的列表反映了全国复兴署有时候互相冲突的重点工作，也说明了该组织在种族、阶级、性别政治上的矛盾之处。即便找到一个代表着洗衣行业的组织是一件相对容易之事，但工人和消费者的分类工作则问题重重。美国劳工联合会的洗衣业工会与女性工人之间有着一段漫长又压抑的历史。前者很难说代表着该行业中占大多数的女性。最后，美国劳工联合会和卡车司机工会为男性工人说话，而罗斯·施奈德曼（作为劳工咨询委员会中唯一的女性）则代表着女性。尽管施奈德曼明确将种族问题列为议事重点，但委员会并未安排非裔洗衣女工为自己权益发声（实际上，该委员会听取了大量其他工人的证词——几乎全是来自北方的男性司机）。

性别和阶级问题也主导着对消费者代表的选择。美国大学妇女协会（The American Association of University Women）被选为代表消费者说话，说明管理层认为消费是中产白人妇女的事。[50]将消费者群体纳入代表体系，标志着对传统劳资协商委员会模式的重大突破。尽管消费者的意见对规章的最终形成的直接影响有限，但他们被纳入体系极有可能具有政治原因。英国行业委员会自创设之初便被设计为不同社会阶级代表之间的对话机制，而美国将消费者纳入委员会的做法则有效缓解了阶级矛盾——这一制度设计传递出全国复兴署乃至整个新政超越阶级界限的政治理念。

1933 年 11 月 21 日，各大利益集团齐聚首府华盛顿参加规
章制定听证会。与行业委员会喜欢进行私下谈判不同，洗衣业 197
听证会是一个公共事件（这也可以看作美国人喜欢把民主与公共表演混为一谈的倾向）。只有一半的转写本流传了下来，但是其超过 500 页的数量足以说明这次听证会所具有的独特品质了。许多参会人员并不太清楚他们要完成什么，也不太清楚如何实现他们的目标。规章管理层明显把这次盛会看作所有利益集团都能产生参与感的一个论坛。行业委员会的会议是让参会者坐到谈判桌上。与此不同的是，全国洗衣工协会预先分发的方案将讨论内容严格限定在对该方案的批评与辩护上，其间还夹杂着某些既未细读方案，甚至对其存在都毫不知情者的发言。

在各种主张中，南方最低工资问题成为劳方和洗衣房业主之间冲突的中心环节。南方的洗衣房业主直言不讳地表达了自己的观点。他们和几个全国复兴署的代表作证指出，非裔美国工人与白人工人相比生产率更低，并且那些与南方的洗衣房展

开竞争的不受监管的洗衣妇愿意为了每天三餐或几便士就把活儿接下来。[51] 他们表明，如果全国复兴署的想法是监管竞争的话，这种监管应当延伸到那些洗衣业从业者身上。

改革派的代表抗议南方的观点。一位妇女局的代表——她代其领导玛丽·安德森（Mary Anderson）讲话——指出，南方的方案削弱了最低工资制度中的根本性问题，即如此低的工资是无法增强工人购买力的。罗斯·施奈德曼随之发表了一段极为坦率的声明。跟英国的改革家类似，她使用与公民身份和社会责任相关的措辞将洗衣房业主置于公共压力之下。她开始作证时就使用了讽刺的语气："当这位教授昨晚大谈南方洗衣业极其悲惨和贫穷的状态时，我几乎要哭出来了。"接着，她又指出，洗衣业在大萧条之前很多年里都在支付极低的工资，而整个美国有很多的雇主也在负债，但愿意通过提升工资而让所有
198 人都感到舒服。在攻击洗衣房业主的自由企业言论时，她建议，既然提议中的工资明显太低而无法让人生存，并且政府也愿意为救济而补足差额，那南方的洗衣从业者不如下定决心让政府掏钱支付工资。她在作证的最后表达了她的祝福：全国复兴署的"绅士们"会认识到他们在"给成千上万的在洗衣业工作的妇女们带来希望方面"所担负的责任。[52]

为了证实南方洗衣从业者的立场并非对全国洗衣工协会政策的背离，就在听证会结束后，该组织的一名律师向全国复兴

署发送了一份简报，概述了其工资标准的依据。这份简报很直白地列举了最低工资制度的种族基础："在南方，几乎 95% 的生产性劳动力是黑人。这是一个劳动效率不高的阶级，毫无技能，动作缓慢。"这封简报继而说道，南方的雇主更喜欢雇用白人工人，因为他们生产效率更高，但是"在有些部门中已经有有色人种雇工在工作了，由于社会分隔，再去雇用白人工人就不可能了"。[53]

实际上，许多洗衣工人（或者洗衣房业主）并没有很快迎来希望。就在洗衣业规章制度谈判之际，一些对全国洗衣工协会的服务规则形成挑战的事件开始出现在法庭上。那些最受洗衣业社群关注的案子涉及为染色业和干洗业制定最低工资章程。由于急于避免对宪政形成直接的挑战，全国复兴署修订了拟议中的洗衣业规章，允许将人们所说的"地方自决条款"（local option）纳入其中。地方自决条款规定：不同于由全国洗衣工协会签署一份全行业通用的法规，地方团体必须获得该地区 70% 洗衣业主的认可，证明当地存在"紧急状况"且需要实施该法规。[54] 负责法规的官员对地方自决的宪法依据讳莫如深，仅以"法规在地方层面更易执行"这种近乎空洞的说辞作为理由。[55]

而正是洗衣行业的特殊性，使全国洗衣工协会最终接受了这一地方自决机制。它愿意放弃基础的全国性的竞争标准——

199 正是全国复兴署的规章使它们对大型制造厂产生了吸引力——因为洗衣业的竞争一直是地方性的。那些反对每小时 14 美分最低工资的南方洗衣房业主明显从中获益最大。他们进而又愿意放弃与占少数的南方白种工人的友好关系。这些南方白种工人与伯明翰洗衣工工会主席 M. A. 弗特都认为政府有责任给“白种的、有技能的或生产效率高的劳工”以“有尊严的生活工资”，即便它没有为非裔美国人这样做。[56]

在全国复兴署那里引发的恐慌很快就平息了，因为一位纽约的法官针对最受关注的 1934 年 4 月的干洗案作出了一份裁决，支持了反对限价的强制令。该裁决还声明，该案件不能用于挑战联邦政府对跨州商务的监管权，因为争议中的洗衣房在纽约和新泽西都有工厂。休・约翰逊对该行业宣布："法律执行过程中所存在的不确定性必须予以终结。”[57] 不过，全国复兴署的救助工作是短命的。额外的宪制焦虑导致行政命令要求全国复兴署停止在服务业中实行价格管控。不久之后，《丹诺报告》（Darrow Report）出台了。该报告严厉批评了全国复兴署，引发流言四起，并说服务业的规定已经被彻底取消了。[58]6 月份时，全国复兴署宣布“规章仍旧有效”，但是全国洗衣工协会难以发现该法规有任何实际效力迹象。耐人寻味的是，那些签署了总统的复工协议却从未支持过地方自决条款的业主，仍须继续履行该协议的各项条款。行业期刊将复工协议与全国复兴署分别称为“老鹰”（old eagle）和“新鹰”（new eagle）。

事实上，在最高法院对“谢克特诉美国案”（*Schecter vs. United States*）作出裁决、终结全国复兴署前近一年，各类服务业法规便已名存实亡。不过，全国复兴署仍然在推动州一级的立法，以期完成全国计划的某些目标。因为洗衣业不受《公平劳动标准法》所规定的最低工资制度的制约的情形一直维持到 1966 年，这些州一级的立法就成为接下来 30 年里针对洗衣工人的唯一的立法措施了。[59]

奇怪的是，在一些州里，洗衣房业主本人也会推动最低工 200
资立法。在这次简短的“实验”过程中，全国复兴署也对该规章所包含的道德和不道德的立场做出了完全相反的评价，令人啧啧称奇。一开始时，洗衣房业主强烈抵制法规中关于工资与工时的条款，同时又将价格下限标榜为配合监管的回报。然而到 1934 年年中时，他们却转而抨击政府强制的价格管制，同时竟开始支持最低工资立法。当全国复兴署垮台时，在北部和中西部诸州的地方行业协会请愿要求州对最低工资进行立法，或者执行已经登记在案的立法规定。许多洗衣房业主意识到，最低工资制度是将“骗子竞争者”赶出这个行业的好手段，比最低价格制度更为管用。[60] 同时，正如人们所料，种族继续成为南方诸州拒绝最低工资立法的核心原因。

1935 年，当全国复兴署垮台已经近在眼前时，复兴署劳工咨询委员会的霍华德·迈尔斯向妇女局主任玛丽·安德森建议对全国复兴署在洗衣业中实行最低工资制度的“充分性”进行研究。尽管安德森一开始很犹豫，但是在了解了这一意见不是来自全国复兴署的支持者，而是来自民权运动和改革派团体后，她采纳了这一建议。[61]

迈尔斯的意图明显是想让劳工部做好准备，以继续全国复兴署的计划。最后形成的报告让妇女改革团体和民权组织在某种程度上反击了全国洗衣工协会和南方洗衣房业主的种种算计。安德森表面上与全国洗衣工协会保持礼貌往来，而她的团队则暗中收集着有关南方洗衣房工资与利润的确凿证据。[62]收集到的证据显示，尽管南方工人的工资在全国最低，但南方的消费者没有从中获益——工资和利润之间的差额，全都落入了南方洗衣房业主的腰包。[63]

*

国家的干预越来越多地成为两次世界大战期间洗衣业的组成部分了。尽管工人们看起来成为这些举措的主要受益者，但
201 许多洗衣房业主把监管看作在激烈动荡的商业环境中控制竞争的手段。如果这些举措能够在国内普遍实行，他们对监管持欢

迎态度。

即便类似的策略在英国和美国实行时都要争取雇主的合作，但英国的行动取得了更多的成功。跟之前的时代一样，两国的宪政结构是产生不同结果的重要原因。甚至大萧条的环境也不足以让美国法官相信洗衣业属于跨州商业的一种形态。但是，美国的种族政治成为一张“万能牌”，它保证了在全国复兴署失败后，洗衣业将迎来一次公正、有效的规划。 202

第九章　在关系另一端的服从与执行

尽管全国复兴署和行业委员会就政策制定的民主化的说辞很丰富，但该行业的大部分成员对其中的立法过程几乎没有发言权。他们与州的关系，以及他们对法律的理解源自其在这一关系中另一端的经历：它是在阅读报纸和行业期刊的过程中形成的，是在接受行业委员会的邮件指示以及去邮局领取蓝鹰徽章时形成的，也是在与督查员和其他官员的会面时形成的。即便执行和实施过程中充满了压制性威胁，但是雇主和工人们可不是政策制定者自身意图的被动接受方。总体来看，雇主、工人、督查员和法官通过解释和互动重塑了政策。

全国复兴署和劳工部的成员认识到，一个结构良好的计划只是有效的社会政策的开始。全国复兴署和行业委员会长期以来取得的成功离不开那些在法律影响下建立的合作关系。英国政府能够很好地与洗衣业行业委员会达成一致。与之不同，全国复兴署却很快失去了其最为热忱的支持者的配合。洗衣房业主对这两种不同的工作方式之间的差异分得一清二楚：行业委员会能够保证执行力度，而全国复兴署则不能。[1]

应当承认，全国复兴署是个异类，甚至在美国的历史上，它的衰亡之快、之戏剧性也是不多见的。然而，在对它的独特之处进行一番剖析后会发现，美国人和英国人在理解这种法律 203
的本质及其与国家的关系时包含着更具系统性和持续性的差异。此外，全国复兴署和洗衣业行业委员会都不是在历史真空中创建的。参与到争论中的无论是一位厌倦了地方腐败的得克萨斯州洗衣从业者，还是一位先前的伦敦社会主义女经理，所有这些参与者就如何实现这些计划而做出决定时，都利用了他们早先的经历以及所形成的信念。类似地，这两项计划的成功与失败也产生了超越其直接范围的持久影响。

法律中固有的假设使法律的实施和执行变得复杂化。全国复兴署最初规划该计划时，其整体框架完全是为棉纺织业、汽车制造业等垄断性垂直整合行业量身打造的。在那种有着严格劳动分工或数百名雇工做着同一份工作的工厂里推行特定职位工资标准制度是相对容易的。在缺乏严格标准化流程的小型工厂（比如洗衣房）中，执行这一制度就有难度了。因为在这些工厂里，雇员们有时候不仅做一份工作或操作一台机器，他们的工作还伴随着对技能的内在要求，所以往往以一种具有高度异质性和零散的特征进行着。[2] 尽管议会和劳工部在编写行业协会法案时想着“血汗工业”问题，但是洗衣业的非生产性本质及其复杂的劳动组织过程在英国也引发了类似的问题。[3]

不管行业文献和政府宣传中针对监管对洗衣行业的最终益处如何描述，普通的洗衣房业主和经理还是发现新的监管措施是件麻烦事儿，不仅成本高昂，还要求有烦琐的记录保存与流程管理。比如，行业委员会系统要求企业主编纂详细的工资记录单——许多洗衣房业主从未这样做过。

为了适应洗衣业的复杂性，全国复兴署和行业委员会都利用起了多类别、分时段的管理体系。尤其是在美国，管理者们让洗衣房业主自行摸索如何使其行业的特殊性与法律设定的分类体系相契合。[4]新的法律也以一种更难预料的方式来到洗衣房
204 业主的面前。比如，全国复兴署对会员身份所需交纳的费用进行了一番评估。这笔钱用来在撰写规章制度时研究所用。[5]

此外，许多雇主和工人对政府和法律的运作方法认知极为模糊，因此他们很难准确地解释这些新法规如何适用于他们各自的具体情况。作为一个群体，洗衣房业主和经理通常并未受过良好的教育。许多人是从内部的工人或司机一路摸爬滚打上来的。在监管变得重要之前，他们的成功依靠的只是洗衣过程中的特定知识，并不需要精通劳工条例或商业理论。更有甚者纯粹是懒惰、愚钝又固执。就像那位英国雇主，他给 50 个工人支付每周 48 小时的工资，却从不关心工人是工作 10 小时还

是 80 小时。监管制度给他们的生意又徒增了烦恼，许多人发自内心地抵制对这些制度的学习。[6] 另一些人为了平账不惜编造借口或设计复杂的骗局，在违反劳动法遭起诉的威胁与债主凶神恶煞的逼债之间权衡之后，做出了自己的选择。

对法律的忽视与抵制给政府带来了两大挑战。国家监管的成功取决于多种手段的恰当运用：普及法律细则的教育措施，实现广泛自愿合作的措施，以及在其他手段失效时的强制惩罚机制。最理想的情况是，雇主能够理解法律规定，也自愿接受相关规定。能够让被起诉至法庭的雇主数量最小化是符合国家利益的。太多的诉讼将会产生怨恨并耗费政府的时间和资金。此外，英国司法系统往往保守，对劳工改革持敌视态度，经常袒护被告的雇主。[7]

在美国，全国复兴署的官员也尝试着避免走上法庭。由于害怕诉讼案件演变成一场宪法斗争，他们尽量避免采取赤裸裸的强制手段。相反，当局竭力说服雇主，为换取所谓的社会公益与自身长远利益，他们应当牺牲眼前利润。当局也使用固定化的检查制度作为一种教育工具，对首次违法者发出的是一次 205
警告，而不是法庭的传唤。

通过让行业协会和工会参与到政策制定过程中，全国复兴署利用这些组织的机制向外传播信息，宣传新推行的法案。行业期刊的编辑被要求为他们的读者印制法令。这些出版物的作者也主动参与到解释法律的工作中，或者他们还会请洗衣房业主以及（更少见一些的）政府代表赐稿。[8]

不过，发挥行业期刊的教育功能对于政府来说会成为一件具有危险性的事情。与他们在美国的同行相比，英国的编辑在撰写支持政府目标方面的文章时更具合作意识（或者至少会告诉洗衣房业主他们应当遵守法律）。美国杂志的编辑立场差异极大。受众面最大的《洗衣杂志》对全国复兴署的工作表达了并不相同的意见，从热情的支持到指责新政受共产主义影响等，应有尽有。美国编辑还通过转载其他出版物的剪报和读者来信，渲染强烈的反政府情绪，使反抗运动看似并非以全国洗衣工协会为核心，而是洗衣房业主的普遍共识。[9]

政府官员们发现让工人了解新的法律是最为困难的事情。在英国，《行业委员会法》明确规定，工资等级表应当张贴于明显之处，但是意图浑水摸鱼的雇主们使用各种策略和借口绕过这样的规定。最常用的手段是告诉督查员，通知已经张贴过了，但是蒸汽让它们脱落了，或者是说洗衣房经过了粉刷（当然，会说这是出于卫生的目的），所以所有的布告都要拿掉。一个特别狡猾的洗衣房业主会一本正经地宣称他已经张贴了通知——督查员发现这个人所说的通知就藏在女士的衣帽间中。[10]

全国复兴署的洗衣房规章有着类似的条款。该规章也明确规定“该行业的每一个成员都应当在其营业场所的钟表相邻处，或者在雇员的入口处以及其他三处显著位置展示标语牌，说明相关成员在经营活动中所实行的最低工资以及最长劳动时间”。[11] 工会也复制这些劳动规定，使用它们作为组织工具。美国劳工联合会的手册就宣扬“山姆大叔希望你加入工会”。[12] 206

为了防止雇主逃脱责任，全国复兴署和行业委员会都在发起更大规模的运动让雇主们相信，自愿服从（法律）对社会更为有益。美国人的“版本”最好被描述为诉诸爱国主义（催促雇主们出于对国家的忠诚而服从）。洗衣房业主在给全国复兴署写信时经常声称他们的动机出于作为公民的责任感，出于对国家目标的支持。许多人都在效仿一位罗德岛洗衣房业主。这位业主直接给复兴署署长休·约翰逊写信，宣称尽管缺乏执行力，但他仍愿意服从规章制度，因为洗衣房业主“100% 支持罗斯福总统、休·约翰逊和全国复兴署”。[13] 通过大众宣传运动，与全国复兴署的合作被标榜成了一种爱国主义行为。这不仅让公众了解到该计划的目标，而且跟游行活动和蓝鹰徽章一样起到了培育并展示全民支持的作用。

全国复兴署赋予公众一种语言，让其可以用于谈论交流合作（使用诸如“我们各司其职”这样的口号），也可以诋毁那些不合作者（把他们称为“骗子”或“无情的竞争者”）。跟类似的战时计划不同，新政支持者高举“社会公益”大旗，毫不遮掩其中的经济动机。他们反复强调，长期来看，改善工人的经济环境将有利于提高雇主的经济地位。

爱国主义策略尝试着将利益之间的差距最小化，肯定了政府可以通过吸收公民的建议而决定社会公益的可能性。不过，许多企业团体的成员并不想完全认同这类观念。这种爱国主义论调与当时流行的另一种观点冲突，许多人坚持认为政府监管违背了“美国私营自主与无限机遇”的信念。一篇特别富有激情的社论就生动地唤起了人们对共产主义幽灵的担忧。这位作者告诉《洗衣时代》的读者，“洗衣房业主中的上层占据绝对多数”，他们厌恶来自“职业社会工作者、工会劳工组织者和政治‘左派人士’这些向着莫斯科做祈祷之人”的批
207 评声。[14]

随着全国复兴署崩溃，公众的爱国主义与私人的自我利益之间的矛盾对于那些遵规守纪的洗衣房业主来说愈加明显了。他们不仅嘲笑这个行业中的“骗子”，那些自私自利的消费者也成为他们讽刺的对象。宾夕法尼亚洗衣房业主协会的主席就曾描述过后者的行为：他们“愿意参加爱国者会议，宣称他们对政府的忠诚，大声叫嚷着‘我们各司其职’。他们透过花园的栅栏告诉邻居他们应当支持全国复兴署，但是就是这些人为了给每捆衣物节约 5 美分而将他们的衣服给了一个骗子”。[15]

C. T. 托马森是得克萨斯州的一位洗衣房业主。托马森跟全国复兴署的官员长期通信。他在信中更加坦率地表达了观点。

他说，休斯敦的洗衣房业主关注的是固定的价格而不是上涨的工资。结果就是工人们并不比之前过得更好。此外，高定价让顾客不再去洗衣房了。托马森说，他们转而“让一位妇女来院子里干活”。他提供了他与一位顾客以及“全国复兴署某位合规女职员”（这位职员未能做到以身作则）进行的三方谈话作为证据。他在问这位女职员将衣物送到哪里时，并没有告知她自己的职业：“之后，她给他展示了她的真实立场。以下是她说的。‘我把我的衣物送到了一位黑人洗衣妇那里。她只收一半的钱就帮我把衣物洗干净了。’”在托马森问她这对全国复兴署是否公正，她回答说：“我不在乎。没有人告诉我要做什么。”之后，托马森表露了他是一位洗衣房业主，“她真是很快就逃离了。不过，她不是我遇见的唯一持有这种观点的人”。[16]

在公众面前宣扬爱国主义在英国的政治文化中并不陌生，却很少用于说服洗衣房业主与行业委员会进行合作。相反，劳工部的督查员、代表以及行业刊物，将公益理念与一套微妙（或可能只是定义不清）的“英格兰特质”概念捆绑在一起。他们认为，尽管阶级利益可能将雇主和雇员分裂开来，但他们享有共同的文化。关照弱势群体的义务与遵守法律的职责，正是这一文化最显著的两大特征。

这样的理念通过一个看似矛盾的威胁而得以强化：那些未 208
能践行“负责任的资本主义”（responsible capitalism）的人可能

丧失社会地位，而身体力行的人反而能提升自身社会地位。在反复论述中，“上等雇主”常被拿来与“不入流的雇主”形成鲜明对比。在为将洗衣房纳入《行业委员会法》而召开的议会准备证词时，工厂督查员克拉拉·科利特将地位论比喻为当时非常流行的虐待动物的行为：“给年轻的女士支付让其半饿死的薪水这种政策从雇主的角度来看并不明智（如同让一匹半饿死的马拉一辆货车）。”[17]

英国政体的某些理念也让督查员认为某些群体并不在其负责范围之内。最明显的是，行业协会的督查员并不检查华人洗衣从业者（尽管他们中的某些人会出现在督查员的名单中）。对许多督查员来说，华人并不属于形成约束的法律所属的政治群体，并且华人普遍被认为并不具备理解这些法案意图的能力和意愿。然而，由于华人洗衣房与白人洗衣房展开竞争，并且有时候跟受雇用的白人（英国的）妇女争夺工作。如果有雇员或竞争者明确提出要求，政府也会批准对此进行调查。

1937 年，英国劳工部在接到投诉后考虑起诉泰恩河畔纽卡斯尔的方华先生。该投诉“揭露其存在严重克扣工资行为，受害者不仅包括投诉人，还有一名英国女孩”。督查员在评估投诉人作证资格时，最终认定其可信度达标，理由是其“并非华人”，而是“中英混血儿”。[18] 负责该案件的女士督查员所写笔记说明，她对牵涉其中持保留态度，因为该案件牵涉的文化因素超出了她的经验。控诉本身部分源自一次未结清欠账的赌博争论而产生的复仇行为。督查员也不太相信能通过再教育的方式让方先生按照行业委员会的要求经营。她将他描述成“天生狡猾”，但是又“没什么文化”——既不会说也不会写英文。[19]

这些法案的执行为个体雇主与国家之间就工资劳动的意义进行谈判提供了场域。这部法律包括一条特定条款。该条款允许雇主宣布免于给身体或心理有缺陷的雇员或那些按照督查员 209
的话说“低于正常水平者”全额工资的责任。尽管官方的政策要求一位医生开具证实存在会造成生产效率不足的身体或心理残疾的证明，但督查员们在实际工作过程中被授权提供豁免权。当收到工作车间的报告后，他们就可以决定这些工人是否“值得”被支付行业委员会规定的工资。

在一件发挥了自由裁量权的案例中，督查员并不想起诉一位雇主。虽然这位雇主给他的一位洗衣工的薪资太低，但在调查后发现，这位工人已经在这家洗衣房工作了 15 年，而他已几乎失明。这位洗衣工人凭着触觉和长期培养的熟悉度能绕着洗衣房走路，但也给他的雇主制造了某些麻烦，因为他会把顾客的白色衣物和彩色衣物都放到一起进行洗涤。[20] 其他雇主在安排工人接受监察员问询后，同样获得了豁免许可。在一次对库博兰（Cumberland）煤城的一家洗衣房进行调查时发现了一系列的违法行为，但这位督查员决定为地方的特殊性而网开一面，因为“除了一位工人外，其他所有的工人都因年龄、经验的缺乏，身体不好或智力不足而弱于常人”。[21]

这种法律解释源自英国特有的家长式治理传统。督查员、雇主和共同体成员都认为，企业主愿意以低工资的方式接纳共同体中的边缘成员，而不会看着他们饿死。这样的行为在一个到处都是残障人士的社会中是有着充足的实践基础的。这些残障人士很多是归来的老兵以及因工伤或深受工业贫困之苦冲击的工人阶级。英国社会的种族单一性使该策略得以实施，因为雇主能够以“低能”为由针对个体进行歧视，而无需将矛头指向整个族群。

在自愿合作和免责条款无法得到应用的地方，强制性的威胁手段对于维护国家权威就显得必要了。无论是全国复兴署还是行业委员会的管理者都明白强制的必要性，但是他们还清楚，法令中所规定的角色需要与社会所理解的公正和必需理念相吻
210 合。争取自愿合作过程中所提出的观点也塑造并限制了国家代表所能使用的强制性手段。

从各方面来看，全国复兴署完全未能迫使人们服从。服务业中的组织无序问题远比制造业严重。[22] 打着效率的旗号并为了迎合美国政治文化中半自愿的压力，各行业都被期待着在政府试图推动法律执行前，它们能自行组成地方执行委员会。起初，全国复兴署的官员们承诺将对违法者执行严厉的罚款并快

速回应各种投诉。然而事实上，联邦全国复兴署计划下的洗衣业合规监管体系从未在全国任何地区真正有效运转（尽管新泽西州洗衣业复兴署委员会的执行力被公认为高效）。[23] 怀着绝望的心情，费城洗衣房业主们集资并每周花 60 美元雇用了一名督查员。甚至到这一步，他们还是发现地方执行委员会没能征收到一笔罚款。[24] 由于全国复兴署针对服务行业的法规缺乏坚实的法律依据，政府在执法过程中表现得极为审慎。

全国复兴署执行政策的失败是长期以来美国劳工法不均衡的执行过程中所积累的诸多问题的结果。甚至在有着长期工厂立法经验的北方诸州，有效的应用通常是偶发的、不规律的。工厂督查员有时候通过资助的方式得到他们的工作，但其本人既不勤奋也无技能，并且各州劳工部门命运的兴衰也仰仗于任职者的政治能力。大萧条的到来让监察制度和起诉制度所需资金减少，这又进一步恶化了这些问题。[25] 在南方，更严重的贫困和更露骨的种族歧视放大了所有这些问题。这与高度职业化的英国督查员制度形成鲜明对比，后者的命运相对来说能免受政治变迁的影响。

然而，相对于所熟悉的腐败的地方体系，个体洗衣房业主通常对联邦执行能力持有更多的信心。在他的另外一封信中，C. T. 托马森强调了地方政治腐败的诸多类型。由于认为地方制定规则的权力机构是腐败的并与休斯敦大型洗衣房和商会狼狈

211 为奸，托马森直接给华盛顿去信。他请求联邦政府为休斯敦地区提供一位地方规章管理者，而这位管理者不应是商会的成员，而应是一位“本性诚实并且能同样公正地对待雇主和雇员”的人。此外，全国复兴署“秘密地派了一位男性和一位女性”去休斯敦进行调查。他建议说，调查者采访工人时要在他们的家中进行，因为他一直以来都在被告知“操作员和店员一直受到威胁，声称如果他们敢揭露真实的工作环境，他们就会被开除并被排挤出局”。[26]

美国的行业期刊甚至质疑了政府执行它自己法律的能力。这些期刊拿禁酒案——政府无力有效地执行《沃尔斯特德法案》（*Volstead*）——说事，这可是美国人都很熟悉的事情。“你不会想再来一次禁酒乱局。”一篇文章如是说。[27]

跟在英国的情况类似，美国的执行政策包括自由裁量权下的豁免权的公布。令人感到惊异的是，洗衣房业主看起来并没有过于坚持认为华人洗衣房应当纳入《国家工业复兴法》的管辖。在评估芝加哥的情况时，妇女局的督查员发现，许多白人洗衣房业主相信“华人洗衣房正在逐渐退出，因为更年青一代的华人对洗衣工作并没有什么兴趣”。[28] 在类似旧金山这样的城市，全国复兴署的官员的确在试着让华人洗衣房业主（以及通常代表他们的堂会）遵守该法案，尽管这一努力没有太大作用。旧金山同心堂（Tung Hing Tong）的律师詹姆斯 · M. 汉利在1933年夏天给休·约翰逊发电报说，他的客户希望一种单独的规章，以符合“华人做生意的方式”。汉利建议说，该堂的合作意愿大体上是一种善意的姿态，因为“在旧金山的技能型华人洗衣工都能找到工作”。[29]

不过，许多洗衣房业主并没有关注亚裔洗衣房，他们希望
的是对洗衣妇和家庭仆役做出某种形式的监管。在一定意义上，
这种想法并没有太多的深谋远虑。政府本是可以让任何进入洗
衣业的人都要取得执照。南方的洗衣业主也强调了他们面临着
非裔美国洗衣妇的竞争。曾经向休·约翰逊抱怨他的非裔美国
工人动作缓慢且懒惰成性的那个通信者现在也支持政府对洗衣 212
妇采取监管措施。他觉得这是一个不错的观点，但是也认为执
行可能存在问题，并且写道（幻想着当年军事重建期的情形）：
“或许用一小支军队就能监督他们执行法令了。”[30]

英国人在利用诉讼威胁这种手段时更富成效。他们特别意识到，公开违背法案是不能被容忍的。在选择是否加以起诉时，他们对于是否出于故意的问题进行了严肃的考量。那些由于无知或由于处在极为困难的财政状况下而违背《行业委员会法》的雇主很少会出现在法庭上。而那些公开违抗法律或不服督查员管理的雇主则更有可能面对法官的审理。

对可能的诉讼案件进行调查而形成的档案揭示了执行的微妙边界以及自由裁量权中的根本性问题。它们也说明了像种族、

阶级和性别等身份是如何影响到违法者看待自己与国家关系的方式。许多违法者承认国家的权威，却也认为他们应当获得某种豁免。

其中一个最为复杂，也最精彩的行业委员会的案件阐明了行业组织的管理者和领导者在执行问题上做出公开承诺的重要性，以及个人在与国家打交道时将他们对法律的理解代入进来的意义。1921 年 1 月，一位督查员造访了伦敦的兰德尔之家（Randell House）洗衣房。在这里，督查员与经理卡洛琳·詹姆森夫人（Mrs. Caroline Jameson）谈话，并且检查了公司的档案记录。这位督查员发现，尽管所有的工人得到的薪水高于委员会的最低薪资要求，但是行业委员会的布告并未张贴出来。她在夏天时两次回访，都被詹姆森夫人拒之门外。为了找到更多的证据，这位督查员在周围邻里处进行了调查。她获得的印象是，詹姆森夫人是一位好雇主。她为在其他地方无法找到工作的妇女提供了工作，或者说，正如詹姆森夫人自己高调宣称的："我在这里雇用了 45 个人。她们中有跛足的、残疾的和耳聋的。"[31]

进一步的调查显示她所说的是实话。她的雇员中包括几个
213 反应迟钝的年轻人，一个小孩的单亲母亲，以及一位威胁着要是让她离职就会自杀的年老妇女。让督查员明显感到尴尬的是，詹姆森还为一位妇女提供了工作。这位妇女曾经在军需部担任

过秘书，并且还做过蒙塔古宫的图书管理员，直到男性工人们返回后，她就被排挤出来了。这家洗衣房也被发现处于资金紧张的地步，显而易见的是，詹姆森夫人正在自掏腰包，以免洗衣业委员会的领导们让她关门。[32]

看起来詹姆森夫人正努力改善工人的工作环境——实际上，是她自费完成的——并且督查员可以谅解她那微小的反常行为，其他一些雇主就曾有此待遇。的确，在詹姆森夫人看来，自己在为更高远的利益而做出贡献。不过，还是有督查员继续造访她的洗衣房并要起诉她。他们这样做是因为她故意地、公开地违背了法律，不仅在她开办企业过程中如此，还给报纸、行业期刊和政府官员写各种煽风点火的信件。洗衣从业者联合会（Federation of Launderers）领导施加的外部压力也迫使她们做出起诉的行为。这位领导以个人的名义给劳工部写信，威胁着说联合会成员“在詹姆森夫人被绳之以法之前是不理会行业委员会的要求的”。[33]

虽然詹姆森也用政府所擅长的“英格兰特质”和“社群”等概念给自己的违法行为找理由，但是她还质疑了政府是否比她更有能力理解如何才能做到善治。就跟她的许多美国同行一样，她认为政府的控制削弱了，或者说未能奖励个人主义中好的方面（当然，尽管她信中没有提到莫斯科或美国的生活方式）。在一封致劳工部长的信中，她展示了她得出这样的结论的原因：“40 年来我一直跟工人阶级打交道，并且我对此感到骄傲。同时，我拥有实践经验，这是极端不负责任的劳工部领导们所缺乏的。过去，我一直骄傲地将自己叫作‘社会主义者’，并且在一段时间里我还参加了本地区的独立工党（ILP）。”她指
214 责工会受到自私自利思想的驱动，而政府和雇主们又不理解多数女性工人的痛苦。与之相反，她则是“女人中的女人”，不同于掌控着行业协会的男性洗衣房业主。“我在这个行业里被许多人讽刺嘲笑。被叫作‘妇女纵容者’（pamperer of women）或‘流着口水的奶妈’（slobbering nurse）。”她写道。[34]

詹姆森尝试以不同方式与同业沟通，她在一封给《洗衣杂志》的公开信中将自己称为“自由商人”，秉持着“双手持枪、口衔利剑”的立场。不过，杂志的编辑并不欣赏这种充满男性气概的意象和公然挑衅的语气。虽然刊载了她的来信，但特别附加按语声明：本刊作为“负责任媒体”，绝不能“怂恿读者违法并承担后果”。[35]

最终当局决定起诉詹姆森。地方法官（与其众多保守派同僚如出一辙）对她作为资本代言人反抗社会主义政府干预的立场深表同情。他借此机会发表冗长演说，而一位督查员将此称为“对现行劳资委员会体制种种弊端的滔滔不绝的抨击”。不过，法官也有意将自己与詹姆森违抗法令的特殊行径保持距离，并将她称为一位“良知尚存但误入歧途之人”。[36]

总体来看，人们似乎把詹姆森看作一个怪人，但是他们并没有把她看作无害之人。洗衣房业主和政府代表针对她所持的恶意极有可能因为她的性别而更加严厉。无论是洗衣房业主还是督查员（大部分都是女性）看起来都对一位女性拥有这样的立场而感到既愤怒又迷茫。洗衣房业主们不太可能起来支持詹姆森夫人，因为她并不是男人中的一员。督查员们看起来对那些违法的女性要比对同样违法的男性更为严苛——这极有可能是因为人们假定女性“天生地”就能理解并认同法令的意图。詹姆森并非唯一遭受差别对待的女性管理者，与男性同行相比，她们往往面临更为严厉的处罚。[37]

在雇主深谙主流政治文化且具备应对高效国家监管经验的地区，法律实施的效果最为显著。在英国，督查员与小城镇的 215
洗衣房业主以及小企业主之间问题最严重，因为他们不属于行业协会并处于地方群体的保护网之下，这些地方群体把阶级利益置于国家权威之上。1928 年，劳工部试着起诉利德尼城（Lydney）一家小型洗衣房的经理，但没能成功，与詹姆森夫人不同，这家洗衣房的部分出资人及经理珀西 · T. 阿诺德有意少付雇员工资，并且在洗衣房档案和张贴的工资单上造假，而且他还试图以比周边洗衣房更低的价格进行销售，而后者正在执行行业委员会的最低工资要求。督查员皮尔斯小姐注意到这家洗衣房看起来财政状况并不好。督查员们在面对那些不支付正常工资但又经营不善的雇主时一般避免采用法庭审判的方式进行公开的羞辱。不过，在这个案件中，督查员还是建议进行起诉，因为阿诺德意图欺骗。[38]

一个由三位地方法官组成的评判小组听取了这个案件。皮尔斯小姐在另一位来自伦敦的女性成员的陪同下受委托代表政府方阐明观点。在听众席上坐着社区成员，包括新闻界的代表（行业委员会的案件在小城中很少出现，足以成为新闻）。在为阿诺德抗辩时，他的出资伙伴奥查德先生发表了一通针对阿诺德的让人难以忘怀的评判词，解释了他为什么仍会钦慕阿诺德，即使他损失了近 5000 英镑，以及法庭应当也免除他的过错的原因。“他是一位真正的白人男性，”《利德尼观察家报》（*Lydney Observer*）援引奥查德的话说，“他真是一位勤奋的人。有几次，我到利德尼城来，发现他的衬衣和裤子都湿漉漉的，但他还是在为这份事业而奋战。”《公民》（*The Citizen*）也引用奥查德的话：“他是一位真正的白人男性，从头到脚都如此。”该刊通讯记者还引用了阿诺德的证词。阿诺德向法庭解释说，他在洗衣房中投了钱，而他已经在破产的边缘了。[39]

法官们没有判定阿诺德有罪，尽管压倒性的证据显示并非如此。督查员认为，法官们缺乏对“劳工视角”的同情心无疑是这一判决的原因。一位督查员后来造访时发现阿诺德仍在洗
216 衣房中——他已经破产了，现在则在洗衣间中工作。这位督查

员注意到他拿到的工资低于行业委员会的最低工资要求。

*

在20世纪20年代和30年代，像阿诺德这样的英国洗衣房业主发现自己越来越难以在国家的控制之外挣钱了。随着监管范围变得更加广泛，利益群体都在评估其效果。在英国，行业委员会的影响似乎对这个行业中的许多人有着直接、明显的影响。1935年，正值乔治五世登基25周年。就在这一时刻回顾这个行业的发展历程时，J. J. 史塔克把《行业委员会法》的出台看作这个行业历史上最重要的事件。他表示，监管对鼓励机械化大有裨益。他也相信，正如许多其他的洗衣房业主所认为的那样，监管让洗衣房业主被迫钻研如何更好地组织他们的企业。[40]在面临着督查员造访的阴云下，经理和业主有史以来第一次积极地做好档案记录工作。洗衣业联合会从行业委员会体系中获益极大，在1919年后，无论是规模上还是权力上都有快速的增长。改革派人士本就有意让行业委员会成为促进工会化发展的动力。尽管该法案的确在一开始产生了效果，但是到20世纪30年代，成员人数快速下降。

关于全国复兴署在该计划短暂的生存期间对美国洗衣业的

影响就很难得出相似的结论了。的确，全国复兴署影响到了洗衣房业主和工人个人的生活。一些洗衣房业主出于原则意识遵从了全国复兴署的要求，虽然这导致了严重的资金损失，但至少洗衣房中的某些工人避免了失业。无论是欺骗还是遵循都不能保证在遭受大萧条侵袭的美国乱局中稳定经营。

全国复兴署的长期意义在于其过渡性的作用。总体来看，跟新政一样，该组织为不断增强的国家监管打开了大门。弗朗西斯·珀金斯后来写道，她认为全国复兴署的主要贡献在教化方面——它让人们相信这种监管是可能的。[41] 的确，这是在洗
217 衣房业主后来努力推动国家层面的最低工资法时产生的。最重要的是，《全国工业复兴法》的第 7A 条款保证了工人组织起来的权利，这为该行业历史上最特别、最成功的工会化趋势打开了大门。随着 1935 年的《瓦格纳法》（Wagner Act）通过，从
218 第 7A 条款涌出的涓涓细流变成了一场声势浩大的洪流。

第十章　妇女、男人与工会

1937 年，罗斯·施奈德曼宣布在一场后来被称为“三十年战争”的斗争中取得胜利。纽约妇女行业工会联盟在这场战争中将女性洗衣工组织起来了。[1] 作为身处经常做无用功的联盟中的强硬分子，施奈德曼了解究竟要做多少工作才值得庆贺一番：联合洗衣工人地方 300 分会（Local 300, United Laundry Workers [CIO]）的官员们宣称有接近 27000 名会员，会员人数增长了 2000%。因为就在三年前，作为美国劳工联合会前身的国际洗衣工联盟（ILWU）曾宣布仅有会员 1150 名。[2]

尽管洗衣房的司机在 20 世纪 30 年代之前在形成稳定的组织方面取得了一定的成功，但是大部分内场工人的工会长期以来处于缺乏组织力且资金不足的境地。[3] 不过，到了 20 世纪 30 年代后期，纽约的地方 300 分会成为鼎盛时期洗衣业工会中规模最大、发展最快的标杆之一。洗衣业工会的繁荣景象在全美各地均可看到，这也是该行业有史以来第一次出现的现象。更加明显的是（从劳工运动的角度来看），地方 300 分会以女性为主，是一个跨种族的协会。它最早的一批成员都是来自该行业中提供最低薪资的部门：毛巾和床单供应洗衣房。[4]

新政是这一切发生转变的无可争议的原因。1933 年，通过的《全国工业复兴法》引发了一波工会组织高潮，因为该法的第 7A 条款保证了工人组织工会的权利。在全国复兴署结束后，《瓦格纳法》(《全国劳工关系法》)，在 1935 年的通过以及 1937
219 年最高法院对该法的确认给予了工会和工人们以广泛的新式权利。这两大措施也向世人发出了信号，即国家现在支持有组织的工人——这与 20 世纪 20 年代反工会的氛围截然不同了。

许多工人证实了“工会”给他们的工作带来的巨大改变。缩短工时、提高薪资、稳定就业以及免受雇主任意欺压，这些只是部分益处。尽管雇主们有所抱怨，但他们也从中获利了。《瓦格纳法》是在 1934 年激烈的、遍及全国的罢工浪潮下通过的（罢工人员中包括洗衣工人）。该法在机制设计时明显是为了稳定劳工关系。无论这些行为是源自工人、工会还是雇主，这部法律的条文为“不公正的行为”提供了仲裁途径。有知识的雇主因此可以利用劳动契约和工会官员去规范工人。与长期以来作为主流方式的个人谈判不同，现在的谈判落入工会代表（shop stewards）、职业的工会主义者、律师、法官和会计人员之手。仲裁手段为解决差异提供了路径，并且让工会官员们得以介入洗衣房日常运行之中。

在纽约这样组织完善的城市，《瓦格纳法》对整个行业产生了变革性影响。小型洗衣房的业主曾很好地避开了全国复兴署以及各种国家层面监管工资和工作时长的努力。现在这些人发现他们受到了覆盖全城范围的协议的制约。一个“联合委员会”由各个业主和经理群体的代表组成，他们制定了这些协议。实际上，洗衣房现在受制于一个私有的全国复兴署，而且这个私有部门以罢工威胁和法律诉讼双重手段来推行协议的执行。

新出现的美国产业工会联合会也提供了其他的好处，而这在管理最优的劳工法律的指导下也做不到。洗衣工人艾玛·克罗斯比坦率评论道：“国家的最低工资法并没有帮到妇女，特别是黑人妇女，免受来自雇主的羞辱。在洗衣房里，获得一份职业以及稳定的工作有赖于其与领班的‘友好’关系，甚至有赖于其与雇主本人的关系。”她认为，要想解决现代人所说的性骚扰问题，唯一的办法就是成立一家强有力的工会。[5] 220

在英国，尽管两次世界大战期间标志着其他行业出现了激进的劳工运动，但不管是《行业委员会法》还是更广阔的社会和政治变迁，看起来都未能促使英国的洗衣工加入工会。[6] 在第一次世界大战和20世纪20年代早期曾席卷女性工人的组织化浪潮到20世纪20年代中期时已经趋于平缓。20世纪30年代早期，见证了这十几年里会员人数的最低潮。洗衣工的工会也被吸纳进入像全国普通和市政工人工会（National Union of General and Municipal Workers）这样的跨行业组织中。即便大萧条和新政点燃了美国洗衣工人的积极性，但是英国的洗衣工人仍然相对平静。[7]因此，本章只关注美国的工会。不过，在比较的视角下，《瓦格纳法》推出后的和解也可以被看作美国人努力将行业委员会模式装进美国政治文化的最后一步。由美国产业工会联合会建立的联合委员会是为了协调工人和雇主之间的关系，但该委员会本质上是私人行业委员会，在运行过程中借鉴了许多来自州的工资委员会和全国复兴署的改革家和工会活动家所熟悉的手段。

20 世纪 30 年代的变革促进了美国各种工会的蓬勃发展。本章比较了两个极为不同的案例。地方 300 分会（前文已述）具有新型美国产业工会联合会行业工会的特征。与美国产业工会联合会中那些受到更多学术关注的工会不同，地方 300 分会不仅有着多样化的会员和自由政治传统，而且它还是在妇女改革家和非裔美国劳工活动家所结成的进步主义联盟的帮助下组建的。与之相反，以密尔沃基为基地的工会由白人男性组成。它的结构和政治文化来自美国劳工联合会中具有悠久传统的、在《瓦格纳法》下得到更多法律手段支持的同业工会主义（craft unionism）。

在纽约组织妇女工人

罗斯·施奈德曼在1937年宣布取得胜利在一定程度上是个人行为。跟其他人相比，只有她见证了地方300分会诞生前所经历的风雨。在20世纪20年代的残酷岁月中，她和一连串联盟的组织者坚持将纽约的洗衣工人组织起来。回馈她最多的却是空空荡荡的会议大厅、失败的罢工行动，以及阴魂不散的来 221
自男性工人和劳工领导层的背叛。

“我们身边总是有洗衣房”，她在1925年分析联盟在那一年的组织活动时如此写道。大量的组织活动下产生的确定性结果却不多。她在给联盟执委会的报告中请求要保持耐心并继续给予支持。“洗衣工人的工会化只能通过长期的教育努力做到”，她告诉他们。在一份道德劝告的笔记中，她断言，“现在停下来就是在犯罪，因为没有工人群体比洗衣工人更需要行业－工会主义（trade-unionism）了”。此外，“那些参加了这场运动的人正汲取有益的经验，这在未来的某个时节里将会让整个洗衣行业获利，也会极大地推动联盟所支持的这个事业”。[8]

施奈德曼的话充满了预见性。回望来看，20世纪20年代可以被看作一段准备期、学习期。跟第一次世界大战之前的岁月一样，组织者由于不能跟美国劳工联合会决裂而行动受阻。一系列组织上的失败和不成功的罢工行动暴露了受制于美国劳工联合会的地方分会领导力的不足，而且许多普通的男性成员认为女性工人只能待在警戒线内“安分守己”。[9] 此外，美国劳工联合会的组织者尤其注意避免将非裔美国妇女拉入工会中，而这些组织者也被非白种的洗衣工看作种族主义者。[10] 在 20 世纪 20 年代组织劳工活动容易吃力不讨好。来自法庭的敌意，警察的虐待以及工会活动缺乏法律保护的弊端都在打击着工人加入工会的积极性。[11]

在备受挫折的岁月里，施奈德曼帮助构建起了合作关系，这在 20 世纪 30 年代时成为会员人数增长的根本性因素。其中，通过“全国城市联盟”（National Urban League）组织洗衣工人的倡议所建立的人脉关系尤为关键。在城市联盟的资助下，黑人工人组织行业工会委员会（Trade Union Committee for Organizing Black Workers）成立了。施奈德曼参加了第一次会议。同时与会的还有 L. 罗森塔尔这位美国劳工联合会的国际洗衣工人工会（ILWU）的地方 280 分会的组织者。罗森塔尔后来
222 在 1935 年成为哈勒姆劳工委员会（Harlem Labor Committee）的秘书，还是地方 280 分会的组织者。在那次会议中还成立了组织黑人洗衣工人的联合委员会，该成员包括地方 280 分会（一个衬衣熨烫工工会）和地方 290 分会（一个蒸汽洗衣工人工会）以及工会委员会（Trade Union Committee）和纽约妇女工会联盟的代表。[12]

在 1928 年的一次失败的罢工行动后，施奈德曼从联合委员会中退了出来。在这次罢工后，她遇到了国际洗衣工联盟的财务部长哈利·莫里森并表达了她的不满。在“不满”名单的一开头是地区组织者约瑟夫·麦基。她指责麦基不仅公开敌视纽约联盟成员，还试图胁迫该联盟聘用的男性组织者站队洗衣业男性工人。此外，麦基还意图削弱纽约联盟在纽约劳工运动中的声望。施奈德曼宣称，他曾经“向行会和劳工中央委员会（Central Trade and Labor council）的秘书暗示，这场罢工是非法的，而该联盟要对此负责”。她在写给联合委员会的辞职信中表示，国际洗衣工联盟并不是真正希望纽约工人组织起来，因为它那庞大的洗衣工人数“将让整个国际陷入两难境地”。[13] 这一事件使麦基永远失去了施奈德曼的信任。

大萧条的早期实际上是该联盟和洗衣工人“绝望的空位期”。1929 年，国际洗衣工联盟在全国仅有 6000 名成员，并且纽约联盟正处于财政困境中。[14] 随着经济萧条的加剧，施奈德曼和联盟其他领导层将仅剩的资源用于游说立法的通过。这一策略是对大萧条所引发危机的务实回应；居高不下的失业率让组织工作陷入极度困难中，同时，该联盟在纽约政界拥有众多表示同情的支持者。[15]

由于罗斯福的上台而带来的新一波希望看起来首先影响到的是工人。1934 年 1 月，纽约妇女工会联盟的组织者充满疑惑

地在报告中说道，现在申请加入工会的洗衣工人数出现剧增，并且参加罢工行动的工会成员人数也在增长。她未能解释为什
223 么“一群之前从未对组织行动做出回应的工人现在显示出对加入工会的强烈渴求之情”。[16] 没有明确的证据留存下来说明是什么因素点燃了早期的光亮，但是希望、挫败和愤怒的混合情感加速了广泛的、跨行业的罢工潮在春夏之际爆发。

受到《全国工业复兴法》第 7A 条款的鼓舞，美国劳工联合会开始了新一轮的组织活动。联盟发放的招募资料告诉工人们：“总统希望你加入一个工会。”约瑟夫·麦基这时仍是国际洗衣工联盟的地区组织者。他也参与了进来，再次将工作重心放到男性工人身上。明显未受先前与纽约联盟之间过节的影响，他将组织妇女的工作交给了该联盟的组织人伊莉诺·米什农。[17] 麦基的决定极有可能是基于工人们的性别——而不是其种族情况——以及联盟对这些工作能否完成进行评估后做出的，但是其他美国劳工联合会的组织者明确指出，他们认为非裔美国妇女跟她们的白人姐妹相比并不是最合适的招募对象。两位芝加哥的组织者告诉妇女局的督查员，他们“在吸引白人妇女加入工会方面面临着太多的困难”。令他们倍感挫折的是，他们收到的 80% 的申请都是来自黑人妇女。[18]

同时，雇主们也嗅到了工人们新一轮主动行动的气息。洗衣房业主采用当时流行的方式予以回应：威胁和恐吓。尽管

第 7A 条款保证予以保护，但是参加工会会议对部分工人来说仍是一件需要勇气之事。米什农向联盟报告说：“雇主们有前来群众大会的习惯。他们会站在门外盯着看都是谁参加了会议。”那些参会的工人随后就被解雇了。“他们也会试着组织散发传单。”她进一步解释说。在全国复兴署成立早期，组织者相信他们能够运用所保证的机制保护工人免于被解雇。他们派全国复兴署的官员去让工人恢复工作，结果却发现雇主们采取各种诡计避免遵从，比如只是将工人放到入职待定名单上。[19]

到 1933 年 12 月时，工人们的热情已经造成了无数的罢工。尽管一些洗衣房业主很快就与他们的工人达成协议，但是布鲁克林的克洛尼尔和阳光洗衣房（Colonial and Sunshine Laundries）这两大亚麻布洗衣房则拒绝妥协。工会组织者收集到了工资单并确认了大部分工人每周收入在 6 美元到 9 美元之间——远 224
低于纽约洗衣委员会和全国复兴署所设定的最低工资数。这场罢工随之又引发了曼哈顿和布朗克斯的大量洗衣工人相继停工。[20]

得益于会员获得新政支持而焕发的新热情，纽约联盟决心不让这一机会再次重蹈先前许多洗衣房罢工的覆辙。由于认为公共情感和法律的力量站在他们身后，纽约妇女工会联盟的官员们动员起他们所有的资源。利用其与纽约政治机构的良好联系，他们确信纠察队员要有警察的保护能力才能让工人免于雇主们的威胁。[21] 在一次特别恶劣的事件后，纽约妇女工会联盟的原主席玛丽·德雷尔与警察专员达成协定，促使布鲁克林的总警长亲自来克洛尼尔洗衣房的警戒线前一观究竟。不久之后，警方就用卡车将罢工破坏者送走，而警长也告诉当值官员他们不能干预示威活动。[22]

联盟也努力争取公众的支持。他们出版的新闻报告强调了这些工人所处的悲惨境地以及洗衣房业主有意无视新政精神和全国复兴署监管要求的情况。他们号召其成员公开向纽约显贵们证明自己对这些事情所肩负的责任。纽约的成员名单中包括众多上流社会的女性（有时候她们被称为“貂皮派［mink brigade］）。这些女性同意提供帮助。她们前往周围工业区的洗衣房，走出出租车和豪华轿车时手里拿着抗议标志，身边还会跟着洗衣工人。当该联盟有意推动此事时，这些抗议活动吸引了新闻界的注意。摩维通新闻社（Movietone News）甚至给宾夕法尼亚州州长的夫人吉福德·平肖制作了一部新闻影片，因为她当时正对快客服务洗衣房（Quick Service Laundry）大加抗议。[23] 这些视觉新闻给公众带来了可能是最令人震惊的罢工信息。与纽约的社会精英站在一起的大部分工人是非裔美国妇女。其所传递出的跨种族的、跨阶级的合作信息在非裔美国群众中引发了反响。1934 年 3 月，全美有色人种协会的杂志《危机》
225 （*Crisis*）在其封面上刊登了一幅关于抗争现场的照片。[24]

到1月末，工会仍未能解决与克洛尼尔和阳光洗衣房的争端，而且纽约妇女工会联盟的领导层再次利用其成员的社会声望向雇主们施加压力。联盟督查员确认涉事洗衣房的主要客户是纽约两家酒店后，立即动员会员展开行动。事后组织者欣喜地报告："布鲁克林和纽约的所有知名人士和组织，包括青年联盟在内，每隔10分钟就给圣乔治酒店打电话，质问他们为何继续光顾这家公然违反国家复兴署规定且工人正为抗议'饥饿工资'而罢工的洗衣房。"[25]

积极活跃的纽约市长菲奥雷洛·拉瓜迪亚向洗衣房业主发出了最后一击。按照施奈德曼后来的说法，他在接受联盟成员的拜访时将雇主们的行为称作"骚乱行径"。不久之后，他下令切断洗衣房的用水供应。[26]他以洗衣房拖欠市政府37000美元税款作为执法依据，但向媒体明确表示：真正的取缔原因是恶劣的劳动条件以及拒绝遵守国家复兴署规定。在伊莉诺·米什农向联盟的报告中，她总结了这场罢工的结果：尽管不是所有的罢工工人都回到了工作岗位上，但是那些回去的人工资上涨了50%。许多其他洗衣房业主也被迫支付最低工资，而且更多的人则受到鼓舞加入了工会。[27]

新政对劳工的复杂影响，以及纽约妇女工会联盟推动纽约州改善劳动环境的努力，都让联盟的成员确信立法和工会化并非互不兼容。相反，他们看到这两大战略能够在复杂的关系中

21——————参与罢工的洗衣工和纽约妇女工会联盟的成员们正在警戒线前行走的照片出现
226 在全国有色人种协会 1934 年 3 月号的《危机》杂志上。

相互作用。施奈德曼打了一个比方来解释这种结合，她认为，“双脚并用比单脚跳跃”更有价值。[28] 在前一章节中，《国家工业复兴法》第 7A 条款和纽约州给女性洗衣工人制定的最低工资制度成为罢工事业所依靠的权威和道德力量。施奈德曼也更愿意利用立法的失败去刺激工人们组织工会，并建议说她们不能总是消极地等着州政府采取措施。

1936 年 3 月 9 日，纽约州的上诉法庭否决了针对妇女的最低工资法。施奈德曼和其在工会委员会的老相识诺亚·沃尔特斯一致认为，这正是“开展一场大规模组织运动的战略性时刻”。[29] 那些发现自己被剥夺了法律保护的妇女所产生的愤怒与挫败感正是施奈德曼所依靠的力量。在给哈勒姆地区最大的一家面向黑人的新闻报纸《纽约阿姆斯特丹新闻报》（*New York Amsterdam News*）的一封信中，一批工人确认了施奈德曼对这一判定结果的预判。乔吉特·约翰逊和马里恩·卡瑟伍德在法庭上表达她们已经丧失了信心，并还表示纽约上诉法庭的法官太偏离普通人的日常生活而无法理解他们的决定所产生的影响。约翰逊夫人直截了当地对法官说：“尊敬的阁下，您是否曾熨烫过您的衬衣？您认为这份工作该值多少钱？下次当您打开您刚从洗衣房取回来的衬衣时，请想一想吧。”[30] 227

到 7 月时，联盟已经帮助组建了一个组织委员会，该委员会以施奈德曼为秘书。当时还是哈勒姆劳工委员会秘书的诺亚·

沃尔特斯成为地区 280 分会的新组织者。在准备过程中，施奈德曼以公开的手段通过谈判让工会中的“三个派系”达成了临时停战协定，这“三个派系”分别是麦基当初组织起来的在室内工作的男性工人、司机工会以及室内工作女性工人。[31]

这场组织活动取得了令人震惊的成功。沃尔特斯坐镇哈勒姆劳工中心（Harlem Labor Center）主要负责这场运动。指挥中心所处的位置，再加上主要组织者为黑人，这些都向外界传递了关于工会种族政治立场的重要信号。非裔美国社群的支持和组织运动的策略，最终成功将基层民众的热情与劳工改革界的资源相结合。到 1937 年 8 月，超过 1.5 万名工人加入了美国劳工联合会地方 280 分会或地方 200 分会。在那一年的 6 月，两大工会投票脱离美国劳工联合会，转而加入美国产业工会联合会（CIO）。

没有官方解释洗衣工人抛弃美国劳工联合会的原因。无疑，这一变化与在非裔美国社群中广泛传播的知识有关：美国劳工联合会拒绝放弃它的种族主义政策或拒绝管理已分崩离析的工会。1941 年，萨宾娜·马丁内斯解释说，洗衣工人已经决定改弦易辙，因为“美国劳工联合会高层所执行的吉姆－克劳式（Jim-Crow）政策”忽视了黑人群体。[32]

在诺亚·沃尔特斯接管了组织工作后，纽约地方分会的斗争及其成就受到了非裔美国新闻界的赞扬。《阿姆斯特丹新闻报》（*The Amsterdam News*）将对该工会的报道放置于头版。[33] 这些报道向世人表明，该工会不仅欢迎黑人成员，而且是由他们主管的。即使现实情况要更为复杂，但对于许多非裔美国工会分子和劳工来说，一想到这个世界颠覆过来了就激动不已。

尽管施奈德曼努力在美国劳工联合会和美国产业工会联合会之间的斗争中保持一种不偏不倚的姿态，但是一些证据显示她一直在探索实现洗衣工人和附属美国产业工会联合会的联合服装工人组织（Amalgamated Clothing Workers）之间实现联合 228
的可能。这项工作已经进行了几年。[34] 显然，在麦基屡次将组织女性洗衣工人的责任推给联盟却事后邀功的行径之后，她与麦基之间已势同水火。在被问到纽约联盟站在哪一方以及对洗衣工人的影响时，施奈德曼小心翼翼地回答：联盟“正在帮助美国产业工会联合会和美国劳工联合会，但是得在这两个联合会正在做真正的组织运动时”。[35] 任何一个熟悉施奈德曼与美国劳工联合会长期斗争史的人都明白这句话的意思。[36]

平等工会主义和美国产业工会联合会

虽然与美国劳工联合会在黑人和女性洗衣工的地位上进行了几近 20 年的较量会让人感到宽慰，但是工会的这一策略可谓冒险十足。现在那些脱离上级工会的地方分会已经拥有了超过1.5万名成员并且卷入了一系列罢工和契约谈判中。《瓦格纳法》所带来的正式的、合法的关系要求工会将律师和会计师引入谈判过程。在与分会断绝关系两个月内，诺亚·沃尔特斯和其他的工会官员们经过谈判让原先的美国劳工联合会的地方分会纳入美国服装工人联合会（ACWA）——美国产业工会联合会的创始工会之一——的麾下了。该组织最终改名为联合洗衣工人工会地方300分会，后来又叫作洗衣工联合委员会（Laundry Workers Joint Board），负责监督其他10个纽约地区的分会。

施奈德曼与美国服装工人联合会对于联盟如何及为何形成各执一词。在她的自传中，施奈德曼称有一个叫亚伯拉罕·布里克曼的年轻人来拜访她。这个年轻人曾经为洗衣行业协会工作并且具有社会工作背景。布里克曼跟她商讨了将洗衣工人组建成一个单一组织的事宜。施奈德曼表示，她担心地方分会的共产主义成员会趁其他领导人尚未补齐之机夺取控制权。她去找了她的老朋友，也是全国复兴署劳工委员会的同事西德尼·希尔曼。希尔曼同意与美国服装工人联合会的官员协商，将纽约所有的洗衣工都纳入该组织的管辖之下。[37]

迈耶·伯恩斯坦后来成为洗衣工联合委员会的首领，但他
229 把自己放到美国服装工人联合会各个故事版本的核心位置，这

在工会杂志《前进》(*Advance*)中可以看到。伯恩斯坦的叙述同样强调了雇主的态度。他说新近独立的美国产业工会联合会洗衣行业工会发现自己竟无法与从事床单与毛巾供应的洗衣房业主谈判。根据伯恩斯坦的记载，雇主们相信，工会领导层潜在地不可信赖——无法或不愿意执行那些契约(这种说法对工会领导层中的共产主义人士可谓是一把暗箭)。伯恩斯坦说他开始意识到问题所在，当他在为美国服装工人联合会动员“白鸭子”(white duck)行业(实验室服装和相关衣物的制造商和供应商)时就已发现。雇主们告诉伯恩斯坦，他们将与洗衣工谈判，如果那些工人从属于美国服装工人联合会的话。[38] 在此之后不久，这两个纽约的地方分会组建成了美国服装工人联合会联合洗衣工人地方 300 分会(ULW)。[39] 总的来看，美国服装工人联合会的故事版本忽视了工会在此之前的故事，也忽视了纽约妇女工人联盟所做出的努力，还忽视了诺亚·沃尔特斯在组建工会过程中的重要地位。[40]

在成为美国产业工会联合会的附属机构后，新的成员持续涌来。到 1938 年 1 月，美国联合服装组织估计它已经与 80% 纽约地区的洗衣房达成了雇用单一工会会员的协议。曾经行业内零散的一两名会员缓慢加入的模式，如今已演变为整间工厂集体投票加入联合洗衣工人工会(ULW)的汹涌浪潮。[41]

与美国联合服装组织的合作给洗衣工们提供了某种现实的

好处，包括组织者、官职以及用以协调这样一个巨大组织的官僚机构。地方300分会有几个办公部门，还有实打实的休假以及教育计划，并且《前进》杂志还拿出了几页版面专门报道洗衣工。附属于美国联合服装组织也让地方300分会受到美国产业工会联合会的产业工会主义（industrial unionism）理念的影响，并且让该组织最终落在了美国联合服装组织领导人西德尼·希尔曼的手里——这是一个可以被看作喜忧参半的安排。

希尔曼的“产业民主”（industrial democracy）理念曾经对行业委员会和全国复兴署的形成起到了一定的指导作用。受到与进步主义改革派长期互动的影响，他相信工会化的最终目标是为了实现雇主和雇工之间稳定的关系。为了达成这个目的，
230 希尔曼所推行的系统是：为集体谈判而形成的联合委员会、雇用单一工会会员的工厂、通过针对工人的教育计划而让其适应工会的目标，以及建立在专家监督基础上的、以官僚等级为结构的工会。希尔曼天才式的设计是为了将基层劳工运动的能量与热情改造成一种可复制的、可控制的和可预计的模式。[42]

毫无疑问，这一策略在为多数工人争取更高的工资和更好的工作条件上是很有效的。美国联合服装组织签订的契约改变了洗衣业的雇工方式。它的契约坚持每年11个月的雇佣保证，确立最低工资与加班补偿标准，以及建立谈判与申诉机制，使工人免于直接面对雇主的谈判压力。许多雇员证实了成为地

方 300 分会会员减轻了洗衣工的物质和心理负担。同全国复兴署和行业委员会的情况一样，美国联合服装组织对稳定物价和工资的允诺吸引了那些关注竞争问题的雇主。[43] 美国联合服装组织批准的罢工也证明是将“边缘”商人赶出该行业的有力武器。

基于对稳定和谈判的这种责任感，以及白人对工会领导层的主导权，美国产业工会联合会在多大程度上达到了平等工会主义意识形态的要求呢？即使纽约妇女工会联盟和其他在 1937 年前参与到组织洗衣工活动中的机构都把为非裔美国人和妇女伸张正义作为它们明确的工作计划，但是美国联合服装组织所构建的联盟让性别和种族问题几乎不可见了。这体现了一种中间道路的态度。一面是比较保守的美国产业工会联合会的工会活动，它强调了白人男性工人的需求；另一面是激进的、共产人士领导的工会，它有时候坚持明确的平权政策。[44] 理解了产业民主在联合洗衣工人工会中的限度对我们解释工会重新书写它自己历史的方式有着至关重要的作用。

在美国联合服装组织的监督下，地方 300 分会把劳工运动中的团结一致看作绝对的优先项。[45]1937 年之前，不平等话语为妇女和非裔美国人加入该工会提供了背景和动力，但这已经 231
被抛弃了。美国联合服装组织正式反对“基于种族、教义、肤色、政治或宗教信仰的歧视行为”，[46] 但是它并没有尝试改变不平等的结构性基础。

这种实用主义立场的一个结果就是，尽管大部分工人因加入工会而获益，但一些人比另一些人获利更多。通过查阅工会契约可以发现，美国服装工人联合会的谈判专家们有效地接受了建立在性别基础上的区分，包括劳动的性别分工，性别为基础的工资差异，并且家庭工资的概念针对的是男人，而非妇女。例如，在联合委员会谈判签订的第一批契约中就明确了三种类型工人的最低工资标准。司机周薪最高，达 30 美元；洗衣工人周薪 20 美元；内场工人周薪最低，仅为 15 美元。这一薪酬等级制折射出行业潜规则：薪资最高的岗位几乎全为白人男性保留，中等薪资岗位多为黑人男性，而薪资最低的则基本是女性工人。[47]

每周 15 美元比大部分纽约工人在复兴署时期所认定的可接受工资还要低。没有人觉得这点钱能让人活下去。在 20 世纪 30 年代后期，谈判专家们看起来把主要精力用于让男性获得更高的工资，同时又希望一个面向妇女的全新的纽约最低工资法能够关照到妇女的问题。[48]

在后来举行的一轮契约谈判中，美国服装工人联合会用了一批假定的预算数据来说明无论是男性还是女性工人的工资都不够生存下去。这些预算沿袭了传统观念，男人挣钱养家，而女性要么独自生活，要么出来工作挣点零花钱。雇主的代表在回应给男人更高工资的要求时做了一种很聪明的区分，这种区分基于家庭工资的概念，而这是谈判双方都可以接受的。《前进》杂志向会员们报告说："在洗衣业中，男人的工资可能比其他行业更低，但是洗衣工作并不要求太多的技能……而许多'男人'实际只是些男孩，无须承担家庭责任。"[49]

从妇女局和其他组织那里可得到的大量证据显示，许多女 232
性洗衣工人对她们各自家庭负有经济责任，但这一点无人提及。不过，该工会希望的是限制女性工作时长，以此作为对她们的家庭责任和她们被认定的虚弱身体的照顾。一份 1938 年签订的契约明确表示，女性在接受加班要求之前应当每周仅工作 36 小时，而男性需要工作 40 小时。这看起来似乎是一种骑士风度的姿态，但它也强化了劳动中的性别分工。在强调了家庭的重要性后，女人获得了时间，男人获得了金钱。

工会的谈判者对社会科学数据的依赖进一步强化了这些区别对待。1940 年，工会的领导层决定，对行业标准缺乏明晰的认知，不足以作为合格的谈判工具。因此，地方 300 分会的所有成员都接受了调查。调查结果按照四大类型予以记录：工资、工作小时数、工作内容以及工人的性别。调查结果被用于创建一种更为复杂的工作分类安排策略，"行业标准"也因此得以确立。[50]

然而，工会的种族政策并没有得到清晰界定。与芝加哥的联合屠宰场工人协会等其他美国产业工会联合会的分会不同，洗衣工联合委员会并没有在早期签订的契约中明确写入机会均等行动计划。[51] 工会也没有能够在挑战整个社会所存在的隔离与歧视问题中发挥作用。工会的确创办了就业部（employment bureau）。这个部门本来可以在针对以种族为基础的雇佣政策中发挥重要作用，但是没有证据显示就业部是否对持种族偏见的雇主进行过批评，也不知道是否对它们有过私下的鼓励。我们也看不到证据说明工会成员是否可以利用申诉程序对工作场所中的种族主义发起挑战。尽管大量的非裔美国人加入了工会，但是种族问题在档案中通常是隐而不见的，只有在《前进》杂志的照片中存有遗迹。

许多普通工会成员通过《前进》杂志中各类涉及性别与种族的宣传内容，来理解自身在工会中的角色定位。杂志中的文章经常夹杂着漫画，但这些漫画对文章中所讨论的复杂问题进
233 行了简化。这些漫画展示了一种理想化工会的角色安排：洗衣工总是被描绘成白人。如果画中人要承担一点重要任务的话，那就会以男性形象体现。女人被描绘成支持者，是消极的旁观者，或者是需要接受帮助的受害者。其中一张这样的漫画描绘了一位来自美国服装工人联合会的男性在抗议州最低工资委员会所设定的最低工资制度。一位满脸怒气的白人女性洗衣工则站在一旁，盯着她的工资单。漫画下面所配的文字显示了真正

22——————这幅漫画出现在联合洗衣工组织的杂志《前进》中。该漫画反映的是，对于杂志的读者来说，美国联合服装工人组织的代表夏洛特·阿德尔蒙德（Charlotte Adelmond）是一位白人男性的形象。 234

Ironing Things Out

23————这幅漫画源自《前进》杂志。该漫画将洗衣房做了一种比喻，说明了洗衣房对工人所秉持的专横态度。在现实生活中，熨烫
235 机的操作员几乎总是女性。*Advance* (November 1937), 12.

代表美国联合服装组织去跟委员会反映情况的人的名字——她是夏洛特·阿德尔蒙德。[52]

另一张漫画则描绘了联合洗衣工人工会抱怨熨平机这样的机器"熨烫出了"牢骚、误解和"老板的贪婪"等问题。一位男性工人正拿着刚从机器中熨平出来的成品，而一位女性工人站在他的旁边。[53]这种图像可能极有价值，因为它明显在激发着工人们的热情，要他们加入工会——然而它所传达的信息却在普通人中制造出了不同群体的区别。

另外一个体现美国服装工人联合会在种族和性别问题上持有保守态度的证据，可以在该工会的管理结构和管理文化中发现。地方 300 分会很快就变成了人们所说的典型的官僚工会主义（bureaucratic unionism）。在结构和功能方面，该工会的管理模仿了这一时期在企业界和政府界常见的性别（以及更有可能是种族）关系。对这些范式的接受有重要意义，因为它把管理者与工人的经验和观点分隔开了。此外，管理层在给工人们传递信息的过程中又把这些范式具体化了。

社会等级的制度化明显存在于构成地方 300 分会官僚结构的全部委员会和办公人员中。通过文章和照片，《前进》杂志定期让读者了解到工会又雇用了哪些人。比如，在 1938 年 2 月，读者们了解到了负责仲裁案的办公室职员的情况。每一位男性职员都会根据工作职位予以介绍。唯一的女性职员在介绍时只提到了她跟一位男职员的关系：她是杰克·伯恩斯坦的“机敏的行政秘书”。同时，在一个月前，美国服装工人联合会任命了11位组织员和21位地区商业经理。所有这些人都是男性。[54]

很难从名单中确认非裔美国人在工会管理层中的地位。不过,《前进》中的照片能透露一二。在1937年联合委员会的一张照片中，大部分带有微笑面孔的是男性白人。在那一页的另一张照片里（标题为“他们为工会服务”）出现了经理和总组织者山姆·伯兰和詹姆斯·梅西纳——都是男性白人。[55] 1938年，威斯特彻斯特（Westchester）的洗衣工人们（大部分都是非裔美国人）在全国城市联盟的帮助下组织起来了。《前进》直接触及了这个故事中的种族问题，因为它说威斯特彻斯特的雇主们行事看起来好似奴隶主。不过，威斯特彻斯特地方分会执委会的一张照片中出现了8位男性和3位女性——所有这些人都是白人。[56] 工会成员萨宾娜·马丁内斯声称在美国产业工会联合会洗衣工工会中，“黑人妇女帮助打下了基础，制定出了政策，并且现在担任了执委会的官员”，而且这种情况的出现必须在这
236 样一种社会背景下理解，那就是一位非裔美国人掌握了任何的一丁点儿的权力都会在非裔美国社群中引发一阵欢呼。[57]

西德尼·希尔曼掌控了工会最高层的雇用和解雇员工的权力。他与雇员和求职者的通信揭示了一张网络。这张网络主要由白人男性构成，而这些男性自新政时期就积极参与到劳工工

会和劳工政治中了。它也说明那些财会人员、律师和企业家距离普通人的经历有多么远。一个简单的例子足以说明。

在 20 世纪 30 年代末，希尔曼为洗衣工联合委员会连续雇用了好几个主管。诺亚·沃尔特斯本来完全可以成为其中一员，但他一直担任主管的助理。在 1938 年，希尔曼雇用沃尔特·库克担任经理。库克是一名注册会计师，也是一名在布鲁克林拥有一家小型会计公司的审计师。库克在洗衣业方面并无经验，但是他与劳工运动中的商业部门有着明显的长期联系。在库克担任这一职务 9 个月后，联合委员会的成员要求把他赶走。在一份给希尔曼的长篇备忘录中，他们列举了库克的错误：他在费力与洗衣房业主谈判时却对洗衣业的业务一无所知——最终，这导致工会在几轮诉讼中都失败了。他把谈判 1938 年契约的责任丢给了诺亚·沃尔特斯，又搞小动作让联合委员会的成员互斗。致命的一击来自西德尼·希尔曼的妻子、长期的劳工运动活动家贝茜·希尔曼（Bessie Hillman）。希尔曼邀请女声合唱团成员到她家中茶叙。在此期间，库克在长达一个半小时的演讲中“驳斥了他的同僚并自我吹嘘了一番”。后来，他又在业务代表会议上故技重演，贝茜·希尔曼当即起身呵斥其违反议事规则。[58] 联合委员会很快就有了一个更加谨慎的主管。

尽管这样的管理层造成了内部分裂，但是该工会的教育和休闲计划看起来成为弥合种族和性别差异的最有效的机制之一。

237 贝茜·希尔曼负责教育部。该部门制定了广泛的几乎为每一个人提供与工会准则和技能有关的课程。工会也举办了夏令营。在这里，男性和女性工会成员都会受到邀请。教导工人“行业工会准则”（trade union principles）的观念是长期以来存在的进步主义传统。最早是妇女工会联盟和一些社会服务所等机构推出来的。这种计划在将劳工运动中处于边缘地位的工人群体吸纳进来的过程中具有重要价值。因为声称妇女、非裔美国人或某些族裔群体“并不理解工会原则”的说法一直以来都是阻止这些工人获得工会内权力地位的障碍物。在一个通过契约形式界定的后《瓦格纳法》的工会世界中，通过对工厂代表或普通工人开展教育具有更多的意义了。那些藐视所订契约的成员（或者像库克这样的高级官员）将工会置于法律诉讼的危险之中。教育是让工会成员行为变得更可预知的手段。[59]

休闲计划和娱乐活动也能在工作场所之外制造团结。工会资助了一个乐队、一些体育团队以及一个经常能受到《前进》杂志表扬的合唱团。合唱团的成员在广播里表演，并且至少有3名成员出现在百老汇音乐会的演员名单中。合唱团的照片说明了其组成的多样性：男性和女性，黑人和白人都在冲着镜头微笑。[60]另外一个计划——洗衣工联合委员会医疗诊所——后来被高度评价为该工会最值得骄傲的成就之一。这家诊所一直运作到1954年。对于许多工会成员来说，能够获得医疗照顾比组成个乐队或参加合唱团要有意义得多。[61]

不论美国服装工人联合会的政治身份是什么，会员的数据显示大量女性和非裔美国工人发现工会成员身份是有价值的。即使工会政治未能触及某些不平等现象，但在工人充满妥协、不公与日常抗争的生活境遇中，这些未竟之志已属相对次要。在 20 世纪 30 年代末期和 40 年代早期，几位非裔美国妇女用更详尽的事实证明她们发现工会会员身份是有吸引力的。对于洗衣工人伊芙琳·梅肯和弗洛伦斯·赖斯来说，工会会员身 238
份意味着对雇主拥有权力。这二者通过对比加入工会前后生活的变化阐释了工会从雇主手中夺得权力的方式。弗洛伦斯·赖斯描述了在纽约的一处位于街角的“奴隶市场”——非裔美国妇女前来这里应聘日结工资的工作——获得她的第一份洗衣房工作的过程。非裔媒体将这些奴隶市场斥为耻辱象征，这些女性为求得工作竟不得不沦落至如此不堪的境地。“在工会组织起来前我就从事洗衣业工作了，”赖斯解释说，“12 小时——上帝啊，你不得不在 7 点就待在那里，并且我知道你 5 点钟就要起床了。”她补充说道：“洗衣工工会就像救世主。”[62]

伊芙琳·梅肯第一次与美国产业工会联合会的组织者的相遇值得回味，这跟组织者直接挑战雇主驱逐工人的权威有关。对于曾经采访过她的美国公共事业振兴署（WPA）的作家来说，她生动地描绘了她与那位以“壮汉”称号而知名的美国产业工会联合会的组织者首次相遇时的情形。他是一位身材魁梧、体格强健之人。这位“壮汉”受雇于她所工作的洗衣房，店里的经理毫无戒心。在“壮汉”上班的第一天，他就拒绝赶工，并向雇主放话：“要是在头一小时就拼命干，后面还有 17 个小时等着，这种蠢蛋活该累死。”当这位老板要求工人原地吃午饭，并且要求“狼吞虎咽般”吃完时，他拿起他的午餐就走了，准点一小时后才回来。虽然当即遭解雇，却在工人中树立了榜样。几乎所有的工人在次日晚上参加了工会组织大会。[63]

这些妇女在用工会的策略来“威胁”她们雇主的过程中获得了一定的乐趣。伊芙琳·梅肯生动地回忆了她老板发现工人们已经加入美国产业工会联合会时的恐惧之情。他直接“疯了”，她告诉采访者。“他先是试着恐吓，然后他试着利用我们美国产业工会联合会的协议中‘相同的规定’来开办他自己的工会，但是我们不会被他的承诺愚弄的。我们有我们的立场。在一场短暂的罢工行动后，他把加入了工会的工人们叫了回去，然后按照工会规定的时长、工资，并提供了更好的条件。”[64]

男孩在货车中

在距离伊芙琳·梅肯半个美国之遥的威斯康星州密尔沃基

市，另一位洗衣房雇员——名字颇为奇特的基尔伯恩·克拉普萨德尔（Kilbourn Clapsaddle）——同样庆幸自己加入了工会。克拉普萨德尔是一位洗衣房卡车司机，并且还是洗衣和干 239
洗地方 360 分会（美国劳工联合会 - 汽车司机联合会）的一位会员。1939 年 10 月，克拉普萨德尔在密尔沃基加油站来回奔波，希望各站点能照顾他的雇主科沃奥尔干洗店（Coverall Dry Cleaners）生意。在其中的一个加油站他曾碰了一鼻子灰。后来的一份仲裁报告显示，他因为再次被加油站店主拒绝而怒火中烧。克拉普萨德尔最终威胁说“他要去跟纳粹组织的其他同事讲讲”这个店主的事情，暗示他们将会破坏或摧毁他的生意。[65]

这位加油站店主给克拉普萨德尔的领队打电话，而领队则建议店主跟工会的业务经理沟通。要是这件事发生在《瓦格纳法》推出前，这个故事最可能的结果就是克拉普萨德尔被他的领队开除。不过，合同规定由工会向洗衣房派遣司机，这位领队不愿仅凭非客户人士的片面之词就草率解雇克拉普萨德尔，这可能引发诉讼或招致罢工。业务经理则告诉克拉普萨德尔的老板，工会将会调查克拉普萨德尔是否要被开除。工会的纪律委员会询问了克拉普萨德尔和其他几名证人，认定克拉普萨德尔的确有“诽谤性言论”。克拉普萨德尔被告知他可以保住工作，但是他需要在工会见证人面前向加油站店主道歉。克拉普萨德尔没能在规定时间内现身道歉，在随后的一场听证会上，他又拒绝道歉，也不愿意“为他做的事情表示悔意”。

第二件事随后发生。在一个周五的晚上，克拉普萨德尔与他的 6 个司机同事和线路领班（route forman）一起出去借酒浇愁。在喝下两杯啤酒和“四五口烈酒”后，他离开了马德里俱乐部。这时已经是凌晨 3 点，他有“一点点激动”，但“没太醉”。不幸的是，当他在第二天报告工作时，前一晚的娱乐活动让他仍有宿醉感。由于“伴有恶心和呕吐感”，他在前往那天早晨第三位客户的路上离开了卡车。某人把克拉普萨德尔送回了
240 家，公司的一位代表赶来并开走了卡车。当天晚些时候，有人看见克拉普萨德尔与妻子在密尔沃基市中心购物，庆祝自己保住了工作。

这一次，克拉普萨德尔的雇主以“违反公司禁止司机弃车规定”为由将其解雇。为了报复，克拉普萨德尔逐一拜访客户，散布关于他为何被开除的自己的缘由版本。然后，他要求举行听证会。这一次甚至工会也不能将他从被驱逐的境地中拯救出来了。不过，他们还是经过谈判弄到了失业救济金和离职津贴。[66] 克拉普萨德尔很快就找到了另一份司机工作。在那里，他继续成为冲突和仲裁的焦点。早先与工会权力的亲密接触显然令他着迷：他后来被选为工会的官员，直到 20 世纪 40 年代他都是其忠实的成员。[67]

如果说克拉普萨德尔跟伊芙琳·梅肯一样都是《瓦格纳法》

的受益者的话，那在他们之间或他们的工会会员之间却没什么其他相似之处了。地方 300 分会本质上是一个行业工会，吸引了洗衣业中地位最低的黑人妇女。地方 360 分会是为白人男性司机而存在的。这两家分会在各自的战略、面临的问题和文化方面代表了这个行业劳工组织中对立的两极。

梅肯和克拉普萨德尔除了都是这个行业工会的会员并在这个行业有份工作外毫无共同之处。他们之间在种族和性别方面有着明显的不同，但是这二者又造成了第三种不同：阶级。地方 360 分会位于一个男性的世界中——司机、经理和洗衣房业主。它的许多成员在这些类别间流动，从而模糊了雇主和工人之间的区别。在 20 世纪 30 年代的美国，像伊芙琳·梅肯这样的妇女被闪电击中的概率都比拥有自己的一家洗衣房的概率大。在意识到阶级、种族和性别是如何将他们与其雇主区别开来后，这种意识又在日常经历和工会宣传中不断固化。不过，对于像克拉普萨德尔这样的司机而言，成为一名雇主是常见的、现实的目标。对于胸怀壮志的司机们而言，要找到像他们一样跨越阶级鸿沟的榜样，根本无须远求。在湖畔另一侧的通用汽车公司的工人可能并不了解拥有这家公司的男人，但是大部分洗衣房的司机可以——这些业主经常是跟他们很相似的人。如何调和这种根本性的模糊状态与主流劳工运动的意识形态及方法， 241
催生了一种极其特殊的劳工政治形态。

这并不是说司机并未遭到雇主的剥削。只要司机是工资表上的一员，雇主们就有动力让他们尽可能地多干活但又尽可能少拿钱。司机的地位是一种半独立的销售员，他们也面临着雇主的各种伤害。在艰难岁月中，司机会退而从事外包销售。有一些司机也会被迫从事一些跟洗衣房有关的奇怪的工作，而那些更受优待的司机就会把他们的路线吞掉。雇主们经常要求司机交保证金，如果这家洗衣房破产，他们的钱可能不会被退还。跟其他洗衣工人一样，司机也会抱怨超长时间工作。在像密尔沃基这样的地方，人们在从事寄送工作时要忍受冬日的暴风雪和夏日的极度高温。

跟纽约地方 300 分会一样，地方 360 分会也通过为工人和雇主提供稳定性及有序解决申诉的机制而蓬勃发展。到 1938 年，一大批密尔沃基地区的洗衣房、干洗店和染色厂跟工会签订了雇用单一工会会员的协定。[68] 这些协定为工人提供了稳定的工资和可靠的工作——在经历了反复无常的萧条后，这的确是一大好事。作为回报，雇主们可以利用工会强化司机们的纪律问题。这是一种特别有价值的工具，可以阻止司机们为自己做私活或为旁边的其他洗衣房工作，也能够防止他们在想自己也干一把时从雇主那里抢生意的情况出现。尽管这类问题以往多通过所谓的“司机合同”处理，但借助工会作为执行中介，雇主得以避免漫长耗时的法律诉讼。

24——————由于洗衣房的司机与顾客有互动关系，并且处在他们雇主的直接控制外工作，所以他们比其他洗衣房雇员有着更大的权势。Photograph by John Vachon, 1941, Farm Security Administration Collection, Library of Congress Prints and Photographs. 242

阿洛伊斯·穆勒长期担任地方360分会的业务经理。他花费了大量的精力划定并完善了雇主和司机之间的界限。除了在离职时能带走顾客外，司机们还可以在不掏钱建立一家洗衣房的情况下就开始创业。一个常见的方法就是人们经常说到的“开半挂卡车”（bobtailing）。司机们开着一辆没有标志的卡车四处收集衣物，跟每一位顾客谈好价格后，就把衣物送到那些能给出最低收费的批发式洗衣房。[69] 地方360分会就遇到了类似的问题，当时有接近400名司机从事干洗业时为自己揽活。每一个人都是自己干活，然后自己寄送。让汽车司机联合会（该会坚持认为这些新生的创业者应当被强制要求加入地方360分会）深感厌恶的是，美国劳工联合会的国际洗衣工联合会（International Laundry Workers' Union）正试着组织这些司机加入一个雇主组建的工会。[70]

通过对司机之间的竞争进行监管，地方360分会也执行某些传统工会具有的功能。该分会将司机分为不同的类别并调解他们的领地争执。一些工会的司机通过操纵新的和旧的规定来确保新业务的开展。至少有一个案例显示，工会的司机试着说
243 服他们竞争者的顾客转投新的洗衣房。他们暗示说与之竞争的洗衣房里的工人将要上街罢工去了。这种策略明显属于《瓦格纳法》所说的“不正当竞争”，干了这种事的司机会因他们的小聪明而被工会罚款。[71]

工会的契约消除了雇主随意招募和解雇工人的诸多权力。正如劳工领导人确切指出的那样，这种做法保护了工人免受雇主肆意蹂躏之苦。这些契约还可能产生更奇特的影响——将权力移交给工会官员，或纵容这种权力以专断方式行使。地方360分会的标准契约要求雇主只能雇用那些声誉良好的工会会员，也只能解雇那些没有交纳会费的工人——实际上，这是让雇主来负责让他们的雇员交纳迟迟未交的会费。因为雇用一名跟工会关系不好的司机会损害契约的执行，许多洗衣房业主在招人时依靠阿洛伊斯·穆勒推荐司机人选。因为穆勒私下里能了解到许多投诉，他也就能警告雇主不要雇用那些不可靠的司机。不过在具体执行时，成为一名积极的工会成员和发展与穆勒的良好关系可能就成为一种司机免受先前有问题的工作经历妨碍的简单的解决办法。比如，前文所说的克拉普萨德尔从未在找工作时遇到麻烦，尽管他干了各种违禁之事。

因为在顾客心中，某些特定的司机成为某些洗衣房的代言人，那么司机的恶行或流失掉一位受欢迎的司机都会对洗衣房的业务造成极大的危害。工会的业务经理所掌握的从工会中赶走不守规矩的工人的权力，以及因此让他们丢掉工作的权力，对一些雇主来说令人不寒而栗。一位备受惊吓的小型家庭洗衣房店主请求穆勒不要对他们家司机晚交会费进行惩罚。“今天的生意让我们绝对无力承担哪怕一美元的损失，并且过去的经验告诉我们，奥斯卡当初离开卡车这件事意味着每周收入从20到30美元间一路下滑。我们向您保证您在将来不会再为他的会费或他的行为而烦恼了。”[72]

聪明的或心怀恐惧的雇主都在努力与阿洛伊斯·穆勒搞好关系。奥利弗·阿德尔曼是阿德尔曼洗衣房的业主。他经常给穆勒送去行业期刊上的剪报，因为正如他在一张随剪报一起送
244 来的便条上写的那样，穆勒“打心底里对洗衣业感兴趣”。阿德尔曼还将穆勒的日耳曼名字英语化为“Al Miller”，这可能是潜意识里希望穆勒成为一个更加易于亲近的同事吧。[73]其他的洗衣房店主则努力接近更高级别的权威以扳倒穆勒。斯威特清洁湿洗洗衣公司（Sweet Clean Damp Wash Laundry Company）的老板霍华德·芬克给威斯康星州州长朱利乌斯·P. 黑尔写信抱怨说，穆勒（在他的投诉信件中写的是“米勒”）强迫他在密尔沃基开店时采用他提供特定服务时的报价。穆勒在回复州长的询问时表示，芬克的指责不真实，并且无论如何他不认为这件事情“值得任何个体的、集体的或政府的公共服务机构以外的人关注”。穆勒并没有被追究，最终他与芬克在多次共进午餐和晚餐后成为志趣相投的朋友。跟阿德尔曼一样，芬克也在给穆勒的信中称他为“Al Miller”。[74]

穆勒和他的工会同道们仍然在使用罢工和暴力行为等传统手段来扩大地方360分会在密尔沃基的权势。该工会经常无视

那些在业主身份和雇员身份之间来回变动的司机的行为，只要他们按时交纳会费并愿意听从“工会原则”（union principles）的安排就好。在现实中，“工会原则”不仅包括工会宪章中所提出的特定的规则和要求，以及额外的决议和契约，还包括行为准则。会员们使用“不服管教”和“不忠诚”这样的词语来描述那些越过了通常隐而不见的边界的行为。

有时候，穆勒偶尔会“杀一儆百”——拿那些公开挑战这一潜规则的司机开刀。威廉·斯塔德勒曾是一名司机，后来辞去工作，转而为经营织补店的妻子效力。不久之后，工会便通过了一项决议，强制要求雇主针对批发业务设定最低收费标准（以此确保司机获得最低佣金）。斯塔德勒反对这一决议，因为它影响到了妻子的生意，随后他很快就退出了工会。显然，即便在暂停斯塔德勒的会员资格后，穆勒仍视其为工会的威胁。根据斯塔德勒的律师所说，穆勒使用了一些手段让斯塔德勒夫 245
人（当时她正处于一种“微妙的境况”中）和她的丈夫接受与服从。他还给斯塔德勒夫人的客户发去了具有破坏性的信件。穆勒打算迫使斯塔德勒家进行合作，但最终导致斯塔德勒夫人雇了一名律师。这位律师认为，这家店铺并不在该决议的法定范围内。这位律师还认为，斯塔德勒家“以合法的方式从事着诚实的、正直的事业，并且与工会准则并行不悖。他们正打算让自己、他们的孩子以及他们给予工作的那些人过上有尊严的生活”。[75]

有时候，穆勒采取一些法律之外的方式惩罚那些不服从管教的工会成员。穆勒不知通过何种手段成功地让暗地里为他人干活的沃尔特·罗腾霍费尔因醉驾而被捕。法官明显放了罗腾霍费尔一马，尽管他的酒精测试浓度达到0.32%。穆勒非常生气，以致他咨询了工会的律师如何给密尔沃基杂志写信控诉法官的判决。这位律师反对这一做法："我认为您不该就内伦法官在这个案子上的态度制造麻烦。您必须记住，我们有时候也要在法律问题上需要法官睁一只眼闭一只眼。"工会最后因这次非法逮捕而以给罗腾霍费尔和解金的方式了结了此事。[76]

同时，许多司机交纳了会费但又在其他事情上无视工会的规定。对于一些人来说，工会会员身份提供了一种交流的方式。一些人从参与工会事务中获得了一种权利感。还有些人觉得工会大厅是一种消磨休闲时光的好去处。地方360分会缺乏美国服装工人联合会所制定的那种详尽的休闲和娱乐计划。穆勒似乎认为，行业工会的原则本质上是面向白人工会成员的，行业工会的文化也是与劳工阶级的男性文化相一致的。在一定的意义上，他是正确的——密尔沃基长期以来一直涉足劳工运动政治。穆勒还会将成员的无知简单粗暴地归因为漠不关心或公然对抗。

不过，穆勒绝非蠢人。他明确意识到娱乐活动可以让会员们保持对工会中更为严肃的事情的关注度。尽管地方 300 分会给它的会员提供了免费的医疗保障，与贝茜公爵乐队（Count Basie Orchestra）举行年度舞会，以及与贝茜·希尔曼（Bessie 246
Hillman）共同饮茶。穆勒则根据威斯康星州工会截然不同的成员构成，量身定制了福利方案。例如，举行工会的会议或其他的活动时，要敞开供应啤酒和椒盐卷饼。1938 年时，穆勒向雇主和会员们发出了一封通用信函，邀请他们参加会议——讨论美国劳工联合会和美国产业工会联合会之间的管辖权争议。他看起来对会议结果一点儿都不担心，对受邀者直言道："无论结果如何，无论是美国劳工联合会还是美国产业工会联合会赢，我们都会搞一场小型聚会，并且出席者可以享用充足的啤酒和午餐。"到 1939 年时，穆勒从城市啤酒交易所购买了非常多的啤酒以致他对涨价谈判充满了自信。[77] 同年，他用工会资金办了一场单身派对，向演艺公司支付了 150 美元筹办综艺歌舞秀。比起很快夭折的工会保龄球联赛 [78]，酒饮显然更能吸引成员。工会会议不仅供应啤酒和椒盐卷饼，还包容其他男性文化消遣。1940 年 2 月的某次会议上，成员们甚至投票暂停正式议程，只为了听一场广播里的拳击比赛。[79]

最终，在这家工会的社交活动中占据垄断地位的男性氛围随着已婚成员的进入而日渐稀薄。1941 年，娱乐委员会给会员们的妻子发出了邀请信，为没能让她们参加工会的娱乐活动而致歉，并邀请她们参加两场电影的首映式：弗雷德·华林（Fred Waring）和他的乐队出演的《欢乐时光》（*Pleasure Time*），以及一部短剧《烟草之地美利坚》（*Tobacco Land U.S.A.*），而且观影后会有饮料和舞蹈招待她们。[80]

战时劳工短缺很快冲击了地方360分会这个长期由男性主导的世界。阿洛伊斯·穆勒加入了海军。汽车司机联合会决定发布一份特别会员表，用来在他们所说的“这一紧急时刻”期间吸收女性会员。[81] 工会的官员们努力帮助多萝西·费舍尔和伊丽莎白·莫尔这样的女性。这两位女司机是在大战期间加入工会的。

接替穆勒任职的乔治·斯坎伦甚至依据资历权利（seniority rights），为莫尔争取保留其战后的工作岗位。[82]

*

到20世纪30年代后期，工会化和监管已经对许多洗衣房
247 业主和洗衣工人产生了广泛的影响。在英国，一些特别的企业
家如果跟地方长官关系友好，就能够避免给学徒支付最低工资，
也可以榨取一点额外的劳动，但这是例外情形。由于美国的联
邦体系以及工会在那里起到了更为重要的作用，地区在界定谁

将受到影响方面作用更为明显。

在地方300分会这样的工会里，亚麻品护理工占据了主导作用，成为未来的某种预兆。就在劳工在这个行业重建自身地位的年月里，家庭主妇——消费者虽然对洗衣房业主实现扩张如此关键，但是她们还是开始放弃使用洗衣服务了，这导致洗衣房业主们日益依赖商业客户。 248

第十一章　面临家庭的威胁

是什么因素让洗衣业最终衰落了呢？简单地说就是越来越多的消费者选择了家用洗衣机而不是洗衣房。[1] 到 20 世纪 50 年代的某个时候，这件事已然成真。虽然在 1931 年时，家庭服务构成了几乎 80% 的收入，但是一个在战后已猛然衰退的行业之所以还能“死而不僵”全靠尿布和亚麻布清洗服务支撑着。[2] 蜗居在曼哈顿公寓中的住户或居住在豪华宾馆的客人可能习惯于将衣物送到洗衣房去，但是大部分没有洗衣机的人则离不开干洗工或自助洗衣机（laundromat，英国人则称为“laundrette”）。从每个家庭所拥有的洗衣机的数量来看，几位历史学家都认为这一进程在英国比在美国慢。直到战后，英国洗衣业的部门才开始发生一些变动。[3]

尽管回头看结局已经注定，但是其发生的过程说明了技术与文化在塑造行业命运过程中持续存在的关系上的复杂性。洗衣机制造商和洗衣房业主为争夺家庭客户展开了近三十年的拉锯战，尽管战争期间曾一度中断。这些商战（洗衣房业主自己就常使用军事隐喻）的战场，本身也处于其他产业变革的震荡之中。

在这些变化中，消费者文化的转变直接影响到了战斗的结果。比如，洗衣机制造商从消费者信贷便捷化的过程中所获的 249
好处要比洗衣房业主大得多。电气化的普及加速了洗衣机在美国的接受度。电气化的缓慢推进以及针对美国洗衣机的贸易壁垒减缓了英国人的购买力。毫无疑问，美国人在两次世界大战期间购买的洗衣机要比英国人多得多。到 1939 年时，在英国使用的电力洗衣机只有 150000 台。这一较低数字的部分原因在于，英国普遍使用价格低得多的煮衣锅（washboilers），而这种设备在美国则不为人知。然而，到 20 世纪 30 年代即将结束的时候，英国的洗衣机和煮衣锅加起来估计也只有 300000 台——意味着不到 5% 的英国家庭拥有其中的某台设备。[4] 与之相反，美国的洗衣机制造商在 1929 年售卖了 150 万台，并且在那一年，美国估计有 600 万家庭在使用洗衣机。[5]

美国有更多的洗衣机并不意味着美国的洗衣业比它的英国同伴更快地失去了阵地。在 20 世纪 20 年代，尽管来自洗衣机的竞争要更少，但英国洗衣业比美国同行增长得更慢。[6] 不断上涨的工资（部分是《行业委员会法》造成的）和萧条的经济在 20 世纪 20 年代早期就开始影响到英国洗衣业的利润了。由于这一时期的英国电力洗衣机还很稀缺，消费者可能并不需要在洗衣机和洗衣房之间做出选择，却要在洗衣房、煮衣锅、洗衣女工和自己用铜锅和搅拌棒来清洗之间做出选择。

在繁荣的20世纪20年代，美国人购买了大量的洗衣机，但是他们也越来越多地光顾洗衣房。某人购买了洗衣机并不必然意味着洗衣房就失去了一位顾客。一些购买洗衣机的人先前也不去光顾洗衣房。此外，许多拥有洗衣机的人仍会把难洗的衣物送到洗衣房去。大萧条开始让美国人重新想起洗衣妇和洗衣盆，但是到了20世纪30年代中期，洗衣机制造商已经设计出了推动大众消费和利用好消费者经济焦虑的路径了。1939年
250 的人口普查显示，洗衣业仍旧在增长，只是增长得比20世纪20年代要慢得多了。[7]

在一开始，洗衣机销售大获成功的背后真正的受害者是洗衣妇。或者换个说法，家庭主妇们购买洗衣机是因为她们不能再找到其他愿意廉价地干洗衣活儿的妇女了。自1910年人口普查统计显示有520000名“非洗衣厂的洗衣女工”以来，这一女性群体规模持续缓慢缩减，至20世纪30年代更呈现急剧萎缩态势。10年之后，剩余的189592名洗衣女工中的大部分主要分布在南部各州。[8]洗衣妇也可能出现在洗衣机购买者群体中。一位洗衣机经销商在20世纪30年代建议他的同行去找找那些正招徕洗衣生意的洗衣妇所打出的求职广告，然后给这些妇女打

电话并劝说她们买一台机器来改善她们的生意。[9]

选择一台洗衣机

经济、技术和文化诸因素融合在一起促使妇女们放弃了商业洗衣服务。新式家庭观念意识形态、消费行为的女性化倾向以及市场营销操纵的确都起到了一定的作用，但是女性在这一过程中并非消极的受骗者。那些有资源在二者中进行选择的女性可能是受到了广告的影响，但是她们可能也会借鉴自己的经历并衡量自己的需要和欲望，然后才去选择一位洗衣妇、一台洗衣机、一家洗衣房，或者是这三种的某种混合。正如第六章所说，与洗衣房打交道完全不像全国洗衣工协会广告中所说的那般轻松。它节约了时间，但并不总是顺心。由于许多顾客已经放弃了价格昂贵的精洗服务，转而选择粗洗晾干，他们其实已注定要在衣物清洗上耗费些时间。

1932 年 5 月，英国的行业期刊《洗衣记录》（*Laundry Record*）刊登了一篇叫作“严重的威胁”的社论。社论的作者建议其他洗衣房业主，“对家用洗衣机的诽谤”并不利于防止竞 251
争，也不利于保护这个行业。不同于该主题文章通常的含蓄表述，他直言不讳地表示，“销售人员的说法并不是夸大其词；对家庭主妇的采访证实家用洗衣机是高效且容易操作的，花不了几个钱，还非常耐用”。实际上，在 20 世纪 20 年代，虽然还赶不上今日的全自动设备，但洗衣机已经变得很容易使用了，也比洗衣板和洗衣搅拌棒更节约力气。让机器动力来辅助洗衣女工强壮的胳膊则是完全不同之事。最终证明，电动机是解决这一问题最成功的方法，尽管在 20 世纪 30 年代，煤气引擎洗衣机的经销商们依然生意稳定。[10]

家庭洗衣工作的技术构成了一个机器或过程系统，而这个系统依靠的又是一种更大的技术基础结构。洗衣房之所以能存活下去或繁荣兴旺靠的是发展出了自给自足的能力。在 19 世纪城市的背景下，蒸汽机、供水体系和净水体系让洗衣房掌握了家庭主妇不具备的优势。家庭主妇们有可能接触得到，也有可能接触不到自来水，她们只能依靠强壮的手臂、仆从或儿童来驱动家用技术。自来水和动力体系——以及接触这些体系的民主化进程——改变了这一切。

电力是这一过程中重要的构成因素。电气化在美国的普及速度要快于英国。在美国，一个普通的电子变频器在 1900 年之后的数年里就出现在了大部分的地方，这主要要感谢西屋电气公司（Westinghouse company）的贡献。[11] 城市的电气化在 20 世纪 20 年代发展速度最快：七分之一的美国家庭在 1910 年用上了电，但是到 1930 年，这一比率是十分之七。[12] 在大萧条早期，电表的销售实际上有所下滑，因为一些新用上电的顾客为了省钱又去买煤油灯和柴火炉了。[13]1935 年的农村电气化管理局（Rural Electrification Administration）也带来了一波新客户。跟他们的城市表亲不同，乡村中的家庭主妇通常把洗衣机作为用上电后的首要购买商品。[14]

就在此时，英国的电气化进程落后于美国了。直到 1926 年英国国家电网（British National Grid）创建后，电气化的国家标准才被引进，逐渐代替了电频和电压各不相同的地方“大杂 252
烩”。在此之后，英国电气化进程快速推进。1920 年，在英国只有十七分之一的房屋通电。到 1930 年，这一比率上升至三分之一，到 1939 年则达到三分之二。[15]

电力标准化让洗衣机制造商生产面向全国市场的产品变得更加容易。在此之前，为了使用机器，消费者就要购买适用于他们当地电路系统电压的单独的电动机。第一台“整体”电力机器在 1910 年到 1920 年间开始出现在美国市场。不过，这一时期的消费者研究却发现这些机器相当珍贵并且几乎只为上层阶级所有。[16]

标准化的缺乏迫使英国机器制造商努力适应高度地方化的市场。这一趋势一直持续到 20 世纪 30 年代。随着一个遍及全国的电网出现，英国制造商发现很难与美国廉价的大众生产技术相抗衡。尽管面向英国市场的电气设备的制造也是“新型工业”的组成部分，并在战后给米德兰地区带来了经济繁荣，但是它们所占市场份额与热点（Hotpoint）和雷神（Thor）这样的跨大西洋公司相比还是很小。英国在 1931 年放弃金本位制后又颁布了 1933 年进口关税法，阻遏了外国货的进口潮流并推动英国消费者在 20 世纪 30 年代购买本国生产的机器。[17]

在家庭和洗衣房中，洗衣机是技术流程的一部分，同时还需要其他设备。电器制造商已经通过电熨斗而不是洗衣机首次进入了家用洗衣机市场。从 20 世纪初开始，电熨斗就成为通用电气公司最畅销的产品之一。与熨斗相比，电熨斗具有明显的优越性，这使得成千上万的消费者用旧熨斗换取新的电器。[18]

要想与商业洗衣房竞争，一些设备制造商认为他们需要供应能够“完成全套任务”的机器。从 20 世纪 20 年代后期开始，
253 像通用电气这样的制造商开始提供各种类型的设备。这些设备通通模仿自商业洗衣房的设施。在这些设备里最主要的是一种叫熨烫器的物件。它模仿自熨平机，有一个平面垫辊，能够熨平各种织物，并且（如果人们信任制造商的话）几乎能熨平其他一切东西。与手动熨斗不同，一个熨烫器的花费不菲，几乎等于一台洗衣机的价格了。

熨烫器从未大卖。1930 年，《电力商品》杂志估计在美国只有 580000 台熨烫器在使用，而在使用的洗衣机则接近 700 万台。这些设备不仅价格昂贵得让人烦恼，而且消费者们还发现

它们笨拙、难以移动，吸引力大减。洗衣机为何销售数量更多呢？关键在于热水的引入，它解决了在洗衣机内部对水进行加热这一技术性难题。[19]

尽管电力洗衣机与前代商品相比是一大进步，但是要想操作它们仍要花费不少力气而且有危险。广告里说的只需按一下按钮并且一下午不用管它纯属误导。早期的洗衣机仅能带动水流穿过衣物。使用时机器必须接上软管进水，而排水时又需要打开阀门让污水流出，每轮漂洗都要重复这个流程。那种恼人的“显眼的灰渍”（tattle–tale grey）现象，主要就是漂洗次数不足皂液残留导致的。广告所称“让衣物洁白如新是爱的劳作”并非虚言，因为额外漂洗意味着巨量的时间与劳力投入。

早期的机器设备经常出现机械问题。电动机有时候因浸水而停止工作，而且这些机器要定期润滑才能运转顺畅。受损的电线和有问题的电机也会造成触电的危险。[20] 在商业洗衣房中所实现的部分洗衣过程的机械化无法轻易应用到家庭中。比如，商业化的离心脱水机在高速运行时让零部件承受了压力，也对使用者造成了威胁。为了防止这些脱水机晃动，洗衣房会把它们固定在地面上——这对许多家庭来说是难以接受的。结果，没有人使用脱水机，大部分的洗衣机边上安置了一台绞干器 254
（wringer），负责去除衣物上多余的水分。电力驱动的绞干器有时候会造成可怕的事故，比如把粗心大意之人的头发或衣服卷

25——————使用早期的洗衣机从事家庭洗衣工作是耗时耗力的——跟某些制造商和女性杂志所描绘的美妙场景相距甚远。Photograph by Ralph Andursky, 1943, Rochester, Farm Security Administration Collection, Library of Congress Prints and Photographs.

255

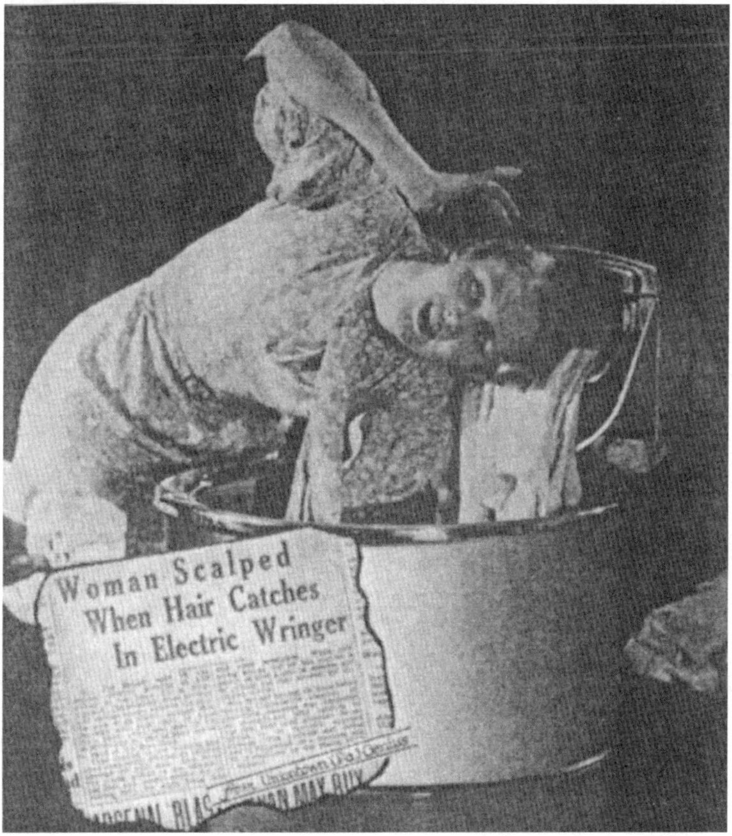

26——————洗衣业协会采取恐吓策略试图阻止他们的客户转而去购买洗衣机。*Laundry Age* 15 (April 1935), 9. 256

进去——这种危险曾被洗衣房业主大肆渲染，用于反洗衣机的广告之中。[21]

部分制造商确实提供过独立于洗衣机的分离式脱水装置。但这些家用脱水机与其商用机型存在相同缺陷：它们很容易失去平衡，在洗衣房的平地上跳来跳去并将承座磨坏。制造商部分地解决这个问题的方法是生产小容量脱水装置，还提供细致的衣物装载指引，以及如何将脱水机与重型洗衣机配套使用的详细讲解。不过，脱水机也推高了洗衣机的价格，所以大部分顾客仍然使用绞干器。

跟大部分新技术一样，人们需要经过指导才能知道如何合理地使用家用洗衣设备。操作机器的指南中通常包括将机器插入壁式电插座的必要性的简单提醒。家用和商用演示、指南手册和面向女性的杂志文章都在讲解技术知识的同时鼓励消费。[22]

甚至随着电气化和技术更新的到来，在家里洗衣服仍然费时费钱，这也是洗衣行业在各类广告中反复强调的。家政经济学家努力解释家中洗衣是否更经济这个问题。在考虑了家庭主妇每小时的工资因素后，人们并未能得出明确的结论。[23]不过，大部分家庭主妇要在家庭经济背景中做出消费决定。许多中等阶级和工人阶级妇女的工作只能拿到由她们靠工资过活的配偶所分配的有限的零花钱。自己亲自动手可以把钱节约下来干别的事情。甚至洗衣房业主也承认，在家里洗衣服的话，花费要更低。[24]

20世纪20年代，经销商们深谙让洗衣机等家电显得更实惠的诀窍——向消费者提供分期付款（英国称为“hire purchase”），使其价格与送洗衣房的花费相比更具竞争力。[25] 随着经济萧条不断涌来，经销商采用了非常低的首付款计划——一次只需付款75美分——并用可以在数年时间里陆续付款的信贷计划去吸引顾客。[26] 英国家电销售模式效仿了美国的做法。《动力洗衣房》（*Power Laundry*）的编辑警告它的读者，百货商 257
店、照明公司和能源公司正在使用长达五年期的分期付款方式为顾客提供电气设备。[27]

特别是在美国，价格的快速下降与这类分期付款计划让大量消费者可以承受得起了。1925年，在美国，一款中等价格的机器需要125美元到150美元。在英国，20世纪20年代携带可分离电动机的机器价格在30镑到50镑之间（比美国的机器略贵一点）。[28] 在20世纪30年代早期，西尔斯·罗巴克公司（Sears and Robuck）跟竞争对手蒙哥马利·沃德公司（Montgomery Ward）打起了价格战，但是所有的经销商都受到影响。到1934年，西尔斯（西尔斯·罗巴克公司的简称）最便宜的一款洗衣机为29.85美元。其他功能更多的机器售价50到60美元不等。[29] 由于没有发动价格战，英国在同一时期价格只跌了一点点。[30]

尽管西尔斯为了吸引新的客源而承受暂时亏损，但其他美国零售商则在这种售价所带来的微薄利润下战战兢兢。同样地，消费者也意识到了这种分期付款的好处，洗衣机销量因此激增。1936 年，美国人购买了 1533300 台电力洗衣机和 199700 台燃气洗衣机，而经销商也开始迎来大批回头客。[31]

或许充满悖论性的是，经济萧条赋予了洗衣机制造商超越美国洗衣房业主的优势。常识告诉我们，人们不愿意在经济萧条期购买高价耐用品，但是几个因素扭转了这个趋势。尽管洗衣房的价格战让这个行业的人痛苦，洗衣房业主不得不盼望着政府出台稳价格政策，但是洗衣机制造商之间的价格战让不少公司占到了便宜，因为它们有资产能弥补临时性的损失并且也有能力利用规模优势进行廉价生产。通过这个过程，美泰克公司（Maytag）这样的企业就吸引了一大批新客户并且在市场中占据了相对的垄断地位。

至少有一位经销商还表示，耐用消费品为处于金融动荡时代的人们提供了一种奇特但稳妥的投资方式。1934 年，他提出“未来几年，美国家庭主妇将把积蓄‘存储’在家居舒适品
258 上——她们已从银行存款、股票和房地产投资中吸取了教训，明白这些再也不是可靠的‘雨天储备金’了……家用设备是为自己投资，无法被冻结，也不会被毁掉，并且无论发生了什么它们都可以让人使用和享受”。[32] 此外，跟一堆老旧的杂货不

同，在最艰难的情况下，这些机器可以被转售给其他经销商，从而弥补了某些成本损失，也为二手市场提供了货源。

人们无须买一台洗衣机独自使用。技术的更新让洗衣机制造商能够从商业洗衣房最忠实的顾客中吸引走一批人，即那些公寓中的住户。投币洗衣机在20世纪30年代早期就出现了。参与到自助洗衣业务中的企业家面对的是跟一种新技术有关的、可预期的问题。第一批的投币盒很容易被毁坏，并且这时的洗衣机比较小，跟后来的相比也相对更轻。一个身体强健之人可以毫不费力地将它移走（当销售人员在给家庭运货时将它们从卡车中搬上搬下的过程中就知道这点了）。聪明的操作员会用链子将机器拴到墙上或管道上以防止被偷——在5月1日和10月1日的全国搬家日（national moving days）时可能会面临的危险。[33]

一如既往，清洁的概念对消费者的选择也会起到作用。20世纪20年代和30年代是两个重要现象出现的关键时期：特别是肥皂制造商所设计的充满活力的广告加速了不断提高的清洁标准的长期发展趋势。广告的文案会暗示清洁卫生并非不言自明之事，“显眼的灰渍”固然恼人，但那些看不见的污垢与细菌才是更大的隐患。正如《美国家庭》（*American Home*）杂志解释的，细菌“让苛刻的家庭主妇及其家人产生了对与完全陌生之人的个人衣物和床单被罩混杂在一起的偏见”，但是危险并不在于其中的细菌，而是其他人的东西混进去所造成的膈应。正如一位妇女所说："我能忍受自己的不洁，但是无法忍受我完全不认识之人的污物（dirt）。"[34] 人们日益产生一种观念，商业洗衣房是其他人的污物和工人们的（既是在字面意思上，也是在象征意义上）污物的储存地。这种观念再配合上另一种文化变迁——对私密性的日益追求以及公私之间更为清晰的分离——
259 让消费者一想到陌生人会触摸并检查他们的私人物品就会有一种隐隐的厌恶之感。[35]

1936 年，英国杂志《妇女的电力时代》（*Electrical Age for Women*）为英国生产的 H. M. V. 牌洗衣机和电熨斗刊登广告。该广告很好地总结了这个行业对选择一台洗衣机所持的观点。一位兴高采烈的家庭主妇放下手中的活儿抬起头来说："我已经付完了洗衣房的账单，并且是'永久'如此。"她宣称只花了一小时洗衣服，并且比商业洗衣房的洗衣效果更好，损坏情况也更少。"此外，"她补充说，"对于我的衣物跟其他人的一起放进洗衣机一事，我从没感到高兴！" H. M. V. 牌洗衣机是如此容易使用，她说，以致她"能够每周穿着舞裙时洗衣服"。[36]

加入战斗

正如消费者在做出选择时并非被动而为，制造商和洗衣房业主也会发挥主动性形塑消费者的选择。这一时期，英美两国企业为争夺消费者的心智主导权展开了一场激烈的角逐。一寸寸地，一年年地，洗衣房业主失去了阵地，这是他们自己所选的战略结果，也是构成战场的大环境所决定的。

这场较量中，洗衣房业主往往不自觉地成了自身衰败的推手。他们经常不能适应新技术的要求，在这个世纪的许多年里坚持认为洗衣房所处的环境几无改变。此外，尽管全国洗衣工协会紧跟洗衣业营销和管理方面的新发展，但是许多小型洗衣房业主仍沿袭着这个行业一贯的粗放经营模式。

特别具有威胁性的是洗衣机制造业日益集中化的趋势，以及该制造业操控 20 世纪生活变革力量的能力，比如广告业。到 20 世纪 20 年代，大部分的洗衣机制造商都建立在艾奥瓦州，并且像美泰克这样的巨头正忙于为它们的产品开拓全国和国际市场。[37]

洗衣房业主在兜售他们的服务时所强调的理念——家庭的
洗衣工作甚至有一台机器相伴也是很费时费力的，而且不会比 260
洗衣房更经济、更卫生——受到了机器制造商的持续批评。尽管洗衣房业主并非广告业的陌生人，但是这个行业的地域化特征（甚至在全国洗衣工协会的支持下）让其做不到像通用电气公司或美泰克公司所能承受的那种全国性的、饱和式的广告宣传。无论是全国洗衣工协会还是洗衣工联盟都是靠会员费和会员的捐助才能做出些名堂来。脆弱的联盟发现要想让它的会员自愿发起反对洗衣机的全国性宣传运动尤为困难。[38]

全国洗衣工协会和洗衣机制造商发起的广告战如此激烈，以致在1927年和1933年两次停战号召下才减少了消极性广告的数量。[39] 妇女杂志为这场广告竞争提供了主要阵地。由于洗衣机制造者（以及肥皂制造商）提供了很大比例的广告收入，媒体立场经常有所偏袒，他们更愿意宣传家用洗衣设备的好处。[40] 有些广告读来简直像是对这种文类的戏仿。1937年，《好家政》杂志特别刊登了一篇叫作“洗衣业中的荣光！享受家中的劳动”的文章。文章的作者所联系的一位人士讲述了她在将干净的衣物从洗衣机或熨烫机中拿出来时的喜悦之情：“我感觉就像一位艺术家那样看到了他的图画在画布上徐徐展现……对于我来说，这就是魅力所在。”[41]

妇女的杂志也会通过产品测试或贴上“好家政”的图章等宣传手段来影响消费者的选择。作为回应，全国洗衣工协会创立了一个类似于好家政研究所（Good Housekeeping Institute）的中央研究和训练机构以及一套审查体系。经营较好的洗衣房可获得授权使用认证标志——图案是“一位头戴白帽的少女笑脸”，并标注“美国洗衣协会认证”字样。[42]

机器制造商的工作建立在20世纪20年代的家庭意识形态基础上，即强调家庭是消费的展示场所。他们鼓励这样的观点：家用洗衣机不仅是有用的设施，也是地位的象征。设备销售商了解并广泛使用“……的骄傲的所有者”（proud owner of a--）这样的术语。《好家政》就曾问道：“你为你的洗衣机感到骄傲吗？”这样的文字强调了拥有一整套“最新的设备”的重要意义。[43] 261

英国人在引发消费者的骄傲感时采用了更加精妙的术语。一则英国的广告强调了一位家庭主妇在购买一台洗衣机时内心充满了良好的感觉而产生的骄傲感：“她偷偷地去洗衣服！她不想让人看见，也不想让人知道家里的衣服是她洗的”，但是，这则广告继续说道，“今天明智的妇女们为她们自己洗衣服而感到骄傲。她会唤来邻居让她们看看她干了多么少的活儿，而无所不能的电力洗衣机又为她干了多少活儿”。[44] 这样的文字也强调了技术的另一种重要的社会效应：在极具阶级意识的英国社会，使用机器能减轻自己劳动所带来的耻辱，因为它暗示着在操作和消费方面所具有的某种优势。

英国人在接纳电气设备时的观点还包含着在美国不存在的一种因素——一种对英国技术落后的恐慌感。1926年，威尔弗雷德·阿斯特告诉妇女电气协会（Electrical Association for

Women）的成员有关她最近对加拿大和美国的访问情况。在那里，她看到了电力解放的可能性。加拿大的妇女在填满了洗衣机后，“按一下按钮，把盖子盖上，然后就去听一场演讲或者参加一场 11：00 的魅力音乐会。她们回来时会发现衣服已经洗好了”。[45]

制造商也很重视他们所说的情感营销（emotional selling）策略。这种策略依赖于对家庭价值观以及性别角色的清晰界定与刻画。《电力商品》（*Electrical Merchandising*）在 1934 年 8 月号的封面上推广了这种方法：该封面上有一位全身湿透的女性正在一桶肥皂水里揉搓着洗衣板上的衣物。广告词写道：“情感营销——让女性从不人道的脏活累活中解放出来——以守护孩子们的健康……这是电气设备商品的贡献。”[46] 有些被采纳的宣传方法非常有趣。克利夫兰电力商品联盟（The Electrical Merchandising League of Cleveland）在当地报纸上开办了一系列的专栏。这些栏目模仿了颇受欢迎的“给失恋者提建议”这样的栏目。“彼得 · 费尔法克斯的恋人书信”给报纸订阅者们讲述了如何（以直白或暗示的方式）通过使用家用设备“熨平”家庭的
262 磕磕绊绊。罗密欧 · 卡普莱特写信抱怨他的婚姻注定会走向悲剧，因为他的新娘总是在周一莫名其妙发脾气。费尔法克斯当然会建议买一台电力洗衣机。类似的家庭关系问题也可以通过购买熨斗、烤箱或华夫饼制作器来解决。[47]

在这场争夺客源的商战中，此类营销手段可谓大行其道。洗衣房的广告指出家庭劳动给妇女们的时间和精力增加了过多的负担。洗衣机消耗着妇女们的体力，使得她们也无法集中精力照顾孩子和丈夫，而这是更重要的事情。洗衣机也不安全，稍有不慎，使用者或无辜的孩童可能会遭遇致命伤害。

机器经销商和洗衣房业主们都明白要从性别角度来打广告。他们采用的策略通常适用于人们所认为的妇女的“本性”。[48] 妇女之所以需要洗衣机，是因为洗衣机可以节省劳动力，这种观点似乎已经被人们对妇女的刻板印象所遗忘，认为她们贪图享受、感情用事、轻浮和恋家。零售商曾得到建议在销售设备时要举办春季广告活动，因为“在这时年轻的家庭主妇们正需要‘爱、荣誉和表演’”。[49]

由于男人们（特别是丈夫们）通常是在购买大件物品时做决定，所以有时候销售商和消费者之间呈现一种三角关系。“妇女提议，男人决定”成为一篇关于销售洗衣机经验的文章的开头。“她必须转变成为针对她丈夫的销售员。如果我们给她论据，她就会给他结论。”[50] 一些销售商会直接找丈夫。一家多伦多的商店做了一面窗户，上面展示着一座墓碑，上面印着一段文字：“这里躺着希拉姆·格林；她的丈夫不愿意给她买一台洗衣机。”另一家销售商将他的商店称为“妻子拯救站”（Wife-Saving Station）。[51] 俄亥俄州洛雷恩市（Lorain, Ohio）的一家机

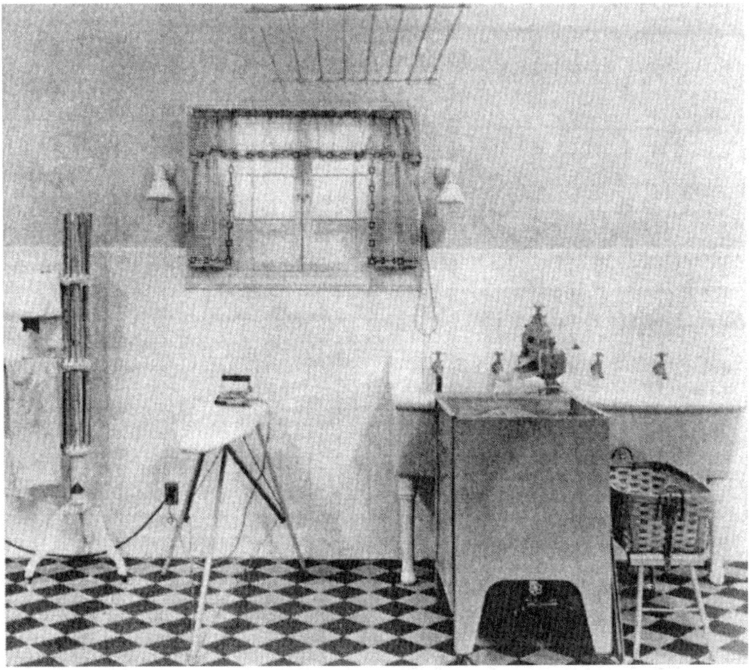

27——————这个模范洗衣室中装备着最新的技术，展示了一种经销商和制造商用以吸引新顾客的理念。Library of Congress Prints and Photographs.

263

器经销商采取了更为复杂、跨文化的方法。他建立了一面展示窗，对象是这个主要为移民的社群中的男性工人。它的文案显示，真正的美国人会买各种设备好让他们的妻子免受每日洗刷的折磨。[52]

讽刺的是，家务劳动所造成的封闭环境为家电销售提供了另一个机会。经销商们通过电话、送货上门、在店内设立社交角等方式，对家务缠身的妇女给予了极大的关注，让她们可以喝杯茶，考虑未来购买的可能性。一些洗衣房业主也会采取类似的方法给予回击。威斯康星州麦迪逊市的3-F洗衣房在每一批的清洁衣物里插入了一卷《新闻集览》（*Bundle News*）。这里面的故事和文章跟洗衣房没什么关系，有的是菜谱、育儿经。当然也会随意穿插进去一些广告，广告的主题是讲洗衣房服务的重要意义。[53] 264

各种组织和机构排着队向美国人兜售家用洗衣机。虽然洗衣房在行业和组织之外没有天然的同盟，但是洗衣机制造商可以获得电力公司，甚至在某一些地方还有地方政府的支持。这些同盟关系中又诞生了次一级的组织机构，以寻找消费者为目标。在英国，“妇女电力协会”（Women's Electrical Association）成立了，这是因为“需要让妇女们对电力的发展产生兴趣”。实际上，它成为说服妇女们购买并使用电气设备的一种手段。[54]美国的各种商品协会以及美国政府本身的各个部门也都在游说消费者增加电气设备的使用。

*

使用家用洗衣机而不是洗衣房的服务不应当被看作回到前工业时代。由于洗衣房很难脱离其 19 世纪的技术和文化根源，而洗衣机正好满足了 20 世纪工业和商业文化的发展结构。这本身并不足以解释洗衣行业的衰落。然而，随着消费者发现自己还有其他选择，该行业的战略和缺陷日益成为问题。在两次世界大战期间，无论洗衣行业如何精心组织、升级设备，都难以掩饰其尴尬处境——既要硬套工厂化生产模式，又得竭力维持亲民的服务价格。即便使用了教育、劝诱，以及偶尔的强迫手段，洗衣业协会也无法保证实现标准化，而这是名牌机器可以做到的。

与之相反，电力洗衣机在根本上是 20 世纪的产物。一台美泰克机器就是那样，无论你是在得梅因（Des Moines），还是在洛杉矶，抑或利物浦买的，它们之间没什么区别。最成功的洗衣机制造商都是大企业。它们使用各种技术——大众生产、全国性以及国际性的营销手段，还有消费者信贷——去出售它们
265 的产品。

极有可能，洗衣机高昂的价格，电力分布的不均衡，以及洗衣妇的大量存在都减缓了洗衣机在英国的接受速度。在 20 世纪中期，工业化的新特征在美国首先出现。1935 年，一位赴美考察归来的英国洗衣业工程师向同行给出了截然不同的解读。某行业期刊以《英国现已领先》为标题大肆宣扬他的观点。他将美国洗衣业的危机归咎于盲目扩张——美国同行们发展过速，服务项目贪多求全，设备采购也盲目扩张。他告诉读者，如今美国人反而"羡慕起英国佬"——英国洗衣房服务项目精简、出品精良，这种曾被视作"英国工业落后"的特质，如今反倒成了优势。[55]

同理，洗衣工作重回家庭的意义也可以被多重解读。在被广泛引用的《米德尔顿：一项美国的文化研究》（*Middletown: A American Cultural Study*，1929 年）中，罗伯特和海伦·林德建议说，选择洗衣机而不是洗衣房没什么意义。他们认为，对洗衣机一开始的投资"倾向于支持一种可疑的制度性结构——许多个体家庭借此在孤立的单元中日复一日地重复着平庸的工作"。他们描绘了一幅图景：在"温文尔雅地劝人分期付款的销售员"的操纵下，一脸迷茫的妇女买下了一台洗衣机，尽管她自己也很是喜欢。[56] 销售技术的确有助于出售设备，但是妇女们也有她们自己要买或不买的理由，不管这位销售员多么彬彬有礼。

那些认为家庭主妇选择洗衣机而不是洗衣房的观点只是从
妇女工作贬值的角度来看待问题，却忽视了阶级这一重要因素。
有能力在洗衣房和洗衣机之间做选择的中产阶级女性，长期以
来正是以女佣、廉价商品和服务等形式，享受着工人阶级女性
劳动力贬值的红利。如果劳动妇女的工资保持在了 19 世纪的水
266 平，中产阶级妇女可能就不太会急于购买洗衣机了。正是由于
工人运动和社会改革者的努力，女性劳动长期贬值的趋势才逐
渐失去其阶级基础，把负担又转嫁回了中产阶级女性身上了。
到了战后时期，甚至一名洗衣女工都能买得起她自己的洗衣
267 机了。

结论　记住洗衣业

自第二次世界大战以来的几十年里，洗衣业并没有消失，但是它们的确变得不可见了。有些洗衣房隐藏在了干洗店的后面。其他一些则在更名后从事亚麻布和尿布清洗服务。这些人从后门取送衣物，将工厂搬迁到工业区以及城市的郊区去了。今天，在纽约和伦敦这样的大都市还有一些衬衣和家庭洗衣房，但是在更小的市镇和城市中就很少了，跟当年所鼓吹的提供各种服务相比不可同日而语了。大部分中产阶级美国人已经忘记了怎样填写洗衣表，尽管几乎每一个人知道如何使用一台洗衣机。

当代的公共舆论也不再把洗衣业看作典型案例以证明工业化是邪恶的抑或道德的。先进的改革家在杂志中慷慨陈词，细数洗衣业雇佣制的种种罪恶的情形已经过去很久了，在《好家政》杂志上争论洗衣机和商业洗衣房的相对优点则是更久之前的事情了。洗衣业在历史学家的著作中几近湮没无闻。多数研究者显然更青睐那些与我们现代世界渊源更显赫的产业先驱：钢铁和纺织，银行和火车。这个行业未能战胜竞争对手的结局、有限的发展规模，以及其长期被贴上“女性家务”标签的特质，都注定了它在历史叙事中的籍籍无名。

那么为什么现在又要费心劳力地让洗衣房“重见天日”呢？部分答案在于——借用克劳德·列维－施特劳斯的术语——它们是值得思考的（good to think with）。性别的多重功
268 能、技术和技术知识可变的意义、小型企业家的经济和文化世界都能从这个行业史中获得极为特别的经验。因此，我在讲述洗衣业历史时所持的观点既不是为了将其从废墟中拯救出来，也不是为了论证一种以洗衣业为中心的工业化范式，而是为了找到观察工业化这一更大图景的新路径。

在我们理解过去的过程中，什么是可见的，什么是不可见的，这不仅源自对主题的选择，而且是历史学家必然要围绕他们研究对象划定边界所造成的。重新思考那些参数提供了反思什么是工业化的另一种路径。洗衣房业主从定义上来说是企业主中最具有地方特性的一群人。他们参与到活跃的跨大西洋对话以及技术的国际交流中。当环境允许时，他们还会忽视国家和地区的限制。同理，拿来主义的观念，特别是那些跟改革有关的观念未能超越他们所诞生的环境，同理，那些舶来的改革理念一旦脱离其原生土壤便屡屡碰壁，恰恰揭示了英美两国政

治文化与社会结构的本质差异，以及美国南北各州之间的深层分野。

类似的，将工人、企业主、改革家以及消费者分别归入他们各自的类别和历史的确有利于分析的紧凑性。但是把他们又重新放到同一页纸中也有价值，可以揭示他们的角色所存在的复杂性、交叠性，以及有时候的矛盾性。洗衣房业主缓慢地意识到家庭主妇既是消费者，也是竞争者。这证明了人们经常看到的生产者和消费者之间存在着很大的距离感。经过认真审视可见，家庭和工作场所、家庭与工业之间同样是可渗透的。

技术和技术变迁是工业化进程中无可争议的核心因素。不过，创新和发明的过程对技术史是如此重要，但在本书中只占了部分内容。正如在其他的许多行业中那样，洗衣房中所应用的基本技术来自对家庭和其他行业所用设施的借鉴和改造。在本研究中，我也把跟另一类跟技术有关的问题放置到同等重要的位置上：消费者、工人和雇主是如何在现有技术中做出选择 269
的？技术和技术知识是如何做到不同的事物对不同的人产生意义的？如果采用的技术在用户手中的功能并不理想，那么会产生怎样的历史后果？

性别在这个世界上的功能和意义既明显，又不是那么明显。这个行业的存在本身依赖于一种性别秩序和经济制度的互相强化。前者认为女性的地位在于家庭，而后者则将女性推向雇佣劳动的行列，身后拖拽着熨斗。不过，洗衣房业主自身也在与性别身份的复杂性纠缠不休——比如，他们质疑一位男性从事洗衣业意味着什么。

讲述小企业和大企业的故事，讲述它们的失败与竞争力的不足，讲述它们的成功与创造力，有助于拓宽我们对普通人在工业化过程中的经历的认知。大部分的妇女从未进过钢铁厂，无论是作为工人还是参观者皆是如此。然而，工业化给普遍存在的洗衣问题带来的变化不可避免地触及了她们的生活。对于洗衣妇来说，洗衣房成了竞争对手。对于失业者来说，洗衣房提供了现成的工作机会。对于家庭主妇来说，洗衣房虽不完美，但终究是逃离“洗衣日”折磨的另一种选择。

尽管许多男性梦想着成为下一个亨利·福特，但大部分人只是在小资本行业或工资劳动者行业中耗费时光。跟其他我们知之甚少的小企业相比，洗衣房提供了一种途径。它只需要少量资本和不多的教育经历就让人可以进入商业世界中。就在大都会人寿保险公司（Metropolitan Life）或宾夕法尼亚铁路公司（Pennsylvania Railroad）的官僚们参与复杂的文书工作并且眼睛盯着晋升职位时，洗衣房业主们则在把收据条塞入办公室的保险箱中，并且在洗衣工或煮衣锅操作员这天早晨没露面时，亲自挽起袖子干活。

本书并没有宣称一种以洗衣房为中心的工业化范式，没有对洗衣业做皓首穷经式的研究。与工业化的其他方面一样，洗衣业正等待着其他历史学家以新的研究视角来呈现其可见性和不可见性，展示关联性与断裂性，构建新的分类或对其“拆解一番”。 270

注 释

导论

1. 关于最近所提出来的跨国研究方法参见 George Fredrickson, "From Exceptionalism to Variability : Recent Developments in Cross-National Comparative History," *Journal of American History* 82 (September 1995) : 587-604 ; Ian Tyrell, "American Exceptionalism in an Age of International History," *American Historical Review* 96 (October 1991) : 1031-55 ; James E. Cronin, "Neither Exceptional nor Peculiar : Towards the Comparative Study of Labor in Advanced Society," *International Review of Social History* 38 (1993) : 59-75。
2. 参见 Nina Lerman, Arwen Mohun, and Ruth Oldenziel, "Versatile Tools : Gender Analysis and the History of Technology," *Technology and Culture* 38 (January 1997) : 1-8。
3. 相关的文献很多。从英国历史的角度进行评述，参见 Sonya O. Rose, "'Gender at Work' : Sex, Class, and Industrial Capitalism," *History Workshop* 21 (1986) : 113-51 以及 Sonya O. Rose, *Limited Livelihoods : Gender and Class in Nineteenth-Century England* (Berkeley, 1992), 1-21。关于美国的相关研究，参见 Ava Baron, "Gender and Labor History : Learning from the Past, Looking to the Future," in *Work Engendered : Toward a New History of American Labor*, ed. Ava Baron (Ithaca, 1991)。关于妇女的工作在市场经济中不断贬值，参见 Jeanne Boydston, *Home and Work : Housework, Wages, and the Ideology of Labor in the Early Republic* (NewYork, 1990)。
4. Ulla Wikander, AliceRessler-Harris, and Jane Lewis, eds., *Protecting Women : Labor Legislation in Europe, the United States, and Australia, 1880-1920* (Urbarm, Ⅲ., 1995); Susan Porter Benson, *Countercultures : Saleswomen, Managers, and Customers in American Department Stores, 1890-1940* (Urbana, Ⅲ., 1988); Angel Rwolek-Folland, *Engendering Business : Men and Women in the Corporate Office, 1870-1930* (Baltimore, 1994) .
5. Patricia Malcolmson, *English Laundresses : A Social History, 1850-1930* (Urbana, Ⅲ., 1986), 提供了一个重要的起点，我们可以借此理解那些在洗衣房工作的妇女以及试图改善其劳动条件的英国改革者。

6. Ruth Schwartz Cowan, *More Work for Mother : The Ironies of Household Technology from the Open Hearth to the Microwave* (New York, 1983), 105-7, 150.《为母亲争取更多的工作》可以看作技术史作品中引用率最高的作品之一。不过，考恩的作品经常不被看作带来更多研究的先锋之作，更合适的是把它看作对她所称的"家庭中的工业革命"这一非常复杂进程进行研究的前声。
7. 关于具有特别影响力的例子，参见 Anthony Wallace, *Rockdale : The Growth of an American Village in the Early Industrial Revolution* (New York, 1980); Merritt Roe Smith, *Harper's Ferry Armory : The Challenge of Change* (Ithaca, 1977); 以及 Judy McGaw, *Most Wonderful Machine : Mechanization and Social Change in Berkshire Paper Making 1801-1885* (Princeton, 1987)。
8. Benedict Anderson, *Imagined Communities : Reflections on the Origin and Spread of Nationalism* (London, 1983); Claude S. Fischer, *America Calling : A Social History of the Telephone* (Berkeley, 1992).
9. Maxine Berg, *Age of Manufactures : Industry, Innovation, and Work in Britain, 1700-1820* (Oxford, 1986); Raphael Samuel, "Workshop of the World : Steam Power and Hand Technology in Mid-Victorian Britain," *History Workshop* 3 (1977): 6-72; 并且 Philip Scranton, *Figured Tapestry : Production, Markets, and Power in PhiladelphiaTextiles, 1885-1941* (Cambridge, Mass., 1989), 6。

第一章　技术与文化起源

1. 这个故事引用最广泛的版本在 Fred De Armond, *The Laundry Industry* (NewYork, 1950), 7。更早的版本参见 "Our Twenty-Fifth Anniversary," *National Laundry Journal* 51 (1 January 1904): 12; "A History of the American Laundry Industry" (typescript, n.d.) Women's Bureau Records, Record Group 86, Box 105, National Archives, Washington, D.C.; "The Brief Story of the Progress of the Power Laundry Industry from Ancient Times" (typescript, 1928) Women's Bureau Records, Box 105, National Archives, Washington, D.C.。也可参见 Frederic W. Bradshaw, *Power Laundries : The Story of a Five Hundred Million Dollar Industry* (New York, 1926)。
2. Caroline Davidson, *A Woman's Work Is Never Done : A History of Housework in the British Isles, 1650-1950* (London, 1982), 136-37。亨利·梅休（Henry Mayhew）是 19 世纪 50 年代时伦敦工人阶级的观察家。当时人们认为，单身男性总是付钱给一位妇女让其为他们洗衣服，梅休对这种观点并不认同。Henry Mayhew, *London Labour and the London Poor*, vol. 2 (London, 1861), 190。
3. Ancliffe Prince, *The Craft of Laundering : A History of Fabric Cleaning* (London, 1970), 11. 关于洗衣棒，参见 Pamela Sambrook, *Laundry Bygones* (Aylesbury, 1983), 7。
4. 更多的分析参见 Arwen Mohun, "Laundrymen Construct Their World," *Technology and Culture* 36 (January 1997): 97-120。
5. Siegfried Giedion, *Mechanization Takes Command : A Contribution to Anonymous History* (New

York, 1948), 561.

6. Benjamin Butterworth, *The Growth of Industrial Art* (Washington, D.C., 1892), 84. 在1850年到1870年间向酒店销售的沙克洗衣机(Shaker washing machine)是个例外,这种洗衣机用擦洗而不是搅动的方式。参见 *Improved Shaker Washing Machine* (Concord, N.H., 1859, 1877).
7. Sambrook, *Laundry Bygones*, 3-4; Linda Campbell Franklin, *Three Hundred Years of Housekeeping Collectibles* (Florence, Alabama, 1992), 64-152.
8. 例如,参见:*Catalogue of the Troy Laundary Machinery Co.* (Troy, N.Y., 1901), 57, 69。
9. Davidson, *A Woman's Work*, 150; Susan Strasser, *Never Done: A History of American Housework* (New York, 1982), 105; Christina Walkey and Vanda Foster, *Crinolines and Crimping Irons: Victorian Clothes: How They Were Cared For* (London, 1978), 54.
10. Eliza Leslie, *The Housebook: Or, A Manual of Domestic Economy* (Philadelphia, 1840), 7.
11. Ibid., 8.
12. "First Report of the Commissioners on the State of Large Towns and Populous Districts with Minutes of Evidence, Appendix, and Index," No. 584 (1844) *Parliamentary Papers*, 260. 也可参见 Strasser, *Never Done*, 105。
13. Leslie, *The Housebook*, 9.
14. 更多的描写,参见 Davidson, *A Woman's Work*, 138-50; Strasser, *Never Done*, 105-9; and Walkey and Foster, *Crinolines and Crimping Irons*, 58-61。
15. Leslie, *The House Book*, 27; Catherine Beecher, *A Treatise on Domestic Economy* (1860; reprint, NewYork, 1977), 324.
16. Leslie, *The House Book*, 15; Sambrook, *Laundry Bygones*, 5.
17. Ruth Schwartz Cowan, *More Work for Mother: The Ironies of Household Technology from the Open Hearth to the Microwave* (New York, 1983), 98; Strasser, *Never Done*, 109; Walkey and Foster, *Crinolines and Crimping Irons*, 54.
18. Charles Sylvester (Engineer), *The Philosophy of Domestic Economy; as Exemplified in the Mode of Warming, Ventilating, Washing, Drying, and Cooking...Adopted in the Derbyshire General Infirmary, and More Recently, on a Greatly Extended Scale, in Several Other Public Buildings* (Nottingham, 1819), 11.
19. Ibid., v. 关于漂白机的更完整的描述,参见 Edward Baines, *A History of the Cotton Manufactures of Great Britain* (London, 1835), 250-51。
20. Sylvester, *Philosophy*, 28, 30, 11, 23, 9.
21. Stephen Glover, *History and Gazetteer of the County of Derby: Drawn Up from Actual Observation and from the Best Authorities*, vol. 1 (Derby, 1833), 145. 对于美国人来说,杰迪代亚是以美国纺织业开创者塞缪尔·斯莱特(Samuel Slater)的导师而闻名。George S. White, *Memoir of Samuel Slater, the Father of American Manufactures* (1836; reprint, New York, 1967), 33.
22. R. S. Fitton and A. P. Wadsworth, *The Strutts and the Arkwrights, 1758-1830: A Study of the Early Factory System* (Manchester, 1958), 173.
23. 斯特拉特的技术和科学问题通信圈包括伯明翰月光社(Birmingham Lunar Society),特别包括托马斯·埃奇沃思、伊拉斯谟·达尔文（Erasmus Darwin）、查理·巴贝奇（Charles Babbage）、杰里米·边沁和塞缪尔·边沁（塞缪尔是海军工程师和发明家）。斯特拉特也是皇家协会会员。"Jedidiah Strutt," *Dictionary of National Biography*, vol. 19（Oxford, 1967-1968）, 65.

24. Fitton and Wadsworth, *The Strutts*, 186, 177; William Strutt to Jeremy Bentham, 4 October 1827, Bentham Correspondence, vol. 1, fol. 169, BritishLibrary. 也可参见 a patent filed for William Shotwell, April 21, 1805, #3035 in "Patents for Inventions," *Abridgements of Specifications Relating to Washing and Wringing Machines, 1691-1866*, vol. 89（London, 1877）n.p.。
25. Giedion, *Mechanization Takes Command*, 564.
26. Sylvester, *Philosophy*, 57, 60-62.
27. *Subject-Matter Index of Patents for Inventions Issued by the United States Patent Office from 1790-1873, Inclusive*（Washington, D.C., 1874）, 844, 1640.
28. Sir John Dalrymple, *Advantages of Public Washing Houses, in or Near Great Towns, Conducted by Steam Instead of Fuel and the Hand*（London, 1802）, n.p.
29. Ibid.
30. "Another Strike amongst the Washerwomen," *Pioneer*（14 June 1834）: 407.
31. Henry Mayhew, *The Morning Chronicle Survey of Labour and the Poor: The Metropolitan Districts*（Horsham, 1981）, 111, 114.
32. Carroll Pursell, *The Stationary Steam Engine in America: A Study in the Migration of a Technology*（Washington, D.C., 1969）, 87.
33. 这与整个工业化的模式相通。参见 Raphael Samuel, "Workshop of the World: Steam Power and Hand Technology in Mid-VictorianBritain," *History Workshop* 3（1977）: 6-72。
34. *Ladies Philadelphia Shopping Guide and Housekeeper's Companion*（Philadelphia, 1859）, 37.
35. William Burns *Female Life in New York City Illustrated with Forty-four Portraits from Real Life*（Philadelphia, 1859）, 94.
36. Caroline H. Dall, *Women's Right to Labor: Or, Low Wages and Hard Work*（Boston, 1860）, 172.
37. "J. T. King' s Washing Apparatus, Patented October 21, 1851"（Baltimore, 1852）, II.
38. "Description and Philosophy of James T.King' s Patent Washing and Drying Apparatus"（New York, 1855）, 7.
39. Ibid., 28.
40. "J.T.King' s Washing Apparatus," 11.
41. 这些公司的创建日期都是自定的。参见 "Summer-scales… established 1850" [advertisement], 3; "Harper Twelve Trees…established 1845," *Laundry Journal*（15 January 1890）: 3, 4。尽管到 20 世纪时仍然存在的这类大型英国公司将自己的起源追溯到 19 世纪 50 年代，但是内战成为它们在美国的伙伴们的分水岭。詹姆斯·金的企业看起来没能持续到 19 世纪 60 年代以后，而且纽约特洛伊地区　19 世纪后期洗衣机制造中心——的第一批公司在 60 年代出现．它们中最著名的是 A. P. 亚当斯公司，即后来的特洛伊洗衣机公司，它是洗衣机和洗衣物资供应商

（到 1900 年时，可能是“世界上最大的洗衣机制造商”）。Arthur James Waite，*The City of Troy and Its Vicinity*（Troy，N.Y.，1886），347.

42. “History and Development of Laundry Machinery，” *Laundry Journal*（16 November 1891）：14-15；“Manlove and Alliot，” *Laundry Journal*（15 August 1890）：6；Alexander Alliot，British patent numbers 10070（24 February 1844）and 13490（5 February 1851）；Prince，*The Craft of Laundering*，12.
43. Isabella Beeton，*Beeton's Book of Household Management*（London，1861），1008.
44. Francis Place，add. MS 27827，fols. 50-51，Francis Place Letters，British Library，cited in *The Autobiography of Francis Place，1771-1854*，ed.Mary Thale（Cambridge，1972），51. 普莱斯可能在他的妻子的帮助下，特别注意到了他的母亲在年老的时候去做过洗衣女工。Ibid.，99.
45. Bonamy Dobree，ed.，*The Letters of Philip Dormer Stanhope，Fourth Earl of Chesterfield*，vol. 3（London，1932），973. 在他年轻的时候，威廉·斯特拉特接受他父亲的建议阅读了彻斯特菲尔德的书信并把他们作为楷模。Fitton and Wadsworth，*The Strutts*，144.
46. Richard Bushman，*The Refinement of America：Persons，Houses，Cities*（New York，1992），41-42，71.
47. 这段话节选自 John Wesley，Sermon 93，“On Dress”（1740）。
48. Henry D. Rack，*Reasonable Enthusiast：John Wesley and the Rise of Methodism*（London，1989），535. 约翰告诉亨利·摩尔（Henry Moore），他对他的兄弟查理来拜访他感到不安，尽管他对查理很有感情，但是查理会弄乱他的书和文件。Ibid.，252.
49. Georges Vigarello，*Concepts of Cleanliness：Changing Attitudes in France since the Middle Ages*，trans. Jean Birrell（Cambridge，1988），9.
50. Richard L. Bushman and ClaudiaL.Bushman，“The Early History of Cleanliness in America，” *Journal of American History* 74（1988）：1214. 德林克夫人的故事第一次出现在 Donald Eberlein，” When Society First Took a Bath，” in *Sickness and Health in America：Readings in the History of Medicine and Public Health*，ed. Judith Walzer Leavitt and Ronald L. Numbers（Madison，1978），331-41。
51. Bushman，“History of Cleanliness，” 1215.
52. Vigarello，*Concepts of Cleanliness*，46，60，76.
53. Patricia Malcolmson，*English Laundresses：A Social History，1850-1930*（Urbana，Ⅲ.，1986），66.
54. John Duffy，*The Sanitarians：A History of American Health*（Urbana，Ⅲ.，1990），20；Anthony S. Wohl，*Endangered Lives：Public Health in Victorian Britain*（Cambridge，Mass.，1983），72，88-89.
55. Eric E.Lampard，“The Urbanizing World，” in *The Victorian City：Images and Realities*，vol. 1（London，1973），4. 1801 年人口普查显示，五分之一的美国人生活在超过 1 万人的都市或城镇中。美国数据来源 *U.S.Department of Commerce*，*Historical Statistics of the United States：Colonial Times to 1970*，part 1（Washington，D.C.，1975），12。为了连贯，我使用超过 1 万人作为界定城市的标准。1800 年，3.5% 的美国人生活在城市中。
56. Donald Joseph Bogue，*The Population of the United States：Historical Trends and Future Projections*

(New York, 1985), 121.

57. Roy Porter, "Cleaning up the Great Wen: Public Health in Eighteenth-Century London," in *Living and Dying in London*, ed. W. F. Bynum and Roy Porter (London, 1991), 70-71.

58. 比如，埃德温·查德威克著名的 1842 年不列颠城市报告就对新兴的美国公共健康运动产生了巨大的影响。Duffy, *The Sanitarians*, 66.

59. 参见 Nancy Tomes, "The Private Side of Public Health: Sanitary Science, Domestic Hygiene, and the Germ Theory, 1870-1900," *Bulletin of the History of Medicine* 64 (winter 1990): 509-39。

60. 这个分析依据的是 Mary Douglas, *Purity and Danger: An Analysis of Concepts of Pollution and Taboo* (New York, 1966), 32。也可参见 Norbert Elias, *The Civilizing Process*, vol. 1 of *The History of Manners* (New York, 1978), 158。

61. 不同的是，历史学家菲利斯·帕尔默（Phyllis Palmer）对清洁的性别化提出了一种女性主义的心理分析观点。她的观点基于多萝西·丁纳史坦（Dorothy Dinnerstein）、简·弗拉克斯（Jane Flax）和南希·裘德洛（Nancy Chodorow）。参见 Phyllis Palmer, *Domesticity and Dirt: Housewives and Domestic Servants in the United States, 1920-1945* (Philadelphia, 1989), 141-44。

62. Cf. Suellen Hoy, *Chasing Dirt: The American Pursuit of Cleanliness* (New York, 1995), 7-8.

63. 历史学家苏安琳·霍伊（Suellen Hoy）宣称英国旅行家认为内战前的美国人不干净。不过，正如她所指出的，他们所评论的人群几乎总是乡村之人、穷人以及生活在边疆的人。Hoy, *Chasing Dirt*, 7-8. 关于同时代的例子，参见 Frances Trollope, *Domestic Manners of the Americans* (1839; reprint, New York, 1949), 52-53。

64. Davidson, *A Woman's Work*, 115.

65. Harriet Martineau, "How to Make the Home Unhealthy," *Harper's* 1 (October 1850): 619.

66. 关于这个观念最多的讨论来自 Alain Corbin, *The Foul and the Fragrant: Odor and the French Social Imagination* (Cambridge, Mass., 1986)。也可参见 Elias, *The Civilizing Process*, 189-91。

67. 关于都市匿名性影响的讨论，参见 John F. Kasson, *Rudeness and Civility: Manners in Nineteenth-Century Urban America* (New York, 1990), 100-107。

68. Burnes, *Female Life*, 94.

69. *Baths and Washhouses for the Labouring Classes* (London, 1845), 8.

70. 这个术语的起源并不确定。《牛津英语辞典》将其首次使用定于 19 世纪 30 年代。

71. Mary Douglas, *Purity and Danger: An Analysis of Concepts of Pollution and Taboo* (New York, 1966), 32.

72. 一些英格兰的教会会做关于卫生的布道，因为他们接到明确的指示要这样做以缓解 1847 年霍乱疫情的影响。E. R. Norman, *Church and Society in England, 1770-1970: A Historical Study* (Oxford, 1976), 132. 相关的内容，参见 C. J. Blomfiled, "A Pastoral Letter to the Clergy of the Diocese of London" (London, 1847)。

73. Lucy Cameron, *Cleanliness Is Next to Godliness* (London, 1823), 15.

74. 此处括号内的引用是指页码。G. B. Dickson, "On Cleanliness" (Edinburgh, 1852), 1.

75. *Wash [An Address on Cleanliness]* (London, 1847), n.p.

76. Ibid.

77. 诺伯特·埃利阿斯（Norbert Elias）建议说，个人习惯关键部分的改变是标准的内化。他指出，在现代，跟他人有关的习惯更少受到谴责：无论它们“对他人是很麻烦还是很尴尬之事，还是因为它们暴露了‘对尊敬感的缺乏’（都是如此）”。相反的是，道德行为的习惯“与尴尬、恐惧、羞耻或罪感相连，甚至在独自一人时也是如此”。Elias，*The Civilizing Process*，150.

78. *Routledge's Manual of Etiquette*（London，1860），49.

79. Ibid.，12.

80. Emily Thornwell，*The Lady's Guide to Perfect Gentility*（Philadelphia，1865），14.

81. Horatio Alger，*Ragged Dick*（1866；reprint，New York，1962），57.

82. Stephen Reynolds，*A Poor Man's House*（Oxford，1982），57.

83. Robert Roberts，*The Classic Slum：Salford Life in the First Quarter of the Century*（Manchester，1971），22.

84. Ibid.，17.

85. Mrs. H. W. Beecher，*Motherly Talks with Young Housekeepers*（NewYork，1873），266. 邋遢（slattern）这个词最初意思是“厨房女佣”，它的更短的版本则是“slut”。参见 Palmer，*Domesticity and Dirt*，140。

86. Nelson Manfred Blake，*Water for the Cities：A History of the Urban Water Supply Problem in the United States*（Syracuse，N.Y.，1956），65-77. 关于不列颠的情况，参见 Davidson，*A Woman's Work*，21-28。

87. Bernard Rudden，*The New River：A Legal History*（Oxford，1984），131.

88. Wohl，*Endangered Lives*，69；Strasser，*Never Done*，92-94；Davidson，*A Woman's Work*，30.

89. George Sims，*How the Poor Live*（London，1883），39.

90. Davidson，*A Woman's Work*，7；Strasser，*Never Done*，86.

91. 例如，参见 *The Laundry Trade Directory and Launderer's Handbook with Diary*（London，1908），iv；*The Laundry Journal Diary*（London，1894），5；C. A. Royce，*The Steam Laundry and Its Methods*（Chicago，1894），33-34.

92. *The Laundry Maid：Her Duties，and How to Perform Them*（London，1877），78，80.

93. “From Exchanges on the Laundry Strike，” *National Laundry Journal* 49（15 May 1903）：21.

94. Malcolmson，*English Laundresses*，129.

95. Stanley Buder，*Pullman An Experiment in Industrial Order and Community Planning，1880-1930*（New York，1967），18.

96. 参见 *The Theory and Practice of Warming and Ventilating Public Buildings，Dwelling Houses，and Conservatories... by an Engineer*（London，1824），99，103，296；Commission for Promoting the Establishment of Baths and Washhouses，*Baths and Washhouses for the Labouring Classes*（London，1845，1852）。

97. Walkey and Foster，*Crinolines and Crimping Irons*，127.

98. Ibid.，128-29.

99. Anzia Yezierska，“Soap and Water” in *Hungry Hearts*（Boston，1920），163.

100. Ibid.，167.

第二章　洗衣行业

1. Eric B. Dobson，*Hartonclean*，*1884-1984*（Newcastle，1983），2-5. 乔伊斯是一位机械工程师，也是纽卡斯尔工程公司的合伙人之子。参见“James Joicey”，*Dictionary of National Biography*，*1931-1940*（Oxford，1949），493。
2. American Steam Laundry Company，Minute Book，16891/1，15 March 1884；6 May 1884；22 July 1884，Bird’s Laundry Collection，Tyne and Wear Archives，Newcastle-upon-Tyne.
3. American Steam Laundry Company，Minute Book，2 December 1884；3 February1885；10 February 1885.
4. Dobson，*Hartonclean*，5.
5. American Steam Laundry Company，Minute Book，6 July 1885.
6. 阿姆斯特朗因在这个行业中的冒险活动而获得了良好的声望。这一声望一直维持到大萧条时代，英镑的贬值和不断提高的进口税迫使他的公司转而销售英国制造的机器。参见“Service-Their Pleasure，”*The Power Laundry*（4 May 1935）：657。
7. 对此的回顾，参见 Dobson，*Hartonclean*，
8. Ancliffe Prince，*The Craft of Laundering*：*A History of Fabric Cleaning*（London，1970），18；Patricia Malcolmson，*English Laundresses*：*A Social History*，*I850-1930*（Urbana，Ⅲ.，1986），127.
9. 参见 Troy Laundry Machinery Company，Ltd.，*Laundry Guide*（Chicago，1911）frontspiece；Troy Laundry Machinery Company，Ltd.，*Illustrated Catalogue*（Chicago，1906）；Adams Laundry Machinery Company，*Adams Laundry Machinery Company*，*Manufacturers of High Grade Laundry Machinery*（Troy，N.Y.，1914）。英国的贸易文献在描述规定的洗衣业习俗时也对美国机器表示了认可。参见，例如，Arthur Morris，*The Modern Laundry*：*Its Construction*，*Equipment*，*and Management*（London，1909），86 对特洛伊产品的描述。
10. *The Moden Laundry Guide*：*A Collection of the Best Articles Published in the National Laundry Journal*（Chicago，1905），8.
11. 参见，例如，C. A. Royce，*The Steam Laundry and Its Methods*：*Essays Read at the Laundrymen's National Conventions*（Chicago，1894），frontispiece。
12. U.S.Department of Commerce，Bureau of the Census，“Statistics of Steam Laundries” in *Manufactures*：*1909*（Washington，D.C.，1910），3，1. 这个行业的代表指出，数值偏低是因为人口普查员有时候把同一个雇主名下的多个洗衣房计算为一家机构。他们还可能漏掉了一些小型洗衣房。这些店家使用的机器数量不多，名声不大，而且严格使用现金交易以避免或少交税收。参见关于方法论的记录，ibid.，1。
13. “Mrs. Bosanquet on West London Laundries，” *Laundry Journal*（23 March 1907）：2；“Supplement to the Annual Report of the Chief Inspector of Factories and Workshops for the Year 1905：Return of Persons Employed in 1904 in Workshops and Laundries，” Cd. 3323（1907），*Parliamentary Papers*，403.
14. US.Census，“Statistics of Steam Laundries，” 4. 比较而言，1900 年人口普查计有 120603 名女性棉花工厂操作工和 437497 名女性烟草工人和雪茄制造工——工厂中雇佣女性最多的两个行

业。U. S. Department of Commerce, Bureau of the Census, *Special Reports : Occupations at the Twelfth Census* (Washington, D.C., 1904), vol. 189 ; U.S. Department of Commerce, Bureau of the Census, *Special Reports : Statistics of Women at Work* (Washington, D.C., 1907), 56.

15. "Mrs. Bosanquet on West London Laundries," 3. "Supplement to Annual Report" Cd. 3323 (1907) *Parliamentary Papers*, 403.
16. U.S. Census, "Statistics of Steam Laundries," 3, 117 ; U.S. Senate, *Report on Woman and Child Wage-Earners in the United States*, vol. 12, *Employment of Women in Laundries*, 61st Cong., 1911, 2d Sess., S.Doc. 645, 10, 9.
17. Ibid.
18. *The Industries of Cleveland* (Cleveland, 1888), 173.
19. *Men of Ohio in Nineteen Hundred* (Cleveland, 1901), 145.
20. Dobson, *Hartonclean*, 2.
21. H. Llewellyn Smith, ed., *London Industries* II, vol. 5 of Smith, ed., *The New Survey of London Life and Labour* (London, 1930-1935), 373.
22. New York State Department of Labor, *Working Conditions in New York Steam Laundries* (Albany, 1912), 11 ; U.S. Senate, *Employment of Women in Laundries*, 13-14.
23. C. Cadogan Rothery and H. O. Edmonds, *The Modem Laundry : ItsConstruction, Equipment and Management* (London, 1909), vol. 2, 8. 也可参见 David G. Thomas and Brenda J. Sowan, *The Walton Lodge Sanitary Laundry* (London, 1977) .
24. U.S. Census, "Statistics of Steam Laundries," 6.
25. *Laundry Journal* (2 January 1899) : 7.
26. "Partnership," *Laundry Journal* (15 August 1887) : 21 ; "Ladies' Laundries," *Laundry Journal* (1 February 1899) : 9.
27. American Institute of Laundering, "Leadership through the Years, 1883-1958 : American Institute of Laundering 75th Anniversary," (booklet, 1958) in William Frew Long Papers, Western Reserve Historical Society, Cleveland, Ohio.
28. Ibid.
29. "Changed Ownership : The Woodbridge Laundry of Chicago under New Management," *National Laundry Journal* 57 (15 March 1907) : 48.
30. Cecil Roberts, *The First Fifty Years of "Millbay"* (Plymouth, 1948), 13-14.
31. 社会史学家只是刚开始发现这些群体。参见 David Monod, "Culture without Class : Canada's Retailers and the Problem of Group Identification, 1890-1940," *Journal of Social History* 23 (spring 1995) : 540。相关的讨论，参见 J. A. McKenna and Richard G. Roger, "Control by Coercion : Employers, Associations and the Establishment of Industrial Order in the Building Industry of England and Wales, 1860-1914," *Business History Review* 59 (summer 1985) : 203-31 ; R. Bean, "Employers Associations in the Port of Liverpool 1890-1914," *International Review of Social History* 21 (1976) : 358-82。
32. 这些相互竞争的杂志以及它们所代表的派系之间的差异是很复杂的，而且应时而变。也有一些更小的竞争型或专业化的杂志，不过他们存在的时间更短，比如英国杂志《洗衣协会和工程师、洗衣房》(*Laundry Institution and Engineer*，*Laundry*) 以及《洗衣时代》(*Laundry Age*).

33. "Notes," *Laundry Journal* (6 April 1888): 5.
34. Fred De Armond, *The Laundry Industry* (New York, 1950), 9, 10. 也可参见第一届代表合照, in "First Launderers' Convention Ever Held in the World, LNA Chicago, October1, 1883" *National Laundry Journal* 52 (1 September 1904): 20。
35. "A Laundry Trade Association," *Laundry Journal* (25 January 1886): 5.
36. "The New Association," *Laundry Journal* (25 February 1886): 3.
37. "Decision against the Laundrymen," *American Laundry Journal* 17 (November 1898): 15.
38. 参见 Tony Freyer, *Regulating Big Business: Antitrust in Great Britain and America, 1880-1990* (Cambridge, 1992)。
39. 美国的行业期刊固定地报告两个地区和两国会议的情况。比如，参见 "The New Jersey Convention," *American Laundry Journal* 30 (August 1911): 11；关于英国，参见 "Acton and West London Laundry Proprietor' s Association 4th Annual Excursion," *Laundry Journal* (1 September 1886): 7；"Harrogate: The Second National Laundry Congress," *Laundry Journal* (31 May 1919): 193-205；"The American Convention," *The Power Laundry* (24 July 1920): 643。
40. *American Laundry Journal* 50 (July 1911): 7.
41. Tera W. Hunter, *To'Joy My Freedom: Southern Black Women's Lives and Labor after the Civil War* (Cambridge, Mass., 1997), 208.
42. 例如，收集的法律文章参见 *The Modern Laundry Guide*, 389-413。关于英国，参见 *The Laundry Trade Directory and Launderers'Handbook with Diary* (London, 1908), 40-42.《洗衣杂志》针对法律问题开辟了一个专栏。例如，参见 "Legal and Criminal," *Laundry Journal* (20 April 1886): 5。
43. 这是一个需要进一步讨论的话题。最初的研究参见 Mark Carnes, "Iron Jon in the Gilded Age," *American Heritage* 5 (1993): 37-45；Clifford Putney, "Service over Secrecy: How Lodge-Style Fraternalism Yielded Popularity to Men' s Service Clubs," *Journal of Popular Culture* 1 (spring 1993): 179-90。
44. 关于这个主题的更详细的讨论，参见 Arwen Mohun, "Laundrymen Construct Their World," *Technology and Culture* 58 (January 1997): 97-120。
45. "Tell These Men About It," (advertisement) *Laundry Age* 4 (1 October 1924): 181.
46. "Salvaging the Small Laundries," *The Power Laundry* (1 February 1955): 155.
47. "Report on the Work of H. M. Women Inspectors of Factories," Cd. 223 (1900), *Parliamentary Papers*, 579.
48. *Catalogue of the Troy Laundry Machinery Company* (Troy, N.Y., 1901).
49. 比如，参见 *Laundry Journal* (12 December 1885): 10；*Laundry Journal* (15 January 1890): 17。
50. 多尔夫是"洗衣机器的先锋"之一。他最初是为纽约特洛伊地区的衣领公司提供机器设备。《国家洗衣杂志》长期以来是在特洛伊地区以外出版的，尽管多尔夫在世纪之交时把他的公司搬迁到了辛辛那提。
51. *The Laundry Journal Diary* (London, 1894), 5.

52. *The Laundry Trade Directory*, *inside cover*, 7.

53. 在美国，洗衣工程师通常是指那些在洗衣房中运行动力机器的人。比如，参见“A Glimpse at the Licensing of Engineers,” *National Laundry Journal* 53（1 January 1905）: 40。

54. *W, Summerscales and Sons, Ltd., : Makers of High-Class Laundry Machinery*（*Keighly*, *1897*）, *13*.

55. *The Laundry Trade Directory*, 36.

56. *Catalogue of the Troy Laundry Machinery Company*, 69.

57. “She Will Make a Success of It,” *National Laundry Journal* 44（1 October 1902）: 19.

58. 这位给纽约妇女贸易联盟写信的“雇员”，转引自 Leslie Woodcock Tentler, *Wage-Earning Women : Industrial Work and Family Life in the United States*, *1900-1930*（New York, 1979）, 45.

59. Paul C. Siu, *The Chinese Laundryman : A Study in Social Isolation*（New York, 1987）.

60. *American Laundry Journal* 30（January 1912）: 30.

61. Sucheng Chan, *This Bitter-Sweet Soil : The Chinese in California Agriculture*, *1860-1910*（Berkeley, 1986）, table 5.

62. Renquiu Yu, *Save China*, *to Save Ourselves : The Chinese Hand Laundry Alliance of New York*（Philadelphia, 1992）; Siu, *The Chinese Laundryman*.

63. Lillian Ruth Mathews, *Women in Trade Unions in San Francisco*（Berkeley, 1913）, 35 ; *Anti-Jap Laundry League*, *Pacific Coast Convention of the Anti-Jap Laundry League*（San Francisco, 1908）.

64. 关于在使用于妇女工作相关的人口普查数据时所面临的困难，参见 David M.Katzman, *Seven Days a Week : Women and Domestic Service in Industrializing America*（New York, 1978）, 298-314。

65. Reports of the Immigration Commission, “Immigrants in Cities,” vol. 1, *Summaries of Seven Cities*（Washington, D.C., 1911）: 94-95, table 50, cited in Susan A. Glenn, *Daughters of the Shtetl : Life and Labor in the Immigrant Generation*（Ithaca, 1990）, 72.

66. *Laundry Trade Directory*, 332.

67. “Laundries and Sanitation,” *Laundry Journal*（15 March 1899）: 17.

68. *Laundry Journal*（1 October 1891）: 9.

第三章　在洗衣房内

---

1. 参见 U.S. Department of Labor, Bureau of Labor Statistics, *Employment of Women in Power Laundries in Milwaukee*（Washington, D.C., 1915）, 9 ; “Is Washing a Lost Art ¿” *Work and Leisure* 18（November 1893）: 289 ; Josephine Goldmark, *Fatigue and Efficiency : A Study in Industry*（New York, 1912）, 489 ; Arthur Morris, *The Modern Laundry : Its Construction*, *Equipment*, *and Management*（London, 1909）, v.

2. Elizabeth Beardsley Butler, *Women and the Trades : Pittsburgh*, *1907-1908*（1909 ; reprint, Pittsburgh, 1984）, 161.

3. Butler, *Women and the Trades*, 164.

4. “Report on the Work of H.M.Women Inspectors of Factories,” Cd.223（1900）, *Parliamentary*

Papers, 381.

5. 关于二手机器或翻新机器的广告，参见《美国洗衣杂志》和《国家洗衣杂志》的分类页。大城市的报纸有时候也会有这样的广告，比如，参见 the London *Times*, 3 November 1917, p. 14, col. 6。
6. 关于伯德洗衣房，参见第二章。关于机器销售的意义，参见在 *Catalogue of the Troy Laundry Machinery Company*, 12th ed.（Chicago, 1901）首页的国际交易商列表；关于美国机器的广告（比如，A. P. Adams）[advertisement for Troy Laundry Machinery] *Laundry Journal*（12 December 1885）: 12；（Troy Laundry Machinery Company）*Laundry Journal*（1 September 1886）: 10；*The Laundry Journal Diary*（London, 1894）, inside covers；"Laundry Machinery Exports," and "American vs.Foreign Machinery," in *The Modern Laundry Guide: A Collection of the Best Articles Published in the National Laundry Journal*（Chicago, 1905）, 325-28；"Laundry Machinery Exports for Five Years," *National Laundry Journal* 59（15 June 1908）: 48。职业医学专家托马斯·奥利维尔（Thomas Oliver）指责美国的机器增加了英国洗衣房的事故率，参见 Thomas Oliver, ed., *The Dangerous Trades: The Historical, Social, and Legal Aspects of Industrial Occupations as Affecting Health by a Number of Experts*（London, 1902）, 665。
7. Cecil Roberts, *The First Fifty Years at"Millbay"*（Plymouth, 1948）, 30.
8. *The Laundry Trade Directory and Laundry Handbook with Diary*（London, 1908）, 17；*Laundry Journal*（15 April 1887）: 11；*The Modern Laundry Guide*, 16-17.
9. Mary Drake McFeely, *Lady Inspectors: The Campaign for a Better Workplace, 1893-1921*（Oxford, 1988）, 39.
10. 关于自传，参见 Flora Thompson, *Lark Rise to Candleford*（London, 1984）; Alice Linton, *Not Expecting Miracles*（London, 1982）; Kathleen Woodward, *Jipping Street: Childhood in a London Slum*（London, 1928）。美国方面的叙述，比如 Cynthia Woods, "You Have to Fight for Freedom," in *Rank and File: Personal Histories by Working-Cass Organizers*, ed. Alice Lynd and Staughton Lynd（New York, 1988），描述了后来两次世界大战期间的情况。
11. 例如，参见 U.S.Senate, *Report on Condition of Women and Child Wage-Earners*: vol. 12, *Employment of Women in Laundries*（Washington, D.C., 1911）, 61st Cong., 1911, 2d Sess., S. Doc. 645, 25-29；"Report on the Work of H.M.Women Inspectors," Cd. 223（1900）, *Parliamentary Papers*, 577-80；"Mrs.Bosanquet on West London Laundries," *Laundry Journal*（23 March 1907）: 5；American Steam Laundry Company, *Minutes of the Director's Meetings*, 11 May 1906, Tyne and Wear Archives, Newcastle-upon-Tyne.
12. "The Steam Laundry: Its Practical Management," *Laundry Journal*（1 March 1899）: 17.
13. Butler, *Women and the Trades*, 162.
14. New York Department of Labor, "A Study of Hygenic Conditions in Steam Laundries and Their Effect upon the Health of Workers," *Special Bulletin* No. 130（Albany, 1924）, 65.
15. U.S. Senate, *Employment of Women in Laundries*, 12；"Annual Report of the Chief Inspector of Factories and Workshops," C. 8561（1897）, *Parliamentary Papers*, 57. 关于工厂法对这些设施的影响，参见 *Laundry Trade Directory*, 40。
16. Oliver, ed., *Dangerous Trades*, 670.

17. "Lost Her Whole Scalp," *National Laundry Journal* 59 (1 May 1908) : 56. "What to Wear to Work," *National Laundry Journal* 44 (15 July 1900) : 25.

18. *Laundry Wrinkles for the House and Factory, with Which Is Incorporated the Laundry Manual, etc.* (London, n.d.), iii.

19. C. A. Royce, *The Steam Laundry and Its Methods* (Chicago, 1894), 9-10.

20. U.S.Senate, *Employment of Women in Laundries*, 19 ; *American Laundry Journal* 39 (August 1920) 23 ; "Should Clothes Be Taken from Houses Where There Is Infectious Disease?" *National Laundry Journal* 59 (15 April 1908) : 26.

21. Royce, *The Steam Laundry*, 16, 18 ; "Vanmen have Sex Appeal," *Laundry Journal* (April 1935) : 385.

22. *American Laundry Journal* 31 (July 1912) : 17.

23. "Legal and Criminal," *Laundry Journal* (23 January 1886) : 5 ; "A Very Dishonest Woman," *National Laundry Journal* 44 (1 July 1900) : 48 ; Royce, *The Steam Laundry*, 10 ; Butler, *Women and the Trades*, 188.

24. Butler, *Women and the Trades*, 190-91.

25. Troy Laundry Machinery Company, Ltd., *Laundry Guide* (Chicago, 1911), 65 ; Royce, *The Steam Laundry*, 21-22 ; "A Good Marking System," *National Laundry Journal* 51 (15 January 1904) : 20 ; *The Modem Laundry Guide*, 125.

26. *American Laundry Journal* 31 (December 1912) : 19.

27. *American Laundry Journal* 32 (May 1913) : 21. 也可参见 "Family Washing Problem," *National Laundry Journal* 49 (1 April 1905) : 29。

28. *American Laundry Journal* 31 (July 1912) : 7.

29. *The Laundry Trade Directory*, 53.

30. "The Fabric Adulteration Evil and the Remedy," *American Laundry Journal* 31 (July 1912) : 7, 17.

31. Christina Walkey and Vanda Foster *Crinolines and Crimping Irons : Victorian Clothes : How They Were Cleaned and Cared For* (London, 1078), 135-57. 关于承载专业从事染色和干洗的建筑的详细的描述，参见 Butler, *Women and the Trades*, 204-6. 英国的洗衣房米尔湾和伯德都在这一时期尝试干洗业务。参见 Cecil Roberts, *The First Fifty Years of"Millbay"*, 19 ; "Blanchissage, Nettoyage, et Teinture" (Bird' s Laundry publicity booklet, ca. 1904) n.p., Bird' s Laundry Collection, Tyne and Wear Archives, Newcastle-upon-Tyne。

32. U.S. Department of Labor, *Employment of Women in Power Laundries*, 35.

33. *Laundry Management : A Handbook for Use in Private and Public Laundries... by the Editor of "The Laundry Journal"* (London, 1889), 105.

34. Charles Booth, *Life and Labour of the People of London*, 2d ser, vol. 8 (New York, 1896), 255 ; W. Summerscales and Sons, Ltd., *Laundry Machinery* (London, 1897), 96.

35. "The Modern Steam Laundry," *Scientific American* 63 (14 January 1893) : 23 ; *American Laundry Journal* 31 (February 1913) : 27 ; "A New Class of Detergents," *The Power Laundry* (28 May 1952) : 647. 也可参见 Troy Laundry Machine Company, Ltd., *Laundry Guide*, 13-14 。

关于洗衣房化学物习惯用法的长篇讨论．这本指南也提供了跟 1893 年《科学美国人》的文章中一样的肥皂配方。

36. U.S.Senate, *Employment of Women in Laundries*, 19；*The Modem Laundry Guide*, 153-54；Royce, *The Steam Laundry*, 40-41, 50-61.

37. "The Indespensible Part of the Wash," *National Laundry Journal* 44（15 September 1900）: 25；"Good and Bad Soaps," *National Laundry Journal* 44（15 July 1900）: 8.

38. U.S. Senate, *Employment of Women in Laundries*, 19.

39. U.S. Department of Labor, *Women in Power Laundries*, 54；New York Department of Labor, "A Study of Hygienic Conditions in Steam Laundries," 18-26；"Report on the Work of H. M. Women Inspectors of Factories," Cd. 223（1900）, *Parliamentary Papers*, 385.

40. Butler, *Women and the Trades*, 168.

41. *Catalogue of the Troy Laundry Machinery Company*, 12th ed.（Chicago, 1901）, 34-35；*W. Summerscales and Sons, Ltd.: Makers of Modern High-Class Laundry Machinery*（Nottingham, 1897）, 14. 顶部驱动装置也出现在纽约洗衣房在 *Scientific American* 63（14 January 1893）: 24 的文章中。顶部驱动装置看起来在美国首先被淘汰了。

42. New York Department of Labour, "Study of Hygenic Conditions in Steam Laundries," 26；"Her Arm Wrenched Off," *National Laundry Journal* 44（15 July 1900）: 5.

43. Laundry Labour," *Laundry Record*（2 February 1920）: 161.

44. U.S.Senate, *Employment of Women in Laundries*, 19-20.

45. Rheta Childe Dorr, *A Woman of Fifty*（New York, 1924）, 179.

46. Pamela Sambrook, *Laundry Bygones*（Aylesbury, 1983）, 13；W. Summerscales and Sons, *Illustrated Catalogue*（Nottingham, 1895）, 40.

47. "Leading off for That $100," *National Laundry Journal* 48（1 July 1902）: 20.

48. Katherine Anthony, *Mothers Who Must Earn*（New York, 1914）, 185.

49. *Catalogue of the Troy Laundry Machinery Company*, 12th ed., 68.

50. [Advertisement for British Henrici Laundry Machinery Company], *Laundry Journal*（2 January 1889）: 14-15.

51. *Laundry Trade Directory and Launderer's Handbook with Diary*（London, 1908）, 19；"The Making and Use of Raw Starch," *National Laundry Journal* 44（1 January 1900）: 17.

52. Walkey and Foster, *Crinolines and Crimping Irons*, 64.

53. U.S. Senate, *Employment of Women in Laundries*, 20.

54. 关于烘干柜的精彩描述，参见 *Laundry Institution and Engineer*（15 October 1910）: 6。

55. "Automatic Convey or Drying Room," *National Laundry Journal* 44（1 August 1900）: 29；Butler, *Women and the Trades*, 176.

56. 参见美国洗衣机公司的烘干机广告，在 *Amercian Laundry Journal* 31（December 1912）: 14 中。

57. U.S. Senate, *Employment of Women in Laundries*, 13.

58. Patricia Malcolmson, *English Laundresses: A Social History*（Urbana, Ⅲ., 1986）, 143.

59. Sambrook, *Laundry Bygones*, 16-17.

60. W. Summerscales and Sons, *Catalogue*（1895）, 44. 美国蒸汽洗衣公司委员会在 1894 年批准

购买了一套煤气熨斗。参见 American Steam Laundry Company，*Minute Book*（1 April 1894），Tyne and Wear Archives，Newcastle-upon-Tyne。

61. Thomas Oliver，ed.，*Diseases of Occupation from the Legislative*，*Social*，*and Medical Points of View*（London，1908），389.
62. U.S. Senate，*Employment of Women in Laundries*，31.
63. Linton，*Not Expecting Miracles*，48.
64. 比如，参见"Number 5 Collar and Cuff Ironer" in *Catalogue of the Troy Laundry Machinery Company*，12th ed.，这家公司宣称其已经问世接近四分一个世纪了，并且在那些年月中，它一直被认为是"建造的最好的衣领和袖口熨烫机"（72-73 页）。这个机器大约在 10 年后被替代。关于专业化衣领熨烫机的早期例子，参见 M. Mahoney，*Catalogue and Price List*（Troy，N.Y.，1883），22。这种设备有一个小汽缸。这个汽缸由手工旋转，利用一个覆盖在汽缸上的热金属块的按压力来完成。这些设施很可能最初在特洛伊衣领工厂中首先使用。关于这个设备的使用情况的讨论，参见 C. A. Royce，*The Steam Laundry*，219。
65. *The Laundry Trade Directory and Handbook*，28；U.S. Department of Labor，*Employment of Women in Power Laundries*，77.
66. 参见 U.S. Department of Labor，*Employment of Women in Power Laundries*。脚踏板机器的不良作用让本书作者产生了特别的兴趣。关于 1900 年后各种机器的插图，参见 Troy Laundry Machinery Company，*Illustrated Catalogue*（Chicago，1907），113-37。
67. Sue Ainslie Clark and Edith Wyatt，*Making Both Ends Meet*：*The Income and Outlay of New York Working Girls*（New York，1911），184.
68. Butler，*Women and the Trades*，181.
69. *American Laundry Journal* 31（December 1912）：17.
70. Butler，*Women and the Trades*，187-88.
71. *American Laundry Journal* 31（December 1912）：29.

第四章　女性工人和洗衣行业

1. Illinois Bureau of Labor Statistics，*Report of the Bureau of Labor Statistics of Illinois*，1906（Springfield，1908），245.
2. 参见 Alba M. Edwards，*Sixteenth Census of the United States*：*1940*，*Population*：*Comparative Occupation Statistics for the United States*，*1870-1940*（Washington，D.C.，1943）。
3. Dorothy Sue Cobble，"'Drawing the Line'：The Construction of a Gendered Work Force in the Food Service Industry，" in *Work Engendered*：*Towards a New History of American Labor*，ed. Ava Baron（Ithaca，1991），217；Patricia Cooper，*Once a Cigar Maker*：*Men*，*Women*，*and Work Culture in American Cigar Factories*，*1900-1919*（Urbana，Ⅲ.，1987）.
4. Patricia Malcolmson，*English Laundresses*：*A Social History*，*1850-1930*（Urbana，Ⅲ.，1986），16-17.
5. "Report of Principal Lady Inspector，" C. 223（1899）*Parliamentary Papers*，258；"Royal Commission on Labour：Employment of Women in Laundries，" C. 6894（1893-94）

Parliamentary Papers, 21 ; Thomas Oliver, ed., *Dangerous Trades* : *The Historical*, *Social*, *and Legal Aspects of Industrial Occupations as Affecting Health by a Number of Expert* (London, 1902), 667.

6. U.S. Senate, *Report on the Condition of Woman and Child Wage-Earners in the United States*, vol. 12, *Employment of Women in Laundries* (Washington, D.C., 1911), 13.
7. Charles Booth, *Life and Labour of the People of London*, 2d ser., vol. 8 (New York, 1896), 255.
8. Patricia Malcolmson, English Laundresses : A Social History, 1850-1930 (Urbana, Ⅲ., 1986), 11 ; Leonore Davidoff, "The Employment of Married Women in England, 1850-1950," (M.A.Thesis, London School of Economics, 1956), 216.
9. Booth *Life and Labor*, 2d ser., vol. 8, 267 ; Katherine Anthony, *Mothers Who Must Earn* (New York, 1914), 106 ; U.S. Senate, *Employment of Women in Laundries*, 12-13 ; Malcolmson, *English Laundresses*, 12.
10. 美国的人口统计数据在估计手工洗衣房的数量上没有什么作用，不过 1911 年人口普查中对芝加哥、纽约的布鲁克林、费城和伊利诺伊的罗克福德共计 2500 家洗衣房进行的调查宣称，只有六分之一的洗衣房是“发动机洗衣房”(motor laundries)。芝加哥是唯一一个动力洗衣房数量超过手工洗衣房的城市。U.S. Senate, *Employment of Women in Laundries*, 9.
11. 美国兴趣的缺乏也可以通过他们很晚才开始研究这个行业中窥视一二。美国人开始研究时，按照一份报告所说，手工洗衣房已经进入“日渐消失的过程”中了。U.S. Department of Labor, Bureau of Labor Statistics, *Employment of Women in Power Laundries in Milwaukee* (Washington, D.C., 1913), 9. 另一方面，至少两个重要的慈善机构运行了大型手工洗衣房，以培养并给予贫穷妇女以工作。在纽约，慈善机构开办了公园大道洗衣房 (Park Avenue Laundry)。参见 Box 139, Charity Service Archives, Columbia University Rare Books and Manuscripts Library, New York。也可参见 Susan J.Kleinberg, *The Shadow of the Mills* : *Working-Class Families in Pittsburgh* (Pittsburgh, 1989), 247。
12. "Royal Commission on Labour," C. 6894 (1893-94) *Parliamentary Papers*, 33.
13. Ibid., 22.
14. "Legal and Criminal," *Laundry Journal* (15 August 1887) : 11.
15. "The Laundry Act," *Laundry Journal* (1 August 1887) : 5.
16. Sue Ainslie Clark and Edith Wyatt, *Making Both Ends Meet* : *The Income Outlay of New York Working Girls* (New York, 1911), 196. Alice Henry, *The Trade Union Woman* (New York, 1915), 186 ; George R.Sims, *Off the Track in London* (London, 1911), 6, 41 ; Booth, *Life and Labour*, 1st ser., vol. 5, 90-91, 151-52.
17. 关于传统洗衣妇的文化形象，参见 Caroline Davidson, *A Woman's Work Is Never Done* : *A History of Housework in the British Isle*, *1650-1950* (London, 1982), 56, 136-37 ; Malcolmson, *English Laundresses*, 5-6, 104-5。芭芭拉·里特伍德 (Barbara Littlewood) 和琳达·曼伍德 (Linda Manhood) 认为，这些特性在 19 世纪的英国被用于确认妓女身份。参见 Littlewood and Mahood, "Prostitutes, Magdalenes, and Wayward Girls : Dangerous Sexualities of Working Class Women in Victorian Scotland," in *Gender and History* 3 (summer 1991) : 160-75。他们还认为，当这些妇女被制度化后，她们被迫把洗衣工作作为一种“清洁仪式”。

18. “Royal Commission on Labour,” C. 6894（1893-94）*Parliamentary Papers*，17.

19. *Laundry Journal*（23 March 1907）：1.

20. Sims，*Off the Track in London*，28-50.

21. U.S. Senate，*Employment of Women in Laundries*，50.

22. 一个英国的研究宣称，英国动力洗衣房中几乎一半的女性工人都是手工熨烫工。这看起来不太可能，但是我没有找到其他证据可以反驳它。“Women in Industry：Report of the War Cabinet Committee on Women in Industry,” Cmd. 135（1919），*Parliamentary Papers*，54. 在美国1911年参议院的研究中，从539个洗衣工人中截取的样本显示只有59名工人是熨烫工。U.S. Senate，*Employment of Women in Laundries*，38. 英国和美国的人口普查编纂作品都没有列举详细的信息以凸显这一问题，没有可以加以利用的可能性。

23. U.S. Senate，*Employment of Women in Laundries*，17-18. 熨烫工的高工资不利于1909年贸易委员法把洗衣房归入血汗劳动的努力。“The Laundry Trade Board Act：Statement of Evidence，” Lab 2/TB 102，p.2，Public Record Office，Rew Gardens. 参见第八章中对行业委员会的进一步讨论。

24. 关于这一背景下对“技能”进行界定的广泛讨论，参见 Arwen Mohun，“Why Mrs.Harrison Never Learned to Iron：Gender，Skill，and Mechanization in the American Steam Laundry Industry，” *Gender and History* 8（August 1996）：231-51.

25. *Report on the Laundry of the Charity Organization of New York*（typescript，1907），n.p.，Box139，Charity Service Society Archives，Columbia University Rare Books and Manuscripts Library，New York City.

26. Elizabeth Beardsley Butler，*Women and the Trades：Pittsburgh，1907-1908*（1909；reprint，Pittsburgh，1984），163.

27. 关于“学徒身份”，我的意思是，一个不太严格、不太具有法律约束力的制度。这与前工业革命时期工匠文化中的正式契约学徒身份是不同的。后者在这一时期的英国和美国已经被打破了，甚至在贸易行业中也是如此。

28. “Royal Commission on Labour，” C. 6894（1893-94）*Parliamentary Papers*，19.

29. Anthony，*Mothers Who Must Earn*，76.

30. 与在男性主导的工作相比，长达几年的培训期很常见。与此相比，尽管几周或几个月看起来不是什么长期培训，但它需要耗费不同寻常且很大量的时间和精力。

31. Anthony，*Mothers Who Must Earn*，76.

32. “Royal Commissionon Labor，” C. 6894（1893-94）*Parliamentry Papers*，18.

33. The Women’s Industrial Council，*Annual Report*，1905-1906（London，1906），17.

34. Ibid.

35. Malcolmson，*English Laundresses*，41.

36. U.S.Senate，*Employment of Women in Laundries*，12.

37. Clark and Wyatt，*Making Both Ends Meet*，189.

38. Ibid.，182.

39. Ibid.，188，189.

40. Butler，*Women and the Trades*，178.

41. Cecil Roberts, *The First Fifty Years of "Millbay"* (Plymouth, 1948), 33.

42. U.S. Department of Commerce, Bureau of the Census, *Fourteenth Census of the United States*, vol. 10, *Manufactures: 1919*, *Reports for Selected Industries*, "Power Laundries" (Washington, D.C., 1923), 1026.

43. "Interview with Mr. R. W. Barber, Spier and Pond' s Laundry," *Laundry Journal* (15 July 1899).

44. Thomas Oliver, ed., *Dangerous Trades*, 665.

45. 英国洗衣女工在美国的"近亲"是南方神话中的黑人洗衣女工（并且，在某些情况下，也符合南方的现实）。参见 C. G. Woodson, "The Negro Washerwoman, a Vanishing Figure," *Journal of Negro History* 15 (July 1930): 267-77。伍德松描绘这种形象为一种"杰出的个体"，并且把她们的消失归咎于蒸汽洗衣房行业的崛起（269-270 页）。在行业期刊中，并没有对其消失的抱怨声。

46. "Mrs. Bosanquet on West London Laundries," *Laundry Journal* (23 March 1907): 3.

47. 在美国人口普查分类中，并没有在 1900 年前区分洗衣女工、手工洗衣房和蒸汽洗衣工人。

48. New York Department of Health, *The Cost of Clean Clothes in Terms of Health* (Albany, 1918), 35. 其他州局做了类似的研究；也可参见 Massachusetts Department of Labor, "Wages of Women in Laundries in Massachusetts," *Bulletin of the Minimum Wage Division* 5 (Boston, 1914)。

49. 参见 U.S. Senate, *Employment of Women in Laundries*, 39, passim。

50. "It Was the Soap," *National Laundry Journal* 52 (1 November 1904): 18. 在她对芝加哥妇女工人的研究中，乔安妮·梅耶沃蒂斯（Joanne Meyerowitz）注意到，"在洗衣房和厨房中，黑人妇女通常比白人妇女每周的收入少一美元"。Joanne J. Meyerowitz, *Women Adrift: Independent Wage Earners in Chicago, 1880-1930* (Chicago, 1988), 36.

51. Butler, *Women and the Trades*, 182.

52. Wyatt and Clark, *Making Both Ends Meet*, 195; U.S.Senate *Employment of Women in Laundries*, 71-75.

53. U.S. Senate, *Employment of Women in Laundries*, 72.

54. "Ladies in Laundries," *Work and Leisure: The Englishwoman's Advertiser, Reporter, and Gazette* 14 (March 1889): 74.

55. Ibid., 75.

56. Anthony, *Mothers Who Must Earn*, 85-86.

57. Butler, *Women and the Trades*, 183-84.

58. "Coming of Age Party," *Laundry Journal* (22 June 1907): 15.

59. "Latchford Steam Laundry Social" 和 "Hygenic Laundry Social," *Laundry Journal* (19 January 1907): 5.

60. "Laundries Will Not Have Outing on Account of Convention," *Laundry Journal* (15 August 1902): 5.

61. 甚至在洗衣室和蒸汽车间中，女经理要为事故承担法律责任，也是因为这个原因，《洗衣杂志》建议说，她们至少应当了解蒸汽机的工作原理，甚至有能力在紧急情况下将其发动。

"The Steam Laundry : Its Practical Management-Part 3 : The Washhouse," *Laundry Journal* (1 March 1899) : 17.

62. 洗衣房业主尝试吸引中产阶级女性进入洗衣房管理层的方式之一就是通过女性杂志的文章完成的。比如，参见 "Ladies and Laundries," 113-16 ; Mrs. Philipps, *A Dictionary of Employments Open to Women* (London, 1898), 84-85 ; G.E.Mitton, ed., *The Englishwoman's Year Book and Directory* (London, 1915), 113-14 ; "Laundry Work as a Profession for Educated Women," *The Woman Leader* (31 March 1922) : 68。
63. "Interview with Miss Prince of the New Era Laundry," *Laundry Journal* (August 1890) : 12.
64. Dorothy Richardson, *Long Day : The Story of a New York Working Girl as Told by Herself* (New York, 1905), 257-58.
65. "The Ladies," *Laundry Journal* (15 March 1899) : 11.
66. "Women for the Trade Board," *Laundry Record* (2 August 1920) : 527.
67. "Mr. Hugh Trenchard on Lady Managers," *Laundry Journal* (15 June 1899) : 15.
68. "Waste Girls," *Laundry Journal* (1 September 1887) : 2.
69. 参见 Martha Vicinus, *Independent Women : Work and Community for Single Women, 1850-1920* (Chicago, 1985) .
70. "Cottage Laundries," *Laundry Journal* (April 1890) : 18.

第五章　工会化与监管，1888—1914 年

1. 参 见 Robin Miller Jacoby, *The British and American Women's Trade Union Leagues, 1890-1925* (Brooklyn, 1994), 9。
2. 参 见 Candice Dalrymple, *Sexual Distinctions in the Law : Early Maximum Hour Decisions of the United States Supreme Court, 1905-1917* (New York, 1987)。
3. Norbert Soldon, *Women in British Trade Unions, 1874-1976* (Totowa, N.J., 1978), 54 ; *The Laundry Journal Diary* (London, 1894), 19 ; "Amendment to the Factory and Workshop Act of 1901," *Laundry Journal* (25 May 1907) : 1, 3 ; "Act up for Revision," *Laundry Journal* (8 June 1907) : 1, 6-7 ; "Discussion of Bill at Laundry Association Meeting," *Laundry Journal* (6 July 1907) : 3.
4. 参见，例如，"Not Fundamental at All," *National Laundry Journal* 49 (1 June 1903) : 1 ; "Labor vs.Laundries," *National Laundry Journal* 48 (15 October 1902) : 8 ; "Doom of the Closed Shop Agreement," *National Laundry Journal* 52 (15 July 1904) : 8。
5. "Meeting of Wandsworth Laundry Workers," *Women's Union Journal* 14 (15 February 1889) : 15 ; Women' s Trade Union League, "Fifteenth Annual Report," (1889) *Women's Trade Union League Papers* (microfilm ; Wakefield, West Yorkshire, 1975), reel 1.
6. Phillipa Levine, *Victorian Feminisniy 1850-1900* (Tallahassee, Fla., 1987), 108.
7. "The Society of Laundresses," *Women's Union Journal* 14 (15 October 1889) : 86 ; Mary Drake McFeely, *Lady Inspectors : The Campaign for a Better Workplace, 1893-1921* (Oxford, 1988), 9 ; Soldon, *Women in British Trade Unions*, 35, 56 ; Barbara Drake, *Women*

in Trade Unions (London, 1984), 28.

8. "Meeting of the Wandsworth Laundry Workers," *Women's Union Journal* 14 (15 February 1889) : 15 ; "To the Editor," *Women's Union Journal* 15 (15 August 1890) : 70 ; Women' s Trade Union League, "Fifteenth Annual Report," 6.
9. Gertrude Tuckwell, "The More Obvious Defects in Our Factory Code," in *The Case for the Factory Acts*, ed. Beatrice Webb (London, 1901), 157. 关于妇女工会联盟和保护性立法， 参见 Rosemary Feurer, "The Meaning of 'Sisterhood' : The British Labor Legislation, 1870-1900," *Victorian Studies* 31 (winter 1988) : 234 ; Jacoby, *British and American Women's Trade Union Leagues*, 43 ; Soldon, *Women in British Trade Unions*, 55。到 19 世纪 80 年代，对工作时长和工作条件做出了一些有限的针对性别群体的规定，这成为英国公共政策中的组成部分 . 在 1878 年修订该法案时故意排除了洗衣房，只包括了像纺织制造业、销售业，或印染业等行业，这给他们所生产的商品带来了极大的变化。
10. "The Trades Union Congress, 1890," *Englishwoman's Review* (15 October 1890) : 583, 585 ; 也可参见 "Correspondence," *Women's Union Journal* 15 (15 August1890) : 70。
11. Drake, *Women in Trade Union*, 27.
12. *Times* (London), 15 June 1891.
13. Tuckwell, "The More Obvious Defects," 158 ; Drake, *Women in Trade Unions*, 28.
14. *Times* (London), 15 June 1891.
15. Ibid.
16. "The Laundresses' Agitation," *Women's Trade Union Review* (July 1891) : 1.
17. *Punch* (20 June 1891), 290 ; Drake, *Women in Trade Unions*, 28.
18. [Advertisement], *Laundry Journal* (1 September 1890) : 13 ; McFeely, *Lady Inspectors*, 5.
19. "Onward," *Laundry Journal* (15 October 1890) : 5.
20. Patricia Malcolmson, *English Laundresses : A Social History, 1850-1930* (Urbana, Ⅲ., 1986), 51. 马尔科姆森对支持保护主义的女性主义者和反对保护主义的女性主义者之间的争论进行了详细的分析。关于更大的背景，参见 Levine, *Victorian Feminism*, 118-22.
21. *Laundry Journal* (1 May 1891) : 13.
22. *Hansard's Parliamentary Debates*, 3rd series, 354 (19 June 1891), 928-47, 940.
23. Ibid., 936. 正如传言所说，"大贸易委员会的成员被来自修道院和收容所、教士和慈善家、安立甘信徒和罗马天主教徒的信件与请愿书所包围"。参见 Helen Bosanquet, Louise Creighton and Beatrice Webb, "Law and the Laundry," *Nineteenth Century* 41 (1897) : 225.
24. Tuckwell, "The More Obvious Defects," 158.
25. *Hansard's Parliamentary Debates*, 947.
26. "Laundries and Legislation," *Englishwoman's Review* (16 October 1893) : 22-23 ; Drake, *Women in Trade Unions*, 28.
27. McFeely, Lady Inspectors, 36 ; "Royal Commission on Labour : Employmentof Women in Laundries," C. 6894 (1893-94) Parliamentary Papers, 17-23.
28. Bosanquet et al., "Law and the Laundry," 226.
29. George McCleary, *Life in the Laundry* (London, 1902), 10-11.

30. Gertrude Tuckwell, "The Government Factory Bill of 1900," *Fortnightly Review*, new ser. 73 (1900): 972.

31. 例如，见 ibid., 976; Margaret McDonald, *Labour Laws for omen.Their Reason and Their Result* (London, 1900), 1-12; *The Dangerous Trades: TheHistorical, Social, and Legal Aspects of Industrial Occupations as Affecting Health by a Number Experts*, ed. Thomas Oliver (London, 1902), 663-64。也可参见 *Muller v. Oregon*, 208 U.S. 412, 421 (1908)。

32. McFeely, *Lady Inspectors*, 15, 25, 26.

33. Ibid., 39-40; Rose Squire, *Thirty Years in the Public Service: An Industrial Retrospect* (London, 1927), 25-26; B. Leigh Hutchins and Amy Harrison, *A History of Factory Inspection* (New York, 1970), 195; Adelaide Anderson, *Women in the Factory: An Administrative Adventure, 1893-1921* (New York, 1922), 141-46.

34. Women' s Trade Union League, "Thirty-First Annual Report" (1906) *Women's Trade Union League Papers*, reel1, 14.

35. "Annua Report on the Work of H.M.Women Inspectors During 1897," C. 8965 (1898) *Parliamentary Papers*.

36. *The Workmen's Compensation Act: What It Means, and How to Use It* (London, 1898), 4.

37. Vivien Hart, *Bound by Our Constitution: Women, Workers, and the Minimum Wage* (Princeton, 1994), 21. 参见第7章关于行业委员会的内容。

38. Drake, *Women in Trade Unions*, 28; "Royal Commission on Labour," C. 6894 (1893-94), *Parliamentary Papers*, 23, 37; Malcolmson, English Laundresses, 116.

39. Levine, *Victorian Feminism*, 108; Norbert Soldon, "British Women and Trade Unionism: Opportunities Made and Missed," in *The World of Women's Trade Unionism: Comparative Historical Essays*, ed. Norbert Soldon (London, 1985), 15.

40. 参见 "13th Report of the Chief Labour Correspondent of the Board of Trade on Trade Unions for 1900 (with Retrospective to 1892)," Cd. 773 (1901), *Parliamentary Papers*; "17th Report of the Chief Labor Correspondent," Cd. 777 (1905), *Parliamentary Papers*。

41. Soldon, *Women in British Trade Unions*, 57-58.

42. Malcolmson, *English Laundresses*, 116; Soldon, *Women in British Trade Unions*, 69.

43. Malcolmson, *English Laundresses*, 116, 119.

44. McDonald, *Labour Laws for Women*, 7-8. 对于1876-1918年间女性工会成员的研究，参见 Drake, *Women in Trade Unions*, Table 1。

45. 这主要吸收了帕特丽夏·马尔科姆森的初步分析。参见 Malcolmson, *English Laundresses*, 116。

46. 正如一位英国妇女工会的早期研究者的观察："妇女的工资很低因为她们缺乏组织，而她们没能组织起来又是因为她们工资很低。"参见 Drake, *Women in Trade Unions*, 57。

47. 关于衣领洗衣女工，参见 Carole Turbin, *Working Women of Collar City: Gender, Class, and Community in Troy, 1864-86* (Urbana, Ⅲ., 1992); Philip S.Foner, *Women and the American Labor Movement from Colonial Times to the Eve of World War I* (New York, 1979), 155。也可参见 Ruth Delzell, *Early History of Women Trade Unionists of America* (Chicago, 1919), 15。洗

衣工骑士和洗衣房业主大会包括 Brooklyn #6346（1886-1891），Albany #7075（1886-1890），Cleveland #529-b（1894-1896），和 Seattle #2632-b（1890-1891），转引自 Jonathan Garlock, *Guide to the Local Assemblies of the Knights of Labor*（Westport，Conn.，1985）。也可参见 John B. Andrews and W. D. P. Bliss，*History of Women in Trade Unions*（New York，1974），150。

48. 参见 Tera W. Hunter，*To 'Joy My Freedom：Southern Black Women's Lives and Labors after the Civil War*（Cambridge，Mass.，1997）。
49. Foner，*Women and the American Labor Movement*，244.
50. 菲利普·方拿（Philip Foner）曾经表示，这可能可以解释为什么塞缪尔·冈帕斯（Samuel Gompers）一开始不愿意给这个新工会制定宪章。参见 ibid.，244-45.
51. [Editorial Cartoon]，*New York Times*，7 January 1912.
52. Douglas Pearson Hoover，"Women in Nineteenth Century Pullman"（M. A. Thesis，University of Arizona，1988），29-30；Stanley Buder，*Pullman：An Experiment in Industrial Order and Community Planning，1880-1930*（New York，1967），171-74. 更多的关于普尔曼洗衣房的内容，参见 Mrs. Duane Doty，*The Town of Pullman*（Pullman，Ⅲ.，1893）126-33；Pullman Papers，esp. Payroll Records，Newberry Library Archives，Chicago。
53. *Chicago Tribune*，24 and 27 April，1903.
54. *Chicago Record-Herald*，4 May 1903.
55. "It Was a Black Friday，" *National Laundry Journal*（15 May 1905）：1.
56. *Chicago Chronicle*，27 April 1903.
57. *Chicago Record-Herald*，4 May 1903.
58. T. E. 威尔森（T. E. Wilson）既是地方洗衣业工会的主席，也是商业经理。他告诉《芝加哥论坛报》，工会在八月前就已经开始运作了，受到了美国劳动联盟的组织帮助：*Chicago Tribune*（2 May 1903）。Emily Barrows，in "Trade Union Organization among Women"（Ph.D dissertation，University of Chicago，1925），157 表示这个工会最初是一个地方性的妇女工会，并非美国劳动联盟的附属机构．我没有找到其他证据支持她的这一论断。
59. "Peace Where There Is No Peace，" *National Laundry Journal* 49（1 June 1903）：1.
60. *Chicago Tribune*，14 and 17 May 1903.
61. *Chicago American*，4 May，1905.
62. *Chicago Record-Herald*，9 May，1903.
63. *National Laundry Journal*（15 May 1903）：22.
64. *Chicago Tribune*，6 May 1903.
65. *Chicago Record-Herald*，4 May 1905.
66. "It Was a Black Friday，" *National Laundry Journal*（15 May 1903）：26.
67. *Chicago Inter-Ocean*，2 June 1903. 更多关于道伊的内容，参见 Rolvix Harlan，*John Alexander Dowie and the Christian Apostolic Church*（Evansville，Ⅲ.，1906）。
68. *National Laundry Journal* 49（15 June 1903）：2.
69. *Chicago Inter-Ocean*，2 June 1903.
70. *Chicago Record-Herald*，9 June 1905；"The Long Strike Ended，" National Laundry Journal 49（1 June 1903）：17.

71. "The Long Strike Ended," *National Laundry Journal* 49（1 June 1903）: 1. 当艾米莉·巴罗斯（Emily Barrows）调查 20 世纪 20 年代芝加哥妇女中的工会组织时，她发现在这个城市的洗衣工会于 1915 年崩溃后就没有这样的工会了。在一战期间尝试重新组织工人的努力也失败了。Barrwos, "The Trade Union Organization," 57, 61, 64.

72. Lillian Ruth Mathews, *Women in Trade Unions in San Francisco*（Berkeley, 1915）.

73. Ibid., 12.

74. Ibid., 14.

75. "Editorial," *National Laundry Journal* 57（15 June 1907）: 2.

76. Mathews, *Women in Trade Unions*, 55 ; Robert M.Robinson, "A History of the Teamsters in the San Francisco Bay Area, 1850-1950"（Ph.D.dissertation, University of California, Berkeley, 1951）, 157 ; Robert Edward Lee Knight, *Industrial Relations in the San Francisco Bay Area, 1900-1918*（Berkeley, 1960）, 191. 更多关于反日本人的洗衣业联盟的内容参见第三章。

77. Mathews, *Women in Trade Unions*, 20.

78. Ibid., 20-21, 38.

79. Ibid., 38.

80. Andrews and Bliss, *History of Women in Trade Unions*, 159 ; U.S.Department of Commerce, Bureau of the Census, Manufactures : 1909, "Census of Steam Laundries"（Washington, D.C., 1910）, 4.

81. *New York Times*, 2 January 1912. 妇女工会联盟表示，对于女性工人来说，罢工是为了工作时长，而不是工资。参见 Mary E.Dreier, "To Wash or Not to Wash : Ay, There' s the Rub," *Life and Labor* 2（March 1912）: 68.

82. *New York Times*, 2 January 1912.

83. *New York Times*, 5 January 1912.

84. 受到特洛伊衣领浆洗工成功罢工经历的影响，纽约的妇女工会联盟吸收了一位来自旧金山的组织者。这位组织者在纽约造访了将近 100 家洗衣房，但是发现它们对工会活动没什么热情。1906 年，妇女工会联盟的洗衣工委员会解散了，宣布他们的努力"不合时宜"，而且洗衣女工们"处于高度的压力之下，太胆怯了，以至于无法接受行动的号召"。参见 Nancy Schrom Dye, *As Equals and as Sisters : Feminism, the Labor Movement, and the Women's Trade Union League of New York*（Columbia, Mo., 1980）, 64-65.

85. *New York Times*, 6 January 1912.

86. *New York Times*, 15 January and 17 January 1912.

87. Dye, *As Equals*, 102.

88. Ibid.

89. 1908 年，一位爱尔兰移民女工因为无法忍受每天 14 小时的工作量，将俄勒冈州一家洗衣房的老板穆勒告上法庭。女工和穆勒之间进行了连续的法律斗争。洗衣女工的代理律师是布兰代斯。最终，最高法院判定女工胜诉。——译者注。

90. 参见 Judith Baer, *The Chains of Protection : The Judicial Response to Women's Labor Legislation*（Westport, Conn., 1978）; Dalrymple, *Sexual Distinctions in the Law* ; Nancy S.Erickson,

"Muller, Oregon Reconsidered : The Origin of a Sex-Based Doctrine of Liberty of Contract," in *Labor History* 30 (spring 1989) : 228-50 ; Susan Lehrer, *Origins of Protective Legislation for Women, 1905-1925* (Albany, 1987) ; Alice Ressler-Harris, "Law and a living : The Gendered Content of 'Free Labor,'" in *Gender, Class, Race, and Reform in the Progressive Era*, ed.Noralee Frankel and Nancy S. Dye (Lexington, Ky., 1991), 87-109 ; Nancy Woloch, Muller v.Oregon : A Brief History with Documents (Boston, 1996)。关于比较视角，参见 Ulla Wikander, Alice Kessler-Harris, and Jane Lewis, eds., *Protecting Women : Labor Legislation in Europe, the United States, and Australiay 1880-1920* (Urbana, Ⅲ., 1995)。

91. Woloch, *Muller v.Oregon*, 18-19.
92. Josephine Goldmark, *Impatient Crusader : Florence Kelley's Life Story* (Urbana, Ⅲ., 1953), 144-45.
93. Dalrymple, *Sexual Distinctions in the Law*, 132.
94. Ibid.
95. Goldmark, *Impatient Crusader*, 150.
96. Ibid., 154. 斜体为原文所加 .
97. Ibid., 156.
98. 转引自 Woloch, *Muller v.Oregon*, 117, 126, 128.
99. Ibid., 127, 129.
100. 关于这一问题更深层次的讨论，参见 Robert Gray, "The Language of Factory Reform in Britain, c. 1830-1860," in *The Historical Meanings of Work*, ed. Patrick Joyce (Cambridge, 1987), 145。
101. Goldmark, *Impatient Crusader*, 157.
102. *Muller v. Oregon*, 208 U.S. 412, 421, 422 (1908) .
103. "Editorial," *National Laundry Journal* 59 (15 March 1908) : 2.
104. Agnes Nestor, *Woman's Labor Leader* (Rockford, Ⅲ., 1954), 94 ; "The Eight Hour Fight at Springfield," Union Labor Advocate 10 (July 1909) : 22, 23.
105. Goldmark, *Impatient Crusader*, 145.
106. Nestor, *Woman's Labor Leader*, 90-91.
107. Chicago Women' s Trade Union League, *Biennial Report, 1911-1913* (Chicago, 1913), 19.

第六章　两次世界大战期间的生产与消费

1. 关于多代际之间的洗衣房，参见 Papers of Byrd' s Laundry, Tyne and Wear Archives, Newcastle-upon-Tyne, and Millbay Laundry, Devon County Record Office, Plymouth。
2. "How Shall We Revive Starched Collars?" *Laundry Age* (1 March 1921) : 48.
3. "The Laundry Bill," *The Power Laundry* (8 February 1919) : 45.
4. "Why Laundries Lose Patrons," *Laundry Age* 1 (1 March 1921) : 7.
5. "A Billion Dollar Business by 1950," *Laundry Age* 4 (1 September 1924) : 2.
6. 对于这些概念的探索，参见 Philip Scranton, "Diversity in Diversity : Flexible Production and American Industrialization, 1880-1930," *Business History Review* 65 (spring 1991) : 27-90。

7. 惊奇面包，又叫沃顿面包。其起源于 1921 年，是美国首批切片面包品牌。——译者注。
8. "Housewives Crying for Laundry Service," *Laundry Age* 4（1 September 1924）: 99.
9. Ibid.
10. "Customer' s Complaints : The Housewife and the Modern Laundry," *The Power Laundry*（20 August 1921）: 723.
11. 例如，参见，"The Housewife and the Modern Laundry," *The Power Laundry*（20 August 1921）: 723 ; "The Customers' Point of View," *Laundry Age* 1（1 May 1921）: 18 ; "Housewife Fires Broadside at Laundry," *Laundry Age* 1（1 July 1921）: 26。对于作为技术协调员的家政经济学家的分析，参见 Carolyn Goldstein, "From Service to Sales : Home Economics in Light and Power, 1920-1940," *Technology and Culture* 37（January 1997）: 121-52。
12. "A Woman' s View of Laundry Service," *The Power Laundry*（1 June 1955）: 877.
13. "Just Look at That Shirt," *Laundry Age* 16（April 1936）: 14.
14. "Customer' s Complaints," *The Power Laundry*（6 August 1921）.
15. "Autocratic Laundry," *The Power Laundry*（4 May 1955）: 691.
16. "Romance Dies beside the Wash Tubs," *Laundry Age*（1 April 1936）: 56.
17. "Handling the Family Wash," *Laundry Age* 1（1 April 1921）: 78.
18. "Getting the Public Eye," *Laundry Age* 16（1 January 1936）: 36. 参见 Roland Marchand, *Advertising the American Dream : Making Way for Modernity, 1920-1940*（Berkeley, 1985）, 541-47 有关于这个战略更多的内容。
19. 关于电台节目，参见 "Radio Program in Jersey," *Laundry Age* 16（1 February 1956）: 77。关于电影广告，参见 "Cornered！ They See, Hear, and BUY！" *Laundry Age* 16（1 January 1936）: 22。
20. "Unusual Opening Planned for Community Laundry," *National Laundry Journal* 89（15 April 1923）: 68.
21. *Good Housekeeping* 87（December1928）: 183.
22. "Laundry 'at Homes,'" *The Power Laundry*（3 September 1921）: 754.
23. "Twenty-Five Years of Laundry Development," *The Power Laundry* 15（4 May 1935）: 648.
24. "Says Silas Kidd the Suds Philosopher : Ask Henry Ford," *Laundry Age* 16（1 March 1936）: 6.
25. *The Power Laundry*（11 January 1919）: 3.
26. "Semi-finished Shirt Seen as Business Boon," *Laundry Age* 16（1 January 1936）: 26.
27. "Effects of the Great Social Changes," *The Power Laundry*（4 May 1935）: 638. "Five Lucky Washdays," *National Laundry Journal* 92（1 July 1924）: 9.
28. "The Customer and the Laundry," *The Power Laundry*（12 January 1929）: 31.
29. "Effects of the Great Social Changes," *The Power Laundry*（4 May 1955）: 638.
30. "Which Laundry Service Does the Consumer Prefer?" *Laundry Age* 16（1 May 1936）: 48.
31. "Is Damp Wash on the Dole?" *Laundry Age*（April 1936）.
32. 这种转变更近似于零售业，参见 Susan Strasser, *Satisfaction Guaranteed : The Making of the Mass Market*（New York, 1989）。在其他方面，这种类比并不合适。小型零售业者所拥有的最重要的关系跟供应商和来自不断增多的连锁店的竞争有关。与之相反，大大小小的洗衣房业主通常共享一份事业（尽管大型洗衣房有时候使用货车侵入到小型洗衣房的地盘）。洗衣房业主最重要的关系跟他们的顾客—竞争者相关。

33. 参见 Ellis Barker，*Britain's Industrial Backwardness in Laundry Record*（May 1920）：311 的评论。涉及范围更广的讨论，参见 *Competitiveness and the State：Government and Businessin Twentieth-Century Britain*，ed. Geoffrey Jones and Maurice Kirby（Manchester，1991）and Michael Dintenfass，*Industrial Decline of Industrial Britain*，*1870-1980*（London，1992）。

34. 查尔斯是塞西尔·罗伯茨的父亲。参见 Cecil Roberts，*The First Fifty Years of"Milbay"*（Plymouth，1948），42。也可参见"American Methods，"*Laundry Record*（1 November 1920）：887。

35. "The British Bundle，"*Laundry Age*（1 January 1956）：99. "As Our English Cousin Sees Us，"*National Laundry Journal* 89（15 January 1923）：12.

36. Ibid.

37. J. J. Stark，"American Methods，"*Laundry Record*（1 November 1920）：888.

38. "Effects of the Great Social Changes，"*The Power Laundry*（4 May 1955）：638.

39. Roberts，*First Fifty Years*，37.

40. "Laundry as a Hobby，"*The Power Laundry*（12 November 1921）：995. 也可参见"Why Some Laundrymen Fail in Business，"*The Power Laundry*（19 April 1919）：139（这篇文章明显摘录自《太平洋洗衣人》这本美国地方洗衣杂志）。

41. "Businessmen vs.Alleged Businessmen，"*National Laundry Journal* 89（15 January 1923）：56.

42. "Are Laundry Schools Worthwhile?"*National Laundry Journal* 89（1 June 1923）：8.

43. "New York City Laundryowners Challenged，"*Laundry Age* 4（1 September 1924）：63. 在 20 世纪 20 年代，美国有几种培训计划 . 最早的一个来自俄亥俄机械协会，是一个两年的课程。还有一个课程来自明尼苏达州的唐伍德工业协会（Dunwoody Industrial Institute）。纽约、底特律和布法罗的公共学校也与地方行业协会联合举办培训课程。参见"Are Laundry Schools Worthwhile?"*National Laundry Journal* 89（1 June 1923）：28。关于英国的例子，参见"Laundry Development，"*The Power Laundry*（4 May 1935）：648。

44. 至少这些计划中的某些学生看起来是洗衣房业主的孩子。关于一位参加美国洗衣业协会课程的英国洗衣房业主之女的例子，参见"Miss Hall Manages Plant，"*Laundry Age* 16（1 February 1936）；84.

45. "Thirty-Third National Convention，"*National Laundry Journal* 76（15 October，6）：4.

46. "Federation，"*Laundry Record*（2 February 1920）：95.

47. 洗衣工全国协会和英国的组织都不曾从大多数的企雇主那里收取会费。尽管行业协会有各种办法应对会费总数的下降，但是小型洗衣房的雇主不太可能像大型企业的所有人或经理人那样掏钱。1924 年，洗衣工全国协会估计会员只占美国动力洗衣房全部数量的 25%。"Anyone Can Inhale the Frangrance of a Rose，"*National Laundry Journal* 92（1 August 1924）：64.

48. 关于美国，参见 L. E. Warford and Richard May，*Trade Association Activities*（Washington，D.C.，1923）；C. Judkins and L. Marceron，*Selected Trade Associations of the United States*（Washington，D.C.，1936）。最相似的二手文献是关于零售商协会的。零售商和洗衣房业主在竞争方面面临着截然不同的问题，这可以从二者的行业协会的政策、组织和意识形态中略窥一二。参见

Chris Hosgood, "A 'Brave and Daring Folk' ? Shopkeepers and Trade Associations in Victorian and Edwardian England," *Journal of Social History* 26 (winter 1992): 285-308; and David Monod, "Culture without Class: Canada's Retailers and the Problem of Group Identification, 1890-1940," *Journal of Social History* 29 (spring 1995); 521-45。

49. "Building Better Business," *National Laundry Journal* 76 (15 July 1916): 2.
50. *The Power Laundry* (21 August 1920): 735; "Monopoly Frowned on Again," *Laundry Age* 16 (1 January 1936): 4.
51. Eric B. Dobson, *Hartonclean, 1884-1984* (Newcastle-upon-Tyne, 1983), 19; "Minutes of the Director's Meetings," 17 December 1906 and 6 February 1907, Bird's Laundry, Tyne and Wear Archives. 伯德洗衣房所签订的协议在 20 世纪 20 年代以各种方式保存下来了。
52. "No More Crank Handle or Whale Oil," *Laundry Age* 16 (1 January 1936): 24-25.
53. "What the Industry Needs Most," *Laundry Age* 1 (1 March 1921): 1.
54. "What the Laundry Industry Needs Most," *Laundry Age* 1 (1 April 1921): 32.
55. "What the LNA is Doing," *Laundry Age* 1 (1 March 1921): 18-19. 也可参见，例如，"Adding New Pages to Your Book of Youth," *National Laundry Journal* 92 (1 August 1924): 15。该文重印于《周六夜邮报》8 月 23 日一期中。
56. "Many Americans Visit England," *Laundry Age* 4 (1 September 1924): 92.
57. "Twenty Five Years of Laundry Development," *The Power Laundry* (4 May 1935): 648.
58. Sinclair Lewis, *Babbitt* (1922; reprint, New York, 1985), 87.
59. "What the LNA is Doing," *Laundry Age* 4 (1 March 1921): 18.
60. Ibid.
61. "Let's Stop Apologizing," *Laundry Age* 16 (1 April 1956): 2.
62. "Many Americans Visit England," *Laundry Age* 4 (1 September 1924): 92.
63. "The British Bundle," *Laundry Age* 16 (1 January 1936): 99.
64. "A Woman's Point of View," The Power Laundry (31 May 1919): 205. 也可参见 "Women for the Trade Board," *Laundry Record* (2 August 1920): 457。
65. "Twenty-Five Years of Laundry Development," *The Power Laundry* (4 May 1935): 648.
66. "Woman Launderer Invents Flexible Hydro-Divider," *Laundry Record* (27 July 1938): 127.
67. "A Merry Party at Grange-Over-Sands," *The Power Laundry* (5 March 1932): 273.
68. "Success Crowns the First Four States Convention," *National Laundry Journal* 92 (1 July 1924): 3.

第七章 "黑白之间"的洗衣房

1. 参见 Jacqueline Jones, *Labor of Love, Labor of Sorrow: Black Women, Work, and the Family from Slavery to the Present* (New York, 1985); James Grossman, *Land of Hope: Chicago, Black Southerners, and the Great Migration* (Chicago, 1989); Marvin E.Goodwin, *Black Migration in America from 1915 to 1960: An Uneasy Exodus* (Lewiston, N.Y., 1990).
2. Chicago Commission on Race Relations, *The Negro in Chicago: A Study of Race Relations and a*

Race Riot (Chicago，1923)，358.

3. Ibid.
4. 在这几十年里，人口普查员根据不同的指示对工人进行分类。其中的一个结果就是商业洗衣女工和家庭洗衣女工之间边界的模糊，以及家庭洗衣女工和有时候从事洗衣工作的家庭仆役之间界限的模糊。参见 Joseph A.Hill，*Women in Gainful Occupations*、*1870-1910*，Census Monograph IX (Washington，D.C.，1929)，112。希尔发现，在 1910 到 1920 年间，家庭洗衣女工人数在下降，但是他却认为，这可能是统计错误造成的。U.S. Department of Commerce，Bureau of the Sixteenth Census，*Comparative Occupation Statistics for the United States*，*1870-1940* (Washington，D.C.，1943)，130. Bureau of the Fourteenth Census，*Occupations*：*Color or Race* (Washington，D.C.，1923)，358；Bureau of the Fifteenth Census，*Population* vol. 4，*Occupation by States* (Washington，D.C.，1933)，34.
5. Hill，*Women in Gainful Occupations*，120.
6. 其中的许多妇女可能参与到了农业工作中，但这份工作并没有被列入前一份工作的种类中。
7. Ethel L.Best and Ethel Erickson，*A Survey of Laundries and Their Women Workers in Twenty-three Cities* (Washington，D.C.，1930)，154.
8. Hill，*Women in Gainful Occupations*，120.
9. U.S.Department of Commerce，Bureau of the Fourteenth Census，*Occupations*：*Males and Females in Selected Occupations* (Washington，D.C.，1920)，906.
10. Sylvia Woods，"You Have to Fight for Freedom，" in *Rank and File*：*Personal Historiesby Working-Class Organizers*，ed. Alice Lynd and Staughton Lynd (New York，1988)，109-10.
11. Best and Erickson，*Survey*，68.
12. Bertha M. Nienberg and Bertha Blair，"Factors Affecting Wages in Power Laundries，" *Bulletin of the Women's Bureau* 14 (1936) 4，34-35 (tables) .
13. Best and Erickson，*Survey*，61-85. 在调查员搜集的个体计划表中可以发现非常详细的信息。参见 Women' s Bureau Records，Record Group 86，National Archives，Washington，D.C.。
14. Ibid.，69，92.
15. 黑人和白人妇女工人之间关系的研究尤其罕见 . 现有的许多对这些关系的研究关注的是南方地区。特别参见，Dolores E. Janiewski，*Sisterhood Denied*：*Race*，*Gender*，*and Class in a New South Community* (Philadelphia，1985)；Mary Fredrickson，"'I Know Which Side I' m on'：Southern Women in the Labor Movement in the Twentieth Century，" in *Women*，*Work*，*and Protest*，ed. Ruth Milkman (Boston，1985)，156-80。
16. "How to Handle Negro Help in the Steam Laundry¿" *National Laundry Journal* 62 (1 October 1909)：16.
17. Jane Filley，*Consider the Laundry Workers* (New York，1937)，48，24.
18. Woods，*Rank and Files*，112-13. 伍兹的故事并没有把这些工作在种族区分上实行多么严格的政策说清楚。她宣称分成了"黑人的工作"和"白人的工作"，但是又表示黑人妇女做白人工作时工资更低。
19. 关于非裔美国人中的抵抗文化的建设性讨论，参见 Robin D. G. Kelley，*Race Rebels*：*Culture*，*Politics*，*and the Black Working Class* (New York，1994)，17-34.

20. 参见第 8 章中对南方人的态度及其影响的深入讨论。

21. 关于社会工作者、慈善中心成员、俱乐部妇女、全美有色人种协会、全国城市联盟以及各种以妇女为中心的组织（比如全国保护有色人种妇女联盟）的早期支持者的相关叙述，参见 Jesse Thomas Moore Jr., *A Search for Equality：The National Urban League, 1910-1961*（University Park, Penn., 1981），40-41，50-51；Dorothy C.Salem，"To Better Our World：Black Women in Organized Reform，1890-1920，"（Ph.D dissertation，Kent State University，1986）。

22. Mary Van Kleeck，"New Standards for Negro Women in Industry，" *Life and Labor*（June 1919）：134.

23. "Pilgrim' s Progress in the Laundry，" *Life and Labor*（April 1920）：118-19. 这位作者还表达了她在发现她称作"嬷嬷"的妇女由于表现出色而拿着洗衣房中最高工资后的惊讶之情。

24. 部分来看，这一策略与这一时期许多劳工活动家的路径一致。全国城市联盟的黑人工人工会组织委员会的创立人弗兰克·克罗斯维斯（Frank Crosswaith）表达了他希望这个组织"能够像妇女工会联盟为妇女工人出力那样，也能为纽约城的黑人工人做些什么"。*History of the Trade Union Committee*（n.p.，ca. 1926）Box 8，National Urban League Industrial Relations Department，General Department File，National Urban League Records，Library of Congress，Washington，D.C.

第八章　国家的介入

1. Cecil Roberts，*The First Fifty Years of"Millbay"*（Plymouth，1948），36.
2. Ibid.，44.
3. Vivien Hart，*Bound by Our Constitution：Women，Workers，and the Minimum Wage*（Princeton，1994）；Sheila Blackburn，"Ideology and Social Policy：The Origins of the Trade Board Act，" *Historical Journal* 54（March 1991）：45-64. 关于工资在全部成本中所占比例的统计数字，参见，例如：U.S. Department of Commerce，Bureau of the Census，*Fourteenth Census*，vol.10，*Manufactures：1919*，*Reports for Selected Industries*，*"Power Laundries"*（Washington，D.C.，1923），1026.
4. 关于类似的解释，参见 Morton Keller，*Regulating a New Economy：Public Policy and Economic Change in America*，*1900-1933*（Cambridge，1990），5-6。
5. 行业协会纳入政策制定群体中不仅是胡佛的团体主义国家以及美国原先各种组织的特点，而且也是英国至少在 1909 年引入《行业委员会法》后政策制定时的特征。关于美国类型，参见 Brian Balogh，"Reorganizing the Organizational Synthesis：Federal Professional Relations in Modern America，" *Studies in American Political Development* 5（Spring 1991）：119-71；Alan Dawley，*Struggle for Justice：Social Responsibility and the Liberal State*（Cambridge，Mass.，1991）。
6. 对于这些问题中某些内容的理论讨论，参见：Theda Skocpol，*Protecting Soldiers and Mothers：The Political Origins of Social Policy in the United States*（Cambridge，Mass.，1992）；and Linda Gordon，"The New Feminist Scholarship on the Welfare State，" in *Women*，*the State*，*and*

Welfare, ed. Linda Gordon (Madison, 1990), 9-35。

7. 尽管单个行业的研究只是刚开始涉足这一时期文献丰富的国家管制问题，这种比较确实说明了某种解释。首先，两国计划中强烈的相似度使它很难认可美国或英国特殊主义这种普遍存在的说法。特别参见关于加布里埃尔·柯尔克（Gabriel Kolko）的追随者所争论的“保守主义的胜利”问题，见 Colin Gordon, New Deals: Business, *Labor*, *and Politics in America*, *1920-1935* (London, 1994); Ellis Hawley, *The New Deal and the Problem of Monopoly* (Princeton, 1966); Robert F.Himmelberg, *The Origins of the National Recovery Administration: Business*, *Government*, *and the Trade Association Issue*, *1921-1933*, 2d ed. (New York, 1993)。对柯尔克论点的尖锐批评，参见 Keller, *Regulating a New Economy*, 4。关于劳工法的某些文献也与此相关。关于美国例外主义和法律的“反思”vs.“建构”理论，特别参见 William E. Forbath, *Law and the Shaping of the American Labor Movement* (Cambridge, Mass., 1991), x, 2-11.
8. 全国复兴署与惠特利委员会方案（Whitley Council Scheme）更相似。该方案是在一战后提出来的，用以取代行业委员会。各个行业“受到由组织起来的雇主和组织起来的工人代表所组成的委员会的自愿管理……他们的决定应当对被代表的所有组织成员都有约束力”。Dorothy Sells, *The British Trade Board System* (London, 1923), 3. 劳工大臣发现，洗衣行业并不适合惠特利委员会，这让一些人倍感失望。惠特利委员会的决议并未在法律的帮扶下得到执行，而行业委员会的决定则做到了这点。参见“The Trade Boards Question,” *The Power Laundry* (11 January 1919): 1 和“A Trade Board for the Laundry Industry,” *The Power Laundry* (25 January 1919): 3。
9. 关于跨大西洋改革文化最具建设性的作品仍旧是莫顿·凯勒（Morton Keller）的短文，“Anglo-American Politics, 1890-1930,” *Comparative Studies in Society and History* 22 (1980): 458-87。也可参见 Kenneth O.Morgan, “The Future at Work: Anglo-American Progressivism 1890-1917,” in *Contrast and Connection: Bicentennial Essays in Anglo-American History*, ed. H. C. Allen and Roger Thompson (London, 1976), 245-71 and C. L. Mowat, “Social Legislation in Britain and the United States in the Early Twentieth Century: A Problem in the History of Ideas,” *Historical Studies* 7 (1969): 81-96。
10. 1939 年，在为美国新政政策制定者撰写的法案解释中，英国改革家多萝西·塞尔斯（Dorothy Sells）总结说，这部法案的总体意图是实现收入水平和工资确定程序的“民主化”。Dorothy Sells, *British Wages Boards: A Study in Industrial Democracy* (Washington, D.C., 1939), 331. 大部分其他的历史学家认为，这部法案最初的意图更为狭窄，追求的是实用主义。Hart, *Bound by Our Constitution*, 4. 在第一次世界大战之前，这部法案只适用于所谓的血汗制行业中的工人，包括电路制造、裁缝、纸盒制造、机织撮花制造以及织网精修。根据全国反血汗制联盟的说法，这些行业都是“工资极其低下的”。参见 Sells, *The British Trade Board System*, 2; Hart, *Bound by Our Constitution*, 17。
11. Sells, *The British Trade Board System*, 7.
12. “The Laundry Trade Board Act: Statement of Evidence,” (typescript, 1914) 2, Lab 2/TB 102, Public Records Office, Rew Gardens（后文缩写为 PRO）.
13. “Report on the Proposed Extensions of the Trade Board Act to Laundry Workers,”

(January 1914), Lab 2/TB 102/1923, PRO.

14. "The Trade Boards Question," *The Power Laundry* (11 January 1919): 1; and "Can Organized Labour Assist Us?" *The Power Laundry* (8 February 1919): 41.
15. Sells, *The British Trade Board System*, 20.
16. "The Campaign against Laundries," *The Power Laundry* (6 September 1919):
17. Mary Drake McFeely, *Lady Inspectors: The Campaign for a Better Workplace, 1893-1921* (Oxford, 1988), 150.
18. Patricia Malcolmson, *English Laundresses: A Social History, 1850-1930* (Urbana, Ⅲ., 1986), 119-21.
19. Sells, *The British Wage Boards*, 354.
20. 参与其中的还有全国通用工人工会、码头工人工会、产业工人工会以及染工、漂白工和精修工联合会，还有全国劳工联合工会等。这次会议的主持人是 W. G. 沃德尔议员（W.G.Wardle, M. P.）。"Laundries Conference Held at the Ministry of Labour Tuesday February 5, 1919," (typescript, 1919) Lab 2/482/TB 10, PRO.
21. Sells, *The British Trade Board System*, 6.
22. Sells, *British Wage Boards*, 6.
23. Sells, *The British Trade Board System*, 165.
24. "Statement of Evidence," Lab 2/1923/TB 20, PRO.
25. Sells, *The British Trade Board System*, 89.
26. "Laundries Conference," Lab2/482/TB 10, PRO.
27. "Slattery' s Model Laundry-Minutes," Lab2/1646/TB 62335, PRO; Albert Holloway to E. G. Wilson, 19 December 1928, Lab2/1646/TB50240, PRO. 霍洛威（Holloway）是一位少年，他被雇主要求干各种之前由成年人承担的工作。对于这份工作，他拿到的是最低工资。
28. "Minutes," (7 April 1937) Trade Board Meeting, Lab 11/TB 66, PRO.
29. Sells, *The British Trade Board System*, 153.
30. "Statement of Evidence," Lab 2/1925/TB 20, PRO.
31. 参见 Blackburn, "Ideology and Social Policy" 中关于该法案的各种批评声。马尔科姆森（Malcolmson）在 *English Laundresses*, 100, 121 中提出了一种看起来自相矛盾的评价。
32. Roberts, *First Fifty Years*, 37.
33. Hart, *Bound by Our Constitution*, 67.
34. Mary Elizabeth Pidgeon, "Women in the Economy of the United States of America: A Summary Report," *Women's Bureau Bulletin* 155 (1937), 101, 102-5Irving Bernstein, *The Lean Years: A History of the American Worker, 1920-1933* (Baltimore, 1966), 225-26.
35. Hart, *Bound by Our Constitution*, 80.
36. Frances Perkins, *The Roosevelt I Knew* (New York, 1946), 55, 258.
37. Vivien Hart, "Feminism and Bureaucracy: The Minimum Wage Experiment in the District of Columbia," *Journal of American Studies* 26 (April 1992): 1-22.
38. "New York Wage Board Gets into Action," *Laundry Age* (1 August 1933): 14.
39. Edward Robb Ellis, *A Nation in Torment: The Great American Depression, 1929-1939* (New

York，1995），340.

40. *National Industrial Recovery Act*，13 June 1935，H. R. 5755，73d Cong.，1st Sess. i.
41. W. Conover to G. Larner，8 June 1934，Box 3084，National Recovery Administration Records，Record Group 9，National Archives，Washington，D.C.（后文缩写为 NRA Records）。
42. Bertha M. Nienberg and Bertha Blair，"Factors Affecting Wages in Power Laundries，" *Women's Bureau Bulletin* 143（1936），10；Laundryowner' s National Association，"Information Requested on Industries，" Box 3079，NRA Records.
43. Laundryowners' National Association，"Newsletter，"（23 June 1933）Box 3084，NRA Records.
44. *Laundry Age* 13（1 August 1935）: 2. 总统的复工协议是总统与个体洗衣房业主之间达成的协议。洗衣法规本应由全国洗衣工协会（LNA）代表整个行业签署。经总统签署成为法律后，该法规将对行业全体成员产生约束力——无论是否直接同意该协议。实践中，下述"地方选择性执行条款"部分废除了这一强制性要求：在最终未通全国复兴署（NRA）洗衣法规的地区，已签署协议的洗衣房业主若希望继续展示象征 NRA 合规的蓝鹰标志，仍需遵守原协议条款。
45. Nienberg and Blair，*Factors*，10；"Hearing，" 578，Box 253，NRA Records.
46. W. W. Baker to Hugh Johnson，30 June 1953，Box 3086，NRA Records.
47. Robert Weaver to Frances Perkins，17 November 1935，in the Appendix to "Hearing，" 194-95，Box 253，NRA Records；Clark Foreman to Frances Perkins，28 November 1933，Box 3084，NRA Records. 更多关于福尔曼和韦弗的内容，参见 John Kirby，*The New Deal Era and Blacks：A Study of Black and White Race Thought，1933-1945*（Urbana，Ⅲ.，1971）。
48. 参　见 the Appendix in "Hearing，" 197-210，Box 253，NRA Records；"Analysis of Protests against Laundry Code，" Box 3077，NRA.
49. M. J. Byrd to Rose Schneiderman，"Memorandum：The Negro Laundry Operative，" Box 3086，NRA Records.
50. 美国大学妇女协会被认为要从国家标准局和美国住房经济协会处获得关于设定服务业质量标准的建议。美国大学妇女协会的主要计划是让洗衣房更少地使用腐蚀性化学剂，并且更少地丢失物件。"Hearing，" 496-97，Box 253，NRA Record.
51. Ibid.，596.
52. Ibid.，515，575，578.
53. "Supplementary Brief on Wages，" 28 November 1953，Box 3086，NRA Records.
54. "Back to Local Self-Regulation，" *Laundry Age* 14（1 March 1954）: 2；"Local Option Governs Laundry Code，" *Laundry Age* 14（1 March 1934）: 66；"Marking Time on the Code，" *Laundry Age* 14（1 April 1934）: 14.
55. "The Why of the Local Option，" *Laundry Age*（1 May 1934）: 90.
56. Mrs. M. A. Focht to A.D.Whiteside（n.d.），Box 5084，NRA Records.
57. "NRA Enters the Enforcement Stage，" *Laundry Age*（1 May 1934）: 50，52.
58. "Bulletin，" *Laundry Age* 14（June 1934）: 5；"Feathers Fly，" *Laundry Age* 14（1 June 1954）: 73.

59. "Lost : One Laundry Code. No Reward to Finder," Laundry Age 15 (1 April 1935) : 87. State minimum wage laws were finally definitely upheld as constitutional by *West Coast Hotel Company v. Parrish*, in 1937.

60. "State Code Requested of New York Legislature," *Laundry Age* 14 (August 1954) : 67 ; "Minimum Wage Set for New Hampshire Laundries," *Laundry Age* (August 1934) : 68 ; "The Plus Factor in Wages," *Laundry Age* 17 (1 February 1937) : 2.

61. Mary Anderson to Gustav Peck, 14 December 1934, Box 3086, NRA Records ; A. Howard Myers to Mary Anderson, 25 January 1935 ; Paul Hutchings to A. Howard Myers, 31 January 1935, Box 5084, NRA Records ; John P. Davis to Myers, 25 January 1935, Box 3084, NRA Records. 戴维斯是全国复兴联合委员会的执行秘书。这个委员会是新政时期争取非裔美国人权利而成立的一个咨询委员会。戴维斯请求迈尔斯让妇女局根据种族、性别和职业对她们掌握的所有数据进行一一解析。

62. 参见 Correspondence folder, Box 280, Women' s Bureau Records, Record Group 86, National Archives, Washington D.C.

63. Nienberg and Blair, Factors, 4, 6-7, 12.《洗衣时代》还发表了一篇长文总结了该局的发现：" Low Wages Not Caused by Low Prices," *Laundry Age* 17 (1 February 1937) : 10-12。

第九章　在关系另一端的服从与执行

---

1. 已经有很多人评论过全国复兴署执行能力不足这件事情了。参见 Colin Gordon, *New Deals : Business, Labor, and Politics in America, 1920-1935* (Cambridge, 1994), 191-92。最近没有关于行业委员会法案的执行情况的讨论。关于它们长期存在的讨论，参见 Vivien Hart, *Bound by Our Constitution : Women, Workers, and the Minimum Wage* (Princeton, 1994), 61-62。
2. Ellis Hawley, *The New Deal and the Problem of Monopoly* (Princeton, 1966) .
3. Hart, *Bound by Our Constitution*, 20-21.
4. 关于群体分类法的投诉，参见 "Analysis of Protests against Laundry Code," Box 3077, National Recovery Administration Papers, Record Group 9, National Archives, Washington, D.C. (后文缩写为 NRA Records) .
5. Albert Johnson, ed., *Newsletter* 13 (23 June 1933) : 4, Box 3084, NRA Records.
6. "Ministry of Labour Prosecution," *Cumberland Times* (30 April 1927) clipping in Lab 2/26603/TB 987, Ministry of Labour Records, Public Records Office, Kew Gardens (后文缩写为 PRO)。
7. 参见 "Minute Sheet" (29 May 1925) Lab 2/TB 2938, PRO 和后文中的案例。
8. 关于美国的例子，参见 "Local Option Governs Laundry Code," 14 (March 1934) : 66 ; "NRA Enters Enforcement Stage," *Laundry Age* 14 (1 May1954) : 50-52。关于英国的例子，参见 "A Trade Board for the Laundry Industry," *The Power Laundry* (25 January 1919) : 3 ; "The New Factories Bill," *The Power Laundry* (23 October 1926) : 517。
9. 参见 "Which Do You Choose¿" and "What Is Your Answer¿" *Laundry Age* 13 (1 June 1933) : 14, 50。

10. “Minute Sheet”（25 Aprilig 1929）Lab 2/50240/TB 1646，PRO；“Note of Further Visits to the Empire Laundry，”（April 1925）Lab 2/7068/TB 1068，PRO.
11. “The Laundry Code，” *Laundry Age* 14（1 March 1954）: 72. 此部分刊载《洗衣法规》全文。
12. 参见，例如，“Laundry Workers Organize！”（AFL pamphlet），Box 280，Women’s Bureau Records，Record Group 86，National Archives，Washington，D.C.（后文缩写为 WB Records）.
13. J. E. Marran to Hugh Johnson，12 September 1934，Box 3078，NRA Records.
14. “Sound Logic in Temporary Code，” *Laundry Age* 13（1 August 1933）: 2.
15. W. Conover to J. C. Barringer，28 June 1934，Box 3084，NRA Records.
16. C. T. Thomason to T. Lee Miller，16 April 1954，Box 5077，NRA Records.
17. “Miss Collet’s Evidence，” Lab 2/1923/TB 102，PRO.
18. “Minute Sheet，” 27 November and 4 December 1937，TB 11/1949，PRO.
19. “Inspector’s Report，”（n.d.），TB 11/1949，PRO.
20. “Application for Exemption，”（30 July 1933）Lab 2/1645，Case 5265，PRO.
21. “Report，” Lab 2/26605/TB 987，PRO.
22. Hawley，*The New Deal and the Problem of Monopoly*，247-69.
23. “State Code Puts New Jersey in the Spotlight，” *Laundry Age*（1 May 1954）: 99-100；“Official Schedule，”（12 December 1953）Box 3077，NRA Records；Memorandum by Henry Buckelew（23 January 1934）Box 3077，NRA Records；“Official Schedule of Minimum Retail Prices”（12 December 1953），Box 3077，NRA Records.
24. W. Conover to T. Barringer，13 July 1934，Box 5084，NRA Records.
25. “Money Found for Minimum Wage Law Enforcement，” *Laundry Age* 14（1 July 1934）: 90.
26. C. T. Thomason to Hugh Johnson，18 September 1953，Box 3077，NRA Records.
27. “The Why of the Local Option，” *The Power Laundry* 14（1 May 1934）: 91.
28. Handwritten notes on Chicago laundry study，n.d.，Bertha Nienberg to Ethel Erickson，Box 280，WB Records.
29. James M. Hanley to Hugh Johnson，7 August 1933，Box 5084，NRA Records.
30. W. W. Baker to Hugh Johnson，30 June 1933，Box 5086，NRA Records.
31. W. Counsell，“Inspector’s Report”（12 July 1921）；Jameson to Dr. MacNamara，Minister of Labour，27 September 1920，Lab 2/1310/TB 1645，PRO.
32. “Comments Arising out of the Investigation，”（n.d.）Lab 2/1310/TB 1645，PRO.
33. “Memo，” J. J. Stark to MacNamara，14 October 1921，Lab 2/1310/TB 1645，PRO.
34. C. Jameson to Dr. MacNamara，27 September 1921，Lab 2/1310/TB 1645，PRO.
35. *Laundry Journal*（20 August 1921）: 6.
36. “Comments”（n.d.）Lab 2/1310/1645，PRO.
37. 参见“Clarke’s Laundry，” Lab 2/30053/TB 1645，PRO.
38. “Minute Sheet，” Lab2/45343/1645，PRO.
39. *Lydney Observer*（24 February 1928），clipping in Lab2/45343/1645，PRO. *The Citizen*（24 February 1928），clipping in Lab2/45343/1645，PRO.
40. J. J. Stark，“Milestones of Progress，” *The Power Laundry*（4 May 1935）: 653.

41. France Perkins, *The Roosevelt I Knew* (New York, 1946) : 212.

第十章 妇女、男人与工会

1. Rose Schneiderman with Lucy Goldthwaite, *All for One* (New York, 1967), 210,
2. "The Laundry Workers Clean Up Their Industry," *Advance* (October 1937) : Charles Lionel Franklin, *The Negro Labor Unionist of New York : Problems and Conditions among Negroes in the Labor Unions in Manhattan with Special Reference to the N.R.A.and post-N.R.A.Situations* (New York, 1936), 180 ; *Advance* (February 1938) : 20.
3. 在 20 年之前，美国劳工联合会下属的国际洗衣工联盟很少报告说其全国范围内的成员超过 6000 人。U.S.Department of Labor, *Handbook of Labor Statistics*, 1929 edition, *Department of Labor Bulletin* 506 (Washington, D.C., 1929), 213 ; Estelle M.Stewart, *Handbook of American Trade-Unions*, 1936 edition, *Department of Labor Bulletin* 618 (Washington, D.C., 1936), 327.
4. Jean Collier Brown, "The Negro Woman Worker," *Women's Bureau Bulletin* 165 (1938), 15 ; Jacqueline Jones, *Labor of Love, Labor of Sorrow* (New York, 1985), 212.
5. Emma Crosby, "Conditions in Laundries," *New York Amsterdam News*, 4 April 1936, 12.
6. 关于比较性的回顾，参见 Neville Kirk, *Labour and Society in Britain and the USA*, Volume 2 : *Challenge and Accommodation, 1850-1939* (Aldershot, 1994) .
7. 参见 Norbert C.Soldon, *Women in British Trade Unions, 1874-1976* (Dublin, 1978), 103-6.
8. "Organizer' s Report," (1925), reel 5, New York Women' s Trade Union League Papers in *Papers of the Women's Trade Union League and Its Principle Leaders* (microfilm ; Woodbridge, Conn., 1981), 后文简写为 NYWTUL Papers.
9. "Organizer' s Report-June 26, 1918-July31, 1918," reel 2, NYWTUL Papers ; "Report of the Work of the New York W.T.U.L.for February 1925," (26 February 1925) reel3, NYWTUL Papers ; Schneiderman, *All for One*, 213-14 ; "Report of Organization Work," (February 1928) reel 3, NYWTUL Papers ; "Report of Organization Work," (March and April 1928) reel 3, NYWTUL Papers.
10. "Report of the Work of the New York W.T.U.L.for February 1925," (26 February 1925) reel 3, NYWTUL Papers.
11. 参见 Irving Bernstein, *The Lean Years : A History of the American Worker, 1920-1933* (Baltimore, 1966) .
12. Charles Lionel Franklin, *The Negro Labor Unionist of New York : Problems and Conditions among Negroes in the Labor Unions in Manhattan with Special Reference to the N.R.A.and post-N.R.A.Situations* (New York, 1936), 101, 106.
13. "Report of Organization Work" (March and April 1928) reel5, NYWTUL Papers.
14. Stewart, *Handbook of American Trade-Unions*, 214.
15. Gary Edward Endelman, "Solidarity Forever : Rose Schneiderman and the Women' s Trade Union League," (Ph.D.dissertation, University of Delaware, 1978), 156.
16. "Organization Report-January 8, 1954" reel 3, NYWTUL Papers.

17. Ibid.

18. "Interview with Mr.George Webber and Mr.Lundgren," (n.d.) Box 280, Women' s Bureau Records, Record Group 86, National Archives, Washington D.C.

19. "Organization Report," (4 December 1933), reel 5, NYWTUL Papers.

20. "Organization Report," (8 January 1934), reel 3, NYWTUL Papers.

21. Ibid.

22. "Organization Report," (February 1934), reel 3, NYWTUL Papers.

23. Ibid.

24. Cover photograph, Crisis 41 (March 1934).

25. "Organization Report," (March 1934), reel 3, NYWTUL Papers.

26. Schneiderman, *All for One*, 216.

27. "Organization Report," (March 1934), reel 3, NYWTUL Papers.

28. Cited in Endelman, "Solidarity Forever," 59. 恩德尔曼的作品对施耐德曼的动机进行了杰出的分析。

29. "Organization Report," (March 1936), reel 4, NYWTUL Papers. "Organization-1935-6," reel 4, NYWTUL Papers; "Organizer' s Report," (1 April 1936-30 March1937), reel 3, NYWTUL Papers.

30. Georgette Johnson, "Plight of Laundry Workers"; Marion Catherwood, "Minimum Wage Law," *New York Amsterdam News*, 21 March 1936, 12.

31. "Organizer' s Report," (1 April 1936-30 March 1937), NYWTUL Papers, reel 4.

32. Sabina Martinez, "A Black Union Organizer," in *Black Women in White America*, ed. Gerda Leraer (New York, 1972), 263.

33. 参见，例如，"Striking Workers Tie Up Laundries," *New York Amsterdam News*, 3 April 1957, 1; "50 Strikers Try to Stop Scabs," *New York Amsterdam News*, 17 April 1937, 1; "150 Still Strike in Yonkers," *New York Amsterdam News*, 21 August 1937, 1.

34. "Executive Board Minutes," (25 January 1954), reel 3, NYWTUL Papers.

35. "Minutes of the Organizing Committee," (10 August 1937), reel 4, NYWTUL Papers.

36. 在决裂后，心怀怨恨的麦基发动了一场反对美国产业工会联合会的运动，散发传单并发起诉讼。参见" Minutes of Organization Committee," (10 August 1937), NYWTUL Papers. 他明显已经探听到了他正面临的失败境地，所以他在四月份时给西德尼·希尔曼（Sidney Hillman）写信，请求与之讨论美国产业工会联合会对洗衣工人有何意图。在这封信中，他赞誉了他从施耐德曼和该联盟处获得的"奇迹般的"帮助，并且他相信可以成立联合委员会。参见 Joseph Mackey to Sidney Hillman, 5 April 1937, Amalgamated Clothing Workers Papers, Box 77, Labor Management Research Center, Cornell University（后文简写为 ACW Papers）。希尔曼表示太忙而不能见麦基并给他了美国产业工会联合会在华盛顿特区的代表的地址。参见 Sidney Hillman to Joseph Mackey, 7 April 1937, ACW Papers。

37. Schneiderman, *All for One*, 216-17.

38. "Accomplishments of the Laundry Workers Organizing Committee," *Advance* (May 1938): 15. 实际上，伯恩斯坦已经在组织洗衣业工人了，因为一些"白鸭子"服装制造商也在向医院、

实验室和其他购买他们产品的企业提供清洗服务。“白鸭子”行业实际上成为服装制造业和洗衣业的“通吃”行业。

39. “Report of the Organizer,”(September 1937), reel 4, NYWTUL Papers.
40. “The AFL Laundry Union’ s the Bunk,” *Advance* (October 1939) : 24 ; “Two Years of Laundry Labor Union, 1957-1939,” *Advance* (August 1939) : 20.
41. “Organization Work Speeds Ahead in Laundry Industry,” *Advance* (January 1938) : 12.
42. 针对希尔曼的指导哲学的起源所做的全面分析，参见 Steven Fraser, *Labor Will Rule : Sidney Hillman and the Rise of American Labor* (New York, 1991)。
43. 这个联合委员会由不同类型的洗衣房的代表组成，例如，手工洗衣房、亚麻布洗衣房，等等。实际上，这意味着该行业的“领袖们”只在该委员会活动，而没有参与到多个委员会中。Jesse Thomas Carpenter, *Employers' Associations and Collective Bargaining in New York City* (Ithaca, 1950), 133-34.
44. 参 见 Michael Goldfield, “Race and the CIO : The Possibilities for Racial Egalitarianism during the 1930s and 1940s,” *International and Working Class History* 44 (1993) : 1-63 ; Ruth Milkman, “New Research in Women’ s Labor History,” Signs 18 (1993) : 376-88 ; Bruce Fehn, “Striking Women : Gender, Race, and Class in the United Packinghouse Workers of America (UPWA),” (Ph.D.dissertadon, University of Wisconsin, Madison, 1991)。
45. 尽管这一策略的基础是经典社会主义意识形态，但要是说美国联合服装组织正在培育阶级意识那就不准确了。美国联合服装组织既强调与雇主的合作，也重视资本主义的稳定，这说明雇主的需求具有一定的特殊地位。此外，美国联合服装组织的官僚结构是跨阶级的联合。该组织历史的主线是所展示的对劳动运动的忠诚，以及融入行业工会文化的能力。
46. “A Laundry Worker’ s Creed,” *Advance* (November 1938) : 14.
47. “Ten Thousand Laundry Workers Get ACWA Contract,” *Advance* (September1937) : 19.
48. “Minimum Wage Board,” *Advance* (January 1938) : 12.
49. “Laundry Workers Hours and Wages before Arbitrator,” *Advance* (November1937) : 12.
50. “Union Completes Important Survey of Laundry Industry,” *Advance* (February 1940) : 23.
51. Goldfield, “Race and the CIO,” 19.
52. “Minimum Wage Board,” *Advance* (January 1938) : 12. 关于这份美国产业工会联合会的杂志中性别形象的最完整的分析，参见 Elizabeth Faue, *Community of Suffering and Struggle : Women, Men, and the Labor Movement in Minneapolis, 1915-1945* (Chapel Hill, N.C., 1991)。
53. “Ironing Things Out,” *Advance* (November 1937) : 12.
54. “The Arbitration Court for the Laundry Industry,” *Advance* (February 1938) : 21 ; “Organization Work Speeds Ahead in the Laundry Industry,” *Advance* (January1958) : 12.
55. “Joint Board, Local 300, United Laundry Workers,” (photograph) *Advance* (November1937) : 12.
56. “Executive Board, Westchester County Local,” *Advance* (April 1938) : 12.
57. Sabina Martinez, “A Black Union Organizer,” 264.
58. “To the General Executive Board of the Amalgamated Clothing Workers of America, Greetings ! ” (21 April 1939), 3, 18, Box 59, ACW Papers.

59. 当然，在战后时代，这个策略证明是有问题的，因为工人在了解到有违背劳工 - 管理层协定的行为时会自发罢工．更多的分析，参见 George Lipsitz，*Rainbow at Midnight*：*Labor and Culture in the 1940s*（Urbana，Ⅲ.，1994）.
60. "Educational Department，' *Advance*（December 1938）：14；"The Laundry Workers Joint Board Chorus，" *Advance*（August 1938）：17；"Three LWJB Members in Broadway Hit Show"（January 1940）：21.
61. "Three Decades of Service，" *New York State Department of Labor Bulletin*（1965）：19，Fiche 002，751，Schomburg Clipping File，New York.
62. Florence Rice，"It Takes a While to Realize That It Is Discrimination，" *Black Women in White America*，275-76.
63. "Evelyn Macon，" *Rank and File*，ed.Ann Banks（New York，1980），127-28-
64. Ibid.，128.
65. "Re：Coverall Dry Cleaners Discharge of Kilbourn Clapsaddle，"（4 March 1940），Box2，Laundry and Dry Cleaning Drivers Local 360，Milwaukee Mss DT，Wisconsin Historical Society（后文简写为 LDCD）.
66. Ibid.
67. Padway and Goldberg to Alois Mueller，12 May 1942，Box 5，LDCD；Picketing Schedule（19 March 1940），Box 7，LDCD；Membership Lists 1936-1946，Box8，LDCD.
68. Alois Mueller to Federated Trades Council，2 February 1938，Box 1，LDCD.
69. 关于某个司机契约的例子，参见 Wisconsin Dye Works contract with Clair Burfiend，16 February 1937，Box 1，LDCD. 也可参见 "*Richard Planer v.Laundry and Dry Cleaning Drivers* Local before the Wisconsin Employment Relations Board，" Box 2，LDCD.
70. George J.Ritchey to John M.Gillespie，14 February 1938，Box 1，LDCD；Gillespie to Ritchey，15 February 1958，Box 1，LDCD.
71. Alois Mueller to Members，29 June 1958，Box 1，LDCD.
72. Harry Hillman to Alois Miller [sic]，3 October 1938，Local 360，Box 1，LDCD.
73. Oliver Adelman to Al Miller [sic]，26 September 1940，Box2，LDCD.
74. Howard Fink to A.Miller [sic]，2 August 1939，Box 2，LDCD；Howard Fink to Julius P.Heil，9 August 1959，Box 2，LDCD；Alois Mueller to Julius P.Heil，11 August 1939，Box 2，LDCD.
75. Alois Mueller to John M.Gillespie，22 November 1938，Box 1，LDCD；William Stadler to International Brotherhood of Teamsters，Executive Board，25 November 1938，Box 1，LDCD；Alois Mueller to Members and Employers，16 November 1958，Box 1，LDCD；Wood，Warner，and Tyrrell to Alois Mueller，3 December 1938，Box1，LDCD.
76. "Minutes of Executive Board，"（12 September 1959），Box 8；Padway，Goldberg，and Tarrell to Alois Muller，7 October 1959，Box 2，LDCD.
77. Alois Mueller to Members and Employers，8 September 1938，Box 1，LDCD；Alois Mueller to City Beer Exchange，11 March 1939，Box 2，LDCD.
78. "Minutes，"（10 October 1939），Box 9，LDCD.
79. "Minutes，"（10 October 1939），Box 9，LDCD.

80. The Entertainment Committee to Members' Wives, to March 1941, Box 2, LDCD.

81. John S. Picago to Fred Siewert, 22 June 1945, Box 3, LDCD.

82. George Scanlon to Elizabeth Mauer, 17 July 1945, Box 4, LDCD; Alois Mueller to Dorothy Fischer, 7 December 1942, Box 3, LDCD; George Scanlon to Franklin Schneider, 18 January 1946, Box 5, LDCD.

第十一章　面临家庭的威胁

1. Ruth Schwartz Cowan, *More Work for Mother: The Ironies of Household Technology from the Open Hearth to the Microwave* (New York, 1983), 107; Patricia Malcolmson, *English Laundresses: A Social History* (Urbana, III., 1986), 158.

2. U.S. Department of Commerce, Bureau of the Census, *Census of Manufactures: 1931, Power Laundries, Drycleaning and Redying Establishments* (Washington, D.C., 1933), 9. 我尚未发现关于英国的类似数据。

3. 参见 Sue Bowden and Avner Offer, "The Technological Revolution That Never Was: Gender, Class, and the Diffusion of Household Appliances in Interwar England," in *The Sex of Things: Gender and Consumption in Historical Perspective*, ed. Victoriade Grazia (Berkeley, 1996), 244-74; Sue Bowden and Avner Offer, "Household Appliances and the Use of Time: The United States and Britain since the 1920s," *Economic History Review* 47 (November 1994): 745-46. Malcolmson, *English Laundresses*, 158-60, and Christine Zmroczek, "Women, Class, and Washing Machines, 1920s to 1960s," *Women's Studies International Forum* 15 (1992): 175, cite Cowan for American statistics。

4. Carolyn Haslett, *Household Electricity* (London, 1939), 78; Leslie Hannah, *Electrification before Nationalization: A Study cf the Development of the Electricity Supply Industry in Britaint to 1948* (Baltimore, 1979), 194-95, 208.

5. F. L. Hinchliff, "6% Net Profit Makes the Washer and Cleaner Business Always Important," *Electrical Merchandising* 43 (June1930): 57.《电力商品》(*Electrical Merchandising*) 刊登从销售商那里收集来的年度销售数据。尽管有某些夸张成分，这些数据基本与制造出的洗衣机数相吻合。关于更晚一些的情况，参见 "Markets for Electrical Merchandise," *Electrical Merchandising* 51 (January 1934): 28, and "Statistical Summary," *Electrical Merchandising* 57 (January, 1937): 9，列举共销售 15333300 台电力洗衣机和 199000 台煤气洗衣机。

6. 尽管没有获得收入方面的数据，但是比较工人数量的增长情况就可以明白其中的差异了。美国洗衣工在 1920 年到 1930 年间翻了一番，从 120442 人（包括男性和女性）到 240520 人：U.S. Department of Commerce, Bureau of the Census, *Sixteenth Census of the United States: 1940*, vol. 3, *Population Comparative Occupational Statistics for the United States, 1870-1940* (Washington, D.C., 1943), 129。根据 1921 年的英国人口普查，英国总共有 108637 名洗衣工，而在 1931 年有 146750 名："Eighteenth Annual Abstract of Labour, Statistics of the United Kingdom for 1921," Cmd. 2740 (1921), *Parliamentary Papers*, 15; "Twenty-First Annual Abstract of Labour," Cmd. 4625 (1931) *Parliamentary Papers*, 949。1931

年的数据还包括了染色和干洗企业中的工人，而 1921 年的数据则不包括。

7. 该调查统计出了 249008 名雇员和 445579000 美元的总收入。U.S. Census，*Sixteenth Census of the United States：1940*，vol. 3，*Service Establishments*，443.
8. Ibid.，vol. 3，*The Labor Force*，79；Ibid.，vol. 3，*Comparative Occupational Statistics*，129.
9. Roi B. Woolley，"Ways That Sold and Arc Selling...Washers，" *Electrical Merchandising* (May 1954)：48.
10. "Electrical Washing Day，" *Electrical Age for Women* 1 (January 1927)：89.
11. Thomas P. Hughes，*Networks of Power：Electrification in Western Society，1880-1930* (Baltimore，1983)，128.
12. David Nye，*Electrifying America：Social Meanings of a New Technology，1880-1940* (Cambridge，Mass.，1900)，261.
13. "Now 19843724 Wired Homes，" *Electrical Merchandising* 51 (January 1934)：32.
14. David Nye，*Electrifying America*，319.
15. Pamela Sambrook，*Laundry Bygones* (Aylesbury，1983)，11；T. A. B. Corley，*Domestic Electrical Appliances* (London，1966)，27，55. John Stevenson，*British Society，1914-45* (Harraondsworth，1984)，110.
16. Cowan，*More Work for Mother*，94，156；Nye，*Electrifying America*，267.
17. Corley，*Domestic Electrical Appliances*，34.
18. Nye，*Electrifying America*，264. 跟早期洗衣机类似，第一批电熨斗相当昂贵。1907 年，伦敦的陆军和海军商店宣传的电熨斗价值 22 先令。与之相比，一个箱式熨斗不到 3 先令。Sambrook，*Laundry Bygones*，22.
19. William M.Emery，"Getting Back Home Laundry Business，" *Electrical Merchandising* 43 (June 1930)：65. Nye，*Electrifying*，18.
20. Sambrook，*Laundry Bygones*，12.
21. "Just to Savea Few Pennies，" *Laundry Age* (1 January 1936)：39.
22. 关于英国的例子，参见《好家政》(*Good Housekeeping*) 英国版中的文章："A Lesson in Laundrywork，" *Good Housekeeping* 10 (January 1927)：54-35；"Washing by Up-to-Date Methods，" *Good Housekeeping* 9 (June 1926)：54-35。英国杂志《妇女的电力时代》(*Electrical Age for Women*) 的主要目标是教导妇女怎样使用包括洗衣机和其他家用洗衣设备在内的电气设施。参见 "Electrical Washing Day，" *Electrical Age for Women* 1 (January 1927)：88-89 以及 "A Modern Electric Laundry，" 2 (July 1930) 16-17。关于美国的例子，参见 Lydia Ray Balderston，*Laundering* (Philadelphia，1923)。
23. Roland Marchand，*Advertising the American Dream：Making Way for Modernity，1920-1940* (Berkeley，1985)，175. Heidi Irmgard Hartmann，"Capitalism and Women' s Work in the Home，1900-1930，" (Ph.D.dissertation，Yale University，1974)，319.
24. "Home Laundry Advantages，" *Laundry Age* (1 May 1936)：44.
25. 关于美国变化中的消费类型的计量分析，参见 Martha L. Olney，*Buy Now，Pay Later：Advertising，Credit，and Consumer Durables in the 1920s* (Chapel Hill，N.C.，1991)，31。
26. "75 Cents Down，" *Electrical Merchandising* 43 (May 1930)：59.

27. "The Menace of the Electric Home Washer," *The Power Laundry*(11 September 1926) : 287.

28. Sambrook, *Laundry Bygones*, 11.

29. Laurence Wray, "The Merchandising Month : 'Competition with an Axe," *Electrical Merchandising* 53 (January 1935) : 1.

30. Christine Zmroczek, "The Weekly Wash," in *This Working-Day World : Women's Lives and Culture (s) in Britain1914-1945*, ed. Sybil Oldfield (London, 1994), 13.

31. Laurence Wary, "The Merchandising Month," *Electrical Merchandising* 57 (January 1937) : 1.

32. G. E. Steadman, "For Salesmen Only," *Electrical Merchandising* 51 (January 1934) : 46.

33. T. F. Blackburn, "Do's and Don't's of Coin Operated Washers," *Electrical Merchandising* 51 (January 1934) : 44-45.

34. "Is There Actually Economy in Doing the Wash at Home? Della T. Lutes Says Yes ! " *American Home* 11 (January 1934) : 91.

35. Cowan, *More Work for Mother*, 150.

36. H. M. V. Advertisement, *Electrical Age for Women* 3 (October 1936) : 158.

37. Jacob Swisher, "The Evolution of Washday," *Iowa Journal of History and Politics* 38 (January 1930) : 30.

38. "The Zero Hour is Now ! " *The Power Laundry* (13 July 1935) : 41

39. Susan Strasser, *Never Done : A History of American Housework* (New York, 1982), 120.

40. Nye, *Electrifying America*, 273.

41. "Glamour in the Laundry ! Joy in Homemaking ! " *Good Housekeeping* 104 (February 1937) : 79.

42. "The 'Approved Laundry'," *Good Housekeeping* 101 (October 1935) : 93. 苏珊·斯特拉瑟 (Susan Strasser) 也建议说，"戴白帽子的女孩"是一种象征着清洁的广泛传播的标志，在亨氏集团的宣传运动中特别知名。Susan Strasser, *Satisfaction Guaranteed : The Making of the American Mass Market* (New York, 1989), 121.

43. "Are You Proud of Your Laundry?" *Good Housekeeping* 102 (May 1936) : 87.

44. 转引自 Christina Hardyment, *From Mangle to Microwave : The Mechanization of Household Work* (Cambridge, 1988), 64。

45. "E. A. W. Luncheon," *Electrical Age for Women* (June 1926) : 25. 也可参见 Christine Fredericks, "How the American Housewife Achieves Leisure through Electricity," *Electrical Age for Women* (April 1927) : 98。

46. "Emotional Selling," 52 (August 1954) : [cover].

47. "Some Electrical 'Advice to the Lovelorn," *Electrical Merchandising* 33 (January 1925) : 5035.

48. 关于广告商瞄准妇女的策略的更为广泛的分析，参见 Glenna Matthews, *"Just a Housewife" : The Rise and Fall of Domesticity in America* (New York, 1987), 188-89。

49. G. E. Steadman, "Something about Women," *Electrical Merchandising* 57 (June 1937) : 4.

50. Ibid.

51. Roi B.Woolley, "Ways That Sold and Are Selling…Washers," *Electrical Merchandising* 51 (May 1954) : 48.

52. "How to Get Your Share of 650000 Washers This Year," *Electrical Merchandising* 33 (February 1925) : 5151.

53. Bundle News (Madison, ca. 1930), Wiscons in Historical Society Pamphlet Collection.

54. Wilfrid L. Randell, *Electricity and Woman : Twenty-one Years of Progress* (London, 1945) 23.

55. "'Britain Now Leads' says Prominent Engineer, after Flying Trip to the States," *Laundry Record* (August 1935) : 151.

56. Robert S. Lynd and Helen Merrell Lynd, *Middletown : A Study in American Culture* (New York, 1929), 175. 两位林德的这一分析可能是社会学家在 20 世纪 20 年代期间对广告权力着迷的产物。

参考文献综述

本文并不试图呈现一份详尽的综述，而是介绍了对本书内容与结构影响最显著的一些一手和二手文献。其结构既按主题也按时间顺序排列，大致与本书的组织方式相一致。

总体研究

多数关于洗衣房与洗衣工人的二手资料，零散地分布于涉及其他主题的书籍和文章中。一个例外是 Patricia Malcolmson, *English Laundresses : A Social History, 1800–1930*（Urbana, Ill., 1986）。英美的行业协会也都曾委托人撰写过本行业的历史。关于英国的情况，参见 Ancliffe Prince, *The Craft of Laundering : A History of Fabric Cleaning*（London, 1970）；关于美国，参见 Fred De Armond, *The Laundry Industry*（New York, 1950）。这两部作品都应谨慎使用。关于行业如何构

建其自身历史的分析，可参见 Arwen Mohun，“Laundrymen Construct Their World”，*Technology and Culture* 36 (January 1997)：97–120。

关于家庭劳动史的研究，有助于解释女性更倾向于不自行洗衣的原因。Ruth Schwartz Cowan，*More Work for Mother：The Ironies of Household Technology from the Open Hearth to the Microwave*（New York，1983）对比了家庭和工业化的替代方式。关于美国的家庭洗衣劳动，也可参见 Susan Strasser，*Never Done：A History of American Housework*（New York，1982）。Caroline Davidson，*A Woman's Work Is Never Done：A History of Housework in the British Isles，1650–1950*（London，1982）和 Pamela Sambrook，*Laundry Bygones*（Aylesbury，1983）是研究英国情况的有用资料。服装史学家 Christina Walkey and Vanda Foster，*Crinolines and Crimping Irons：Victorian Clothes：How They Were Cleaned and Cared for*（London，1978）中提供了额外的重要背景。

行业的技术与文化起源

本书将纺织业视为最早的机械化洗衣设备的来源之一，

并提出查尔斯·斯特拉特（Charles Strutt）是这一发展的可能先驱。R. S. Fitton and A. P. Wadsworth，*The Strutts and the Arkwrights，1758–1830：A Study of the Early Factory System*（Manchester，1958）仍是关于斯特拉特家族的权威著作。关于早期纺织技术，可参见 Edward Baines，*A History of the Cotton Manufactures of Great Britain*（London，1835）。关于专利记录的背景，参见 Christine Macleod，*Inventing the Industrial Revolution：The English Patent System，1660–1800*（New York，1988），以及 *Technology and Culture* 杂志第 32 卷（1991 年 10 月）关于专利与发明的特别专辑。

没有相应的文化背景，洗衣行业也无法发展成型。人类学家玛丽·道格拉斯（Mary Douglas）的 *Purity and Danger：An Analysis of Concepts of Pollution and Taboo*（New York，1966）提供了关于清洁文化定义最重要的理论解释。另可参考 Georges Vigarello，*Concepts of Cleanliness：Changing Attitudes in France since the Middle Ages*（译者 Jean Birrell，Cambridge，1988）；Alain Corbin，*The Foul and the Fragrant：Odor and the French Social Imagination*（Cambridge，1986）；以及诺贝尔特·埃利亚斯（Norbert Elias）的经典著作 *The Civilizing Process* 的第一卷 *The History of Manners*（New York，1978）。

理查德 L. 布什曼（Richard L. Bushman）与克劳迪娅 L. 布什曼（Claudia L. Bushman）在 *Journal of American History* 第 74 卷（1988）中的文章“The Early History of Cleanliness in America”，涉及了十八世纪美国对清洁的观念；哈罗德·唐纳德·埃伯兰（Harold Donald Eberlein）在朱迪思·沃尔泽·利维特（Judith Walzer Leavitt）与罗纳德 L. 纳姆斯（Ronald L. Numbers）合编的 *Sickness and Health in America：Readings in the History of Medicine and Public Health*（Madison，1978）中的“When Society First Took a Bath”部分也有所涉及。大多数关于美国的文献认为清洁观念的革命发生在内战之后，可参阅 Suellen Hoy，*Chasing Dirt：The American Pursuit of Cleanliness*（New York，1995）。

我认为这一转变发生得更早，即十八世纪末至十九世纪初，这一解释更符合公共卫生史及城市化挑战的相关研究。关于美国，可从 John Duffy，*The Sanitarians：A History of American Public Health*（Urbana，Ill.，1990）入手；关于英国，可参阅 Anthony S. Wohl，*Endangered Lives：Public Health in Victorian Britain*（Cambridge，Mass.，1983），以及罗伊·波特（Roy Porter）在 W. E. 拜纳姆（W. E. Bynum）与罗伊·波特（Roy Porter）合编的文集 *Living and Dying in London*， ed.（London，1991）中的文章“Cleaning up the Great Wen：Public Health in Eighteenth-Century London”。该文章为伦敦城市卫生背景提供了重要资料。Nelson Manfred Blake，*Water for the Cities：A History of the Urban Water Supply Problem in the United States*（Syracuse，N.Y.，1956）是研究美国城市供水系统发展的标准参考文献。

关于清洁的规范性与描述性论述广泛存在于十八和十九世纪的礼仪手册、小说、布道文和其他一手资料中。英国图书馆已将大量布道文按主题分类编目。在这一时期的旅行文学中，关于卫生实践的观察尤为丰富。有关礼仪手册的详尽书目，可参见 John F. Kasson，*Rudeness and Civility：Manners in Nineteenth-Century Urban America*（New York，1990）。

作为商业的洗衣业

尽管偶尔有呼吁去更多关注小企业的历史的声音，例如 Mansel G. Blackford，“Surveys and Debates in Small Business in America：A Historiographical Survey”，*Business History Review* 65，（spring 1991）：1–26 中所言，但企业史研究仍主要集中在大企业上。不过，菲利普·斯克兰顿（Philip Scranton）

关于小批量生产的研究对减少过度聚焦于大规模、标准化产业等问题起到了一定的作用。参见其文章“Diversity in Diversity：Flexible Production and American Industrialization，1880–1950”，*Business History Review* 65，（spring 1991）：27–90。我发现最相关的二手文献多集中在小型零售商及其行业协会上，特别值得参考的是 David Monod，“Culture without Class：Canada’s Retailers and the Problem of Group Identification，1890–1940”，*Journal of Social History* 23，（spring 1995）：521–45；以及 Chris Hosgood，“‘A Brave and Daring Folk’？ Shopkeepers and Trade Associations in Victorian and Edwardian England”，*Journal of Social History* 26，winter 1992：285–308。

洗衣业的运作性质不利于产生或保存详细档案。我未能找到 1920 年代以前成立的美国洗衣房的详细记录，最多只有账本一类。但在英国，一些地方档案馆保存了长期运营的股份制洗衣公司的档案资料。本文主要依赖泰恩 - 威尔档案馆（Tyne and Wear Archives）保存的 Bird’s Laundry 档案，以及现存于德文郡档案馆（Devon County Record Office）的 Millbay Laundry 档案。也有少数英国洗衣房业主委托人撰写的公司历史，如：Eric B. Dobson，*Hartonclean，1884–1984*（Newcastle-upon-Tyne，1983）；David G. Thomas and Brenda J. Sowan，*The*

Dalton Lodge Sanitary Laundry（London，1977）；Cecil Roberts，*The First Fifty Years of "Millbay"*（Plymouth，1948）。

然而，洗衣行业确实拥有数量可观的行业出版物。在 20 世纪 20 年代之前，*National Laundry Journal*（创刊于 1884 年）是"洗衣工全国协会"（Laundrymen's National Association）的喉舌，也是美国最主要的行业期刊。其存续时间最长的竞争对手是 *American Laundry Journal*。另还有许多寿命较短的地区性刊物，最著名的是 *Pacific Laundryman*。英国最早且最重要的行业期刊是 *Laundry Journal*（1885 年创刊），随后由 *Laundry Record* 逐渐取而代之。在美国，1920 年以后，*National Laundry Journal* 的影响逐渐被 *Laundry Age* 超越；而在英国，*Laundry Record* 的地位也被 *Power Laundry* 取代，原因是其主编决定用杂志平台传播福音基督教思想。

英国图书馆收藏了上述英国期刊的完整合订本，但目前尚未发现美国 19 世纪洗衣业期刊的完整本保存于任何公共馆藏中。不过，一些 *National Laundry Journal* 及其他出版物中的精选文章被再版成书。可参见 *The Modern Laundry Guide：A Collection of the Best Articles Published in the National Laundry Journal*（Chicago，1905），以及 C. A. Royce，*The Steam Laundry and Its Methods*：*Essays Read at the Laundrymen's National Conventions*（Chicago，1894）。

洗衣业期刊的出版商与一些行业企业家还出版了供洗衣房主与管理人员使用的操作指南。芝加哥的出版商创建了一套小型丛书，例如 *National Laundry Journal*、*The Modern Laundry Guide*（Chicago，1905）、以及 C. A. 罗伊斯（C. A. Royce）的 *The Steam Laundry and Its Methods*。英国的相关书目包括 *Laundry Management*：*A Handbook for Use in Private and Public Laundries*（作者为 *Laundry Journal* 的编辑，London，1889）；*The Laundry Trade Directory and Launderer's Handbook with Diary*（London，1908）；C. 卡多根·罗瑟里（C. Cadogan Rothery）与 H. O. 埃德蒙兹（H. O. Edmonds）合著的 *The Modern Steam Laundry*：*Its Construction*，*Equipment and Management*（London，1909），共两卷。

读者若希望了解具体设备的运作，可参考大量保留下来的英美行业设备目录。在本书所涵盖的时期内，特洛伊洗衣机公司（Troy Laundry Machinery Company）是行业中的主导企业，其众多产品目录散见于英国和美国各大图书馆，明显盖过了亚当斯洗衣机公司（Adams Laundry Machinery Company）等其他小型公司的目录。特洛伊公司也曾向英国出口设备，而 W. 萨默斯凯尔斯父子公司（W. Summerscales and Sons）则是当时英国最大的洗衣设备制造商之一。可参见 W. Summerscales and Sons，Ltd.：*Makers of High-Class Laundry Machinery*（Keighly，1897）。

劳动、工人及劳动过程

关于女性与劳动的相关二手文献讨论，可参见本卷导论中的注释 3 与 4。关于洗衣业中技能的功能与动态，另可参阅 Arwen Mohun，"Why Mrs. Harrison Never Learned to Iron：Gender，Skill，and Mechanization in the American Steam Laundry Industry"，*Gender and History* 8（1996 年 8 月）：231–251。

洗衣工人留下的书面记录甚至比雇主更少。本文主要依赖政府报告以及改革者和改革组织的文献。一些英国工人阶级的自传涉及洗衣工作，包括：Flora Thompson，*Lark Rise to Candleford*（London，1984）；Alice Linton，*Not Expecting Miracles*（London，1982）；Kathleen Woodward，*Jipping Street：Childhood in a London Slum*（London，1928）。美国方面的叙述性文献，包括 Cynthia Woods，"You Have to Fight for Freedom" in *Rank and File*：*Personal Histories by Working-Class Organizers*, *ed.*，*Alice Lynd and Staughton Lynd* (New York，1988)，描述的是两次世界大战之间后期的情况。

关于19世纪90年代之前的工人与工作场所的资料极其稀少。现存的材料大多涉及接单洗衣或在手工洗衣坊工作的洗衣女工。具有代表性的资料包括：William Burns，*Female Life in New York City Illustrated with Forty-four Portraits from Real Life*（Philadelphia，1859）；Henry Mayhew，*London Labour and the London Poor*，vol. 2（London，1861）。

随着行业发展，洗衣房成为女性行业就业问题的象征，多个政府机构开始委托开展调查并召开听证会。关于英国的情况，可从《议会卷档》（Parliamentary Papers）中皇家调查委员会和工厂督查员的报告入手（依"command papers"编号编排），尤其包括："Royal Commission on Labour：Employment of Women in Laundries"，C. 6894（1883–94）；"Annual Report on the Work of H. M. Women Inspectors During 1897"，C. 8965（1898）；"Report on the Work of H. M. Women Inspectors of Factories"，Cd. 223（1900）；"Report of Principal Lady Inspector"，C. 223（1899）。不幸的是，这一时期的工厂督查员并未留下手

稿资料。关于战争动员对洗衣行业影响感兴趣的研究者可参考“Women in Industry：Report of the War Cabinet Committee on Women in Industry”，Cmd. 135（1919）。

20世纪初以后，美国联邦政府及各州陆续发布了大量关于洗衣工人的报告。一个有价值的参考是U. S. Senate，*Report on Woman and Child Wage Earners in the United States*，*vol. 12*，*Employment of Women in Laundries*，61st Cong.，2d Sess.，S. Doc.645。州一级的报告方面，可参见New York Department of Labor，*Working Conditions in New York Steam Laundries*（Albany，1912）；以及New York Department of Labor，“A Study of Hygienic Conditions in Steam Laundries and Their Effect Upon the Health of Workers”，*Special Bulletin* No. 130（Albany，1924）。U. S. Department of Labor，Bureau of Labor Statistics，*Employment of Women in Power Laundries in Milwaukee*（Washington，D. C.，1913）同样具有重要参考价值。

19世纪90年代还出现了一种横跨大西洋的调查社会学传统。许多调查者将洗衣工人作为研究对象之一。关于英国调查者的研究，可参见Charles Booth，*Life and Labour of the People of London*，2d. ser.，vol. 8（New York，1896）；George R. Sims，

Off the Track in London（London，1911）；Thomas Oliver，ed.，*The Dangerous Trades：The Historical，Social，and Legal Aspects of Industrial Occupations as Affecting Health by a Number of Experts*（London，1902）；以及 Women's Industrial Council，*Annual Report，1905–1906*（London，1906）。

Elizabeth Beardsley Butler，*Women and the Trades：Pittsburgh，1907–1908*（1909；重印版 Pittsburgh，1984）包含了大量关于匹兹堡洗衣行业中工人与工作过程的信息。另可参见 Katherine Anthony，*Mothers Who Must Earn*（New York，1914），以及 Sue Ainslie Clark and Edith Wyatt，*Making Both Ends Meet：The Income and Outlay of New York Working Girls*（New York，1911）。还有一些黑幕揭发派的记者伪装成洗衣工人并撰写相关经历的报道，最具代表性的是 Rheta Childe Dorr，*A Woman of Fifty*（New York，1924）。

第一次世界大战结束后进入美国劳工部新成立的妇女局（Women's Bureau）的进步派改革者，对洗衣业表现出特殊兴趣。参见 Ethel L. Best and Ethel Erickson，*Survey of Laundries and Their Women Workers in Twenty-three Cities*（Washington，D. C.，1930）；Bertha M. Nienberg and Bertha Blair，"Factors

Affecting Wages in Power Laundries", *Bulletin of the Women's Bureau* 14（1936）； 以 及 Mary Elizabeth Pidgeon, "Women in the Economy of the United States of America：A Summary Report", *Women's Bureau Bulletin* 155（1937）。此外，在调查过程中收集的个别调查表中也保存了非常详细的信息，现已归入华盛顿国家档案馆第 86 号档案组（Record Group 86, National Archives, Washington, D. C.）的妇女局文献中。

上述资料也包含了关于非裔美国工人的信息。此外，还值得参考的是 Jean Collier Brown, "The Negro Woman Worker", *Women's Bureau Bulletin* 165（1938）；Mary Van Kleeck, "New Standards for Negro Women in Industry", *Life and Labor*（1919 年 6 月）；Jane Filley, *Consider the Laundry Workers*（New York1937）中可见类似内容；亦可参考 Chicago Commission on Race Relations, *The Negro in Chicago：A Study of Race Relations and a Race Riot*（Chicago, 1923）。

工会化与组织

除了 Carole Turbin, *Working Women of Collar City：Gender, Class, and Community in Troy, 1864–86*（Urbana, Ill., 1992）

中所描述的领衬洗衣女工，以及泰拉·亨特（Tera Hunter）在 *To 'Joy My Freedom：Southern Black Women's Lives and Labor after the Civil War*（Cambridge，Mass.，1997）中论述的非裔美国洗衣女工外，关于19世纪90年代以前美英两国洗衣工人组织情况的资料极其有限。"劳工骑士团"（Knights of Labor）确实吸纳过一些洗衣工人成立地方分会，尽管其中多数分会似乎寿命极短。可参见 Jonathan Garlock，*Guide to the Local Assemblies of the Knights of Labor*（Westport，Conn.，1983）。如想进一步了解早期组织形式，参见 John B. Andrews and W. D. P. Bliss，*History of Women in Trade Unions*（New York，1974）；以及 Ruth Delzell，*Early History of Women Trade Unionists of America*（Chicago，1919）。关于英国方面，参见 Norbert Soldon*Women in British Trade Unions，1874–1976*（Totowa，N.J.，1978）；以及其文章"British Women and Trade Unionism：Opportunities Made and Missed"，in *The World of Women's Trade Unionism：Comparative Historical Essays*，ed. Norbert Soldon（London，1985）；还可参考 Barbara Drake，*Women in Trade Unions*（London，1984）。关于劳工组织的比较性概述，可参见 Neville Kirk，*Labour and Society in Britain and the USA，Volume 2：Challenge and Accommodation，1850–1950*（Aldershot，1994）。

在英国与美国，妇女工会联盟（Women’s Trade Union League）——无论其国家或地区分支形式如何——所保存的档案，构成了有关洗衣工人组织工作和行业立法倡议最为详尽的记录。Robin Miller Jacoby，*The British and American Women's Trade Union Leagues*（Brooklyn，1994）提供了尤为有用的比较视角。本书亦参考了 Nancy Schrom Dye，*As Equals and as Sisters：Feminism，the Labor Movement，and the Women's Trade Union League of New York*（Columbia，Mo.，1980），但在时间划分上与其有所不同，本书将妇女联盟的活动延伸至 20 世纪 30 年代。关于英国妇女联盟参与者的信息，亦可参考 Philipa Levine，*Victorian Feminism，1859–1900*（Tallahassee，Fla.，1987）。

该联盟与英国洗衣工人之间的互动在该组织的年度报告中部分有所记载，这些报告收录于 *Women's Trade Union League Papers*（microfilm；Wakefield，West Yorkshire，1975）中，同时也见于其附属期刊包括：the *Women's Union Journal*、the *Women's Trade Union Review* 和 the *Englishwoman's Review*。

美国妇女工会联盟成立于 1906 年，远晚于其英国对应机构，其组织形式也不同，设有地区办事处及全国总部。所有主要分部的文献及核心领导人的文献现均以缩微胶片形式整理为 *Papers of the Women's Trade Union League and Its Principle Leaders*（microfilm；Woodbridge，Conn.，1981）。其中，纽约分会的档案最为完整，是理解洗衣业历史的重要资料。关于战间期的情况，也可参见该联盟的期刊 *Life and Labor*。

与其他美国大城市的工会不同，旧金山本地的洗衣工会与全国妇女工会联盟的联系并不紧密。为撰写本书，我主要参考了 Lillian Ruth Mathews，*Women in Trade Unions in San Francisco*（Berkeley，1913）。关于反日洗衣联盟（Anti-Jap Laundry League），另可参见 Robert M. Robinson，"A History of the Teamsters in the San Francisco Bay Area，1850–1950"（Ph. D dissertation，University of CaliforniaBerkeley，1951）；以及 Anti-Jap Laundry League，*Pacific Coast Convention of the Anti-Jap Laundry League*（San Francisco，1908）。Laundry and Dry Cleaning Drivers Local 360 的大量档案现藏于威斯康星历史学会（Wisconsin Historical Society）。

关于战间期非裔美国洗衣工人的组织情况，可查阅纽约妇女工会联盟的档案；Charles Lionel Franklin，*The Negro Labor Unionist in New York：Problems and Conditions among Negroes in the Labor Unions of Manhattan with Special Reference to the N.R.A. and post-N.R.A. Situations*（New York，1936）；以及纽约非裔美国人社区最重要的报纸 the *New York Amsterdam News*。关于美国成衣工人联合会（ACWA），可参考 the *Advance* 和 the Amalgamated Clothing Workers Papers，Box 77，Labor Management Research Center，Cornell University。

美国产业工会联合会（CIO）的一般情况，以及成衣工人联合会（ACWA）的特别研究，均已受到历史学者的广泛关注。Steven Fraser，*Labor Will Rule：Sidney Hillman and the Rise of American Labor*（New York，1991）分析了希尔曼（Sidney Hillman）在塑造成衣工人联合会过程中的指导思想之起源。Jesse Thomas Carpenter，*Employers' Associations and Collective Bargaining in New York City*（Ithaca，1950）依然是研究成衣工人联合会洗衣工人工会运作背景的重要指南。学术界关于美国产业工会联合会在种族与性别政治方面的激烈争论，对于本课题也具有重要意义。可参考 Michael Goldfield，"Race and the CIO：The Possibilities for Racial Egalitarianism during the 1930s and 1940s"，*International and Working Class History* 44（1993）：1–63；以及 Ruth Milkman，"New Research in Women' s Labor History"，*Signs* 18(1993)：376-88。Bruce

Fehn，“Striking Women：Gender，Race，and Class in the United Packinghouse Workers of America (UPWA)”（Ph.D dissertation，University of Wisconsin，Madison，1991）；以及 Elizabeth Faue，*Community of Suffering and Struggle：Women，Men，and the Labor Movement in Minneapolis，1915–1945*（Chapel Hill，N. C.，1991）。

另可参阅女性改革者和劳工领袖的传记与自传，包括 Josephine Goldmark，*Impatient Crusader：Florence Kelley's Life*（Urbana，Ill.，1953）；Rose Squire，*Thirty Years in the Public Service：An Industrial Retrospective*（London，1927）；Agnes Nestor，*Women's Trade Union Leader*（Rockford，Ill.，1954）；Rose Schneiderman and Lucy Goldthwaite，*All for One*（New York，1967）；以及 Gary Edward Endelman，“Solidarity Forever：Rose Schneiderman and the Women’s Trade Union League”（Ph.D University of Delaware，1978）。

女性保护性立法的历史斗争激发了大量的二手文献。与本书涉及的其他主题不同，该领域的一些最新研究具有比较视角。可从维维恩·哈特（Vivien Hart）的 *Bound by Our Constitution：Women，Workers，and the Minimum Wage*（Princeton，1994）入手。另可参阅 Ulla Wikander，Alice Kessler-Harris，Jane Lewis，eds，*Protecting Women：Labor Legislation in Europe，the United States，and Australia，1880–1920*（Urbana，Ill.，1995）；Theda Skocpol，*Protecting Soldiers and Mothers：The Political Origins of Social Policy in the United States*（Cambridge，Mass.，1992）；Linda Gordon，ed.，*Women，the State，and Welfare*（Madison，1990）中撰写的“The New Feminist Scholarship on the Welfare State”部分。

关于英国妇女工会联盟（WTUL）与保护性立法的关系，可参见 Rosemary Feurer，“The Meaning of‘Sisterhood’：The British Women’s Movement and Protective Labor Legislation，1870–1900”，*Victorian Studies* 31（winter 1988）：234；以及 Jacoby，*British and American Women's Trade Union Leagues*。Patricia Malcolmson，*English Laundresses* 对主张与反对保护主义的女权主义者之间围绕《工厂法案》中是否应纳入洗衣行业的辩论，提供了细致分析。

关于将洗衣行业纳入工厂法案范围的问题，可参见议会辩论记录及 Gertrude Tuckwell，“The More Obvious Defects in Our Factory Code”，in Beatrice Webb，ed.，*The Case for the Factory*

Acts (London, 1901) ; Helen Bosanquet, Louise Creighton, Beatrice Webb, “Law and the Laundry”, *Nineteenth Century* 41 (1897) : 225 ; Getrude Tuckwell, “The Government Factory Bill of 1900”, in *Fortnightly Review* new ser.73 (1900) : 972 ; 以及 Margaret McDonald, *Labour Laws for Women : Their Reason and Their Result* (London, 1900)。

Mary Drake McFeely, *Lady Inspectors : The Campaign for a Better Workplace, 1893–1921* (Oxford, 1988) 描述了女工厂督查员参与英国洗衣行业监管的情况。另一些有用的资料还包括 : Squire, *Thirty Years in the Public Service* ; B. Leigh Hutchins and Amy Harrison, *A History of Factory Inspection* (New York, 1970) ; 以及 Adelaide Anderson, *Women in the Factory : An Administrative Adventure, 1893–1921* (New York, 1922)。

在英国，没有哪一个案件具有如同“穆勒诉俄勒冈案” (*Muller v. Oregon*) 在美国那样的重要史学地位。关于该案的学术争论综述，可先参见 Nancy Woloch, *Muller v. Oregon : A Brief History with Documents* (Boston, 1996)。另可参考 Candice Dalrymple, *Sexual Distinctions in the Law : Early Maximum Hour Decisions of the United States Supreme Court, 1905–1917*

(New York，1987)；Nancy S. Erickson，“Muller v. Oregon Reconsidered：The Origin of a Sex-Based Doctrine of Liberty of Contract”，*Labor History* 30（spring 1989）：228–250；Susan Lehrer，*Origins of Protective Legislation for Women，1905–1925*（Albany，1987）；以及 Alice Kessler-Harris，“Law and a Living：The Gendered Content of ‘Free Labor’，” in Noralee Frankel and Nancy S. Dye，eds.，*Gender，Class，Race，and Reform in the Progressive Era*（Lexington，Ky.，1991），87–109。

与大量相关评论性著作形成对比的是，关于穆勒案的原始资料几乎没有保留下来，除法律文件与当事人的陈述外几乎荡然无存。多数学者仍依赖戈德马克在 *Impatient Crusader* 中的版本。若研究者对库尔特·穆勒（Kurt Muller）及该案中涉及洗衣行业的内容感兴趣，可参阅 Portland *Oregonian* 中的报道。

Vivien Hart，*Bound by Our Constitution* 是关于《劳工仲裁法案》（*Trade Board Acts*）最为全面的二手研究。另可参考 Sheila Blackburn，“Ideology and Social Policy：The Origins of the Trade Board Act，” *Historical Journal* 34（March 1991）：43–64。多萝西·塞尔斯（Dorothy Sells）关于该法案的两部著作，第二部专为“新政”时期的读者撰写，也同样是重要资料来源，分

别为 *The British Trade Board System*（London，1923）与 *British Wage Boards：A Study in Industrial Democracy*（Washington，D.C.，1939）。英国劳工部（Ministry of Labour）关于该法案制定与执行的档案几乎尚未被充分利用，是一座尚未开采的文献宝库。

关于国家复兴法案（NRA）历史意义的争论催生了大量历史文献，大多数聚焦于加布里埃尔·科尔科（Gabriel Kolko）提出的"保守主义的胜利"理论。特别可参见 Colin Gordon，*New Deals：Business，Labor，and Politics in America，1920–1935*（London，1994）；Ellis Hawley，*The New Deal and the Problem of Monopoly*（Princeton，1966）；以及 Robert E. Himmelberg，*The Origins of the National Recovery Administration：Business，Government，and the Trade Association Issue，1921–1933*，2d ed.（New York，1993）。我的研究结果表明，这种解释忽视了国家复兴法案制定过程中的国际背景。关于类似批评，参见 Morton Keller，*Regulating a New Economy：Public Policy and Economic Change in America，1900–1933*（Cambridge，1990）。关于国家复兴法案的种族政治问题，可参阅 John Kirby，*The New Deal Era and Blacks：A Study of Black and White Race Thought，1933–1945*（Urbana，Ill.，1971）。本书关于国家复

兴法案与洗衣行业的讨论，主要依据国家档案馆（Washington，D. C.）保存的国家复兴法案档案资料。

洗衣机与洗衣行业

尽管家庭技术的研究已开展逾二十年，但关于洗衣机在英国与美国的普及过程，其二手文献仍在实证层面显得薄弱。开创性著作如考恩（Ruth Schwartz Cowan）的 *More Work for Mother*、斯特拉瑟（Susan Strasser）的 *Never Done*，以及在一定程度上海蒂·伊尔姆加德·哈特曼（Heidi Irmgard Hartmann）的博士论文“Capitalism and Women’s Work in the Home, 1900–1930”（Yale University，1974），都尚未在新一轮研究中被充分重新审视或深入挖掘。尤其在严谨的量化分析方面，仍有待开展。

关于英国使用模式的近期研究包括 Christina Hardyment, *From Mangle to Microwave：The Mechanization of Household Work*（Cambridge，1988）；Sue Bowden and Avner Offer, “The Technological Revolution that Never Was：Gender, Class, and the Diffusion of Household Appliances in Interwar England”, in Victoria de Grazia ed., *The Sex of Things*：*Gender and Consumption in Historical Perspective*（Berkeley，1996），244–274；鲍登与奥弗的另一文 “Household Appliances and the Use of Time”； 以 及 Christine Zmroczek，“Women，Class，and Washing Machines，1920s to 1960s”，*Women's Studies International Forum* 15（1992）：175。

关于美国电气化与消费的一般性研究，可参考 David Nye，*Electrifying America*：*Social Meanings of a New Technology*，*1880–1940*（Cambridge，Mass.，1990）；Ronald Tobey，*Technology and Freedom*：*The New Deal and the Electrical Modernization of the American Home*（Berkeley，1996）。关于英国的情况，可参考 T. A. B. Corley，*Domestic Electrical Appliances*（London，1966）； 以 及 Leslie Hannah，*Electrification before Nationalization*：*A Study of the Development of the Electricity Supply Industry in Britain to 1948*（Baltimore，1979）。

关于营销与消费模式的信息，我主要依赖人口普查数据与行业期刊，包括洗衣行业期刊与美国电器行业主要期刊 *Electrical Merchandising*。英国妇女电气协会（Electrical Association for Women）的出版物与档案，也为理解电气技术在英国的普及提供了重要视角。可参见其期刊 *Electrical Age for Women* 各期；

Carolyn Haslett，*Household Electricity*（London，1939）；以及 Wilfrid L. Randell，*Electricity and Woman：Twenty-one Years of Progress*（London，1945）。

有许多类型的洗衣业并不属于本书研究的重点范畴。关于华人洗衣业，可参见 Paul C. Siu，*The Chinese Laundryman：A Study in Social Isolation*（New York，1987），以及 Renqiu Yu，*To Save China，To Save Ourselves：The Chinese Hand Laundry Alliance of New York*（Philadelphia，1992）。我尚未发现关于慈善洗衣业的深入研究，但哥伦比亚大学稀见书与手稿图书馆（Columbia University Rare Books and Manuscripts Library，New York）收藏的慈善服务协会档案（Charity Service Society Archives）中，包含纽约慈善组织协会（Charity Organization Society）运营的一家慈善洗衣机构的珍贵记录。另可参考 Susan J. Kleinberg，*The Shadow of the Mills：Working-Class Families in Pittsburgh*（Pittsburgh，1989），其中涉及匹兹堡的慈善洗衣业。酒店、医院与工厂经营的洗衣设施也具有值得进一步探究的历史。